Seitensprünge

Für Floris und Eva

MIA MING

Seitensprünge

33 Frauen erzählen von aufregenden Affären,
gefährlichen Liebschaften und
haarsträubenden Eskapaden

SCHWARZKOPF & SCHWARZKOPF

Betrügen und betrogen werden,
nichts ist gewöhnlicher auf Erden.
JOHANN GOTTFRIED SEUME

I cheated myself,
Like I knew I would,
I told you, I was trouble,
You know that I'm no good
AMY WINEHOUSE

Wer treu ist, kennt nur die triviale Seite der Liebe.
Nur die Treulosen kennen ihre Tragödien.
OSCAR WILDE

Vorwort

Liebe Leserinnen, liebe Leser!

Die Liebe ist eine komplizierte Angelegenheit, die jeden beschäftigt, die aber keiner ganz und gar versteht. Liebe kann einen wie ein Blitzschlag treffen oder langsam wachsen, sie kann nur einige Augenblicke glühen oder das ganze Leben andauern, plötzlich erlöschen oder allmählich verblassen. Liebe erlebt Höhen und Tiefen, aber ihre Dramaturgie bleibt bedauerlicherweise oft vorhersehbar.

Wenn da nicht die Seitensprünge wären.

Seitensprünge machen die Liebe erst wirklich interessant. Sie markieren die Wendepunkte im eintönigen Liebeseinerlei des Alltags und stellen die Beziehung auf den Prüfstand. Ihr Machtpotenzial sollten Mann und Frau niemals unterschätzen. In nur einer Nacht, innerhalb weniger Stunden oder gar Minuten kann ein Seitensprung ein Herz brechen, der faden Zweisamkeit neue Chancen offenbaren – oder ihr endgültig den Gnadenstoß versetzen.

Im undurchdringlichen Beziehungsdickicht der Geschlechter können Seitensprünge helfen, den Weg aus dem Labyrinth zu finden. Oder dazu führen, dass man sich noch weiter darin verstrickt. Seitensprünge gehören zu den schärfsten Waffen auf dem Schlachtfeld der Liebe, ihr Einsatz kann tödlich sein oder Leben retten.

In diesem Buch berichten Frauen von spontanen oder akribisch geplanten, einmaligen oder routinierten, erfolgreichen oder missglückten Seitensprüngen und ihren Folgen. Und obwohl diese ebenso unterschiedlich sind wie ihre Ursachen, haben sämtliche Exkursionen in die Betten fremder Männer (und Frauen) doch eine Gemeinsamkeit: Am nächsten Morgen ist nichts mehr, wie es einmal war. Aus Langeweile, Neugier, Berechnung oder Sehnsucht wandeln die Erzählerinnen eine gewisse Zeit auf Abwegen und finden dabei häufig mehr, als sie jemals erhofft, erwartet oder aber befürchtet hatten. Was alles passieren kann, wenn Frauen fremdgehen oder betrogen werden, hat *Seitensprünge* für Euch eingefangen. Das ist manchmal tragisch, häufig komisch und grotesk, meist lehrreich, in jedem Fall aber spannend. Denn wäre das Leben ein Film, wären Seitensprünge der Grund, ihn sich anzuschauen. Vielleicht sollte jede Frau mindestens einen Seitensprung in ihr Liebes-Drehbuch schreiben.

Berlin, im Frühjahr 2010

Mia Ming

Eine fiese Nummer

Jana (28), Soziologiestudentin, Köln,
über
Martin (31), Wirtschaftsprüfer, München

E s ist 19.55 Uhr. Ich trödle, da wir um zwanzig Uhr verabredet sind, wechsle noch zweimal die Schuhe und laufe vor dem Spiegel auf und ab, dann erst mache ich mich auf den Weg. Ganz gemächlich, denn es ist nicht weit. Als ich kurz vor halb neun vor ihm stehe und mich für die Verspätung entschuldige, sagt Martin großzügig lächelnd, ich sei doch nicht zu spät. Das ärgert mich.

Wir umarmen uns, fremdeln beide, denn wir haben uns vier Wochen nicht gesehen. Martin war in München, um sein erstes eigenes Projekt zu betreuen. Er ist bei einem Pharmakonzern angestellt, ganz wichtig und ganz kompliziert, für mich bedeutet es vor allen Dingen, dass er übertrieben viel arbeitet und kaum Zeit für mich hat. Eigentlich hätte ich ihn in München besuchen sollen, doch nach zwei Wochen schrieb er, es sei nicht möglich, zu viel zu tun, er arbeite rund um die Uhr, schlafe praktisch im Büro ... »Macht doch nichts«, hab ich geantwortet, »ich kann ja einkaufen gehen und ins Museum, und wenn du nachts nach Hause kommst, umarmst du mich.« Doch er wollte nicht. Alles sei gut, nur zu viel Arbeit – das in etwa schreibt er mir seit vier Wochen.

Jetzt ist er wieder hier, doch statt sofort zu mir zu kommen, hat er mich in dieses Restaurant bestellt, denn er möchte mit mir reden.

Ich bin nervös und nehme erst mal einen großen Schluck Wein aus dem Glas, das schon für mich bereitsteht, dann schaue ich in die Speisekarte. Mein Magen rumort, aber ich bin nicht sicher, ob ich überhaupt einen Bissen runterkriege, meine Kehle ist wie zugeschnürt.

Martin will mir etwas sagen, und ich bin mir ziemlich sicher, dass es nichts Erfreuliches ist. Er gibt sich galant, schenkt mir Wein nach, schlägt Jakobsmuscheln vor und plaudert unverfänglich über München und seinen Job. Ich nicke mich jugendlich durch seinen Monolog, während ich unter dem Tisch an meinen Fingernägeln herumpiddel. Ich habe mir endlich das Fingernägelkauen abgewöhnt, es ist ja auch wirklich ein bisschen ekelhaft, ich mach das jetzt ganz schick unterm Tisch, wo es niemand sieht.

Martins lässiges Gehabe geht mir mittlerweile gehörig gegen den Strich. Will er mich quälen? Wahrscheinlich nicht, er will mich entspannen, doch das funktioniert leider nicht. Jetzt referiert er tatsächlich über die Sushi-Preise in München – das ertrage ich nicht! Weiß er denn nicht, dass ich seit unzähligen Nächten nicht mehr richtig schlafen kann? Und immer nur seine Vertröstungen – keine Zeit, keine Zeit. Ich muss endlich wissen, woran ich bin.

»Du wolltest mir doch etwas sagen?«, unterbreche ich ihn. »Dafür hast du mich doch hierher bestellt!«

»Äh, ja. Und zum Essen …« Er stockt. Jetzt hab ich Martin aus dem Konzept gebracht. Auch er fühlt sich offensichtlich nicht wohl in seiner Haut. »Also gut … ich muss dir etwas sagen«, beginnt er dann, nur um wieder zu verstummen. Er nagt tatsächlich an seiner Unterlippe, das habe ich noch nie bei ihm beobachtet und wir sind immerhin seit anderthalb Jahren zusammen. Zusammen … sind wir das überhaupt noch? Ich beginne, nervös auf meinem Stuhl zu kippeln. Was will er mir sagen?

»Jetzt sag es mir endlich, bitte!« Meine Stimme klingt so verzweifelt, dass ich mich ein bisschen vor ihr erschrecke.

»Also gut, Jana«, setzt Martin an, »also, als ich in München war ... da hab ich jemanden kennengelernt ... eine Kollegin ... also eine Frau ...«

»Verzeihung«, unterbricht der schnöselige Ober und sammelt mit dezentem Missfallen die Taschentuchfetzen ein, die vor mir liegen, um meinen Teller platzieren zu können. War ich das etwa? Nudeldampf steigt mir ins Gesicht, ich muss mich zurücklehnen, um nicht zu würgen.

»Du hast eine andere«, helfe ich Martin auf die Sprünge, der unglücklich seinen Teller fixiert.

»Na ja, also ... ich hab jemanden kennengelernt ...«

»Wie lange geht das schon?«, frage ich. Seit Wochen rechne ich mit so etwas, habe es mir immer wieder ausgemalt, habe versucht, mich innerlich zu wappnen.

»Na ja, also wir kennen uns seit vier Wochen, nicht ganz. Aber näher kennen wir uns ... seit zwei Wochen ...«

Vielleicht kann man sich gegen so etwas nicht wappnen. Es ist, als hätte man mir den Boden unter den Füßen weggezogen. Seit zwei Wochen hat er etwas mit einer anderen Frau! Und deswegen durfte ich ihn nicht besuchen, wurde mit billigen Vertröstungen hingehalten, lag nachts wach und weinte mir die Augen aus, während er mit irgendeinem Flittchen herumturtelte! Zu viel Arbeit, pah!

»Und deshalb sollte ich dich nicht besuchen, weil du lieber mit dieser Münchenschlampe rumgemacht hast!«, fauche ich ihn an.

»Jana, jetzt werd mal nicht kindisch, bitte. Ich hatte wirklich zu viel zu tun! Und Birgit und ich, wir arbeiten zusammen.«

Es ist wie ein Schlag in den Magen. Das Flittchen wechselt vor meinem inneren Auge in einen Armani-Hosenanzug und trägt eine schicke Hochsteckfrisur fürs Büro, die Martin ihr abends löst, bevor die beiden ... das ist unerträglich. Heiße Tränen schießen mir in die Augen und ein Schluchzen steigt in meiner Kehle hoch.

»Aber Jana, jetzt wein doch nicht, bitte!« Martin greift unbeholfen nach meiner Hand, tätschelt meinen Arm. Ich zieh ihn weg, sein Mitleid hilft mir jetzt auch nicht. Deshalb hat er mich ins Restaurant bestellt? Um Schluss zu machen? Hier kann ich mich nicht auf den Boden werfen und heulen, was für eine fiese Nummer. Er will mit mir Schluss machen – diese Erkenntnis dringt nur langsam zu mir durch. Erst jetzt wird mir bewusst, dass ich damit nicht gerechnet habe. Was auch immer es für Probleme gibt, ich hatte gedacht, dass wir sie besprechen, es vielleicht schwierig wird, aber wir alles irgendwie durchstehen können und von vorne anfangen. Ich liebe ihn doch! Wie kann es sein, dass er mich plötzlich nicht mehr liebt?

»Und jetzt?«, frage ich. Ratlos schaut er mich an, als wisse er nicht, was ich meine.

»Was ist jetzt mit uns?«, erläutere ich meine Frage. Martin sieht noch immer ratlos drein, schweigt, fast so, als hätte er sich darüber noch gar keine Gedanken gemacht. Das darf doch nicht wahr sein! Schon früher hat er alle unangenehmen Entscheidungen mir überlassen, er hat diese Art, so zu tun, als wäre er nur beobachtender Teilnehmer, auch wenn es eigentlich um ihn geht. So wie jetzt. Er schaut mich hilflos an und wartet, dass ich etwas sage.

»Bist du jetzt mit Birgit zusammen?«, frage ich endlich. Nur mühsam unterdrücke ich ein Schluchzen.

»Nein, aber nein!« Abwehrend hebt er die Hände. »Ich bin doch mit dir zusammen!«

»Martin! Wenn du mit mir zusammen bist, warum sitzen wir denn dann hier und du erzählst mir, dass du seit zwei Wochen was mit dieser Birgit hast?«

Martin schweigt, rutscht auf seinem Stuhl herum, nagt Unterlippe, schweigt.

»Liebst du mich nicht mehr?« Das wollte ich doch gar nicht fragen.

»Jana ... doch natürlich.« Er sagt das, ohne mich anzusehen, sein Blick fixiert den unberührten Teller. »Aber es ist irgendwie nicht mehr so wie früher zwischen uns ... Ich liebe dich, aber es ist alles so routiniert geworden, und ...«

»Und ...?«, frage ich, doch er starrt nur auf den dämlichen Teller.

Ich warte warte warte. Martin schweigt schweigt schweigt.

»Und jetzt willst du Schluss machen?«, frage ich endlich.

»Nein ... na ja. Aber ich fühle mich so schlecht, weil ich dich hintergangen habe ...«

Ach Martin! Bitte nicht. Auf einmal bricht es aus mir raus: »Wenn du dich schlecht fühlst, dann entschuldige dich doch bei mir! Bitte mich um Verzeihung, sag, dass es ein Fehler war, nie wieder passiert, sag, dass du mich liebst und mit mir zusammen sein möchtest. Sag, dass du bei mir bleibst, mich mitnimmst, wohin auch immer, dass nur zählt, dass wir zusammen sind.« Jetzt schluchze ich doch, ich kann nicht anders. »Sag, dass du mich nicht alleine lässt.«

Martin sagt es nicht. Nichts davon. Er steht nicht auf, nimmt mich nicht in den Arm, er sagt nicht, dass alles wieder gut wird. Er bleibt sitzen, fixiert seinen Teller, windet sich und schaut so gequält, dass ich gerne wütend werden würde. Nicht er ist hier das Opfer, sondern ich.

»Also willst du doch nicht mehr mit mir zusammen sein?«, schluchze ich. Martin schweigt.

Er soll es endlich sagen. Ich kann nicht mehr. Kann nicht mehr hier sitzen, ohne dass er mich umarmt, mich tröstet, mir nur fremd gegenübersitzt. Seine Abweisung ist so schmerzhaft. Ich will, dass das aufhört, ich will weg ... aber wohin, der Schmerz wird mich überallhin begleiten. Doch daran will ich jetzt nicht denken, erst möchte ich wissen, woran ich bin. Aber Martin ist zu feige.

»Es tut mir so leid«, sagt er mit brüchiger Stimme. »Ich wollte dir nicht wehtun. Aber wir können doch auch nicht so weitermachen ...« Er ringt die Hände, atmet schwer. Er soll sofort damit aufhören. Ich glaube ihm ja, dass es ihm nahegeht, mir das Herz zu brechen, aber das tröstet mich nicht. »Mir tut das alles so schrecklich leid«, wiederholt er. »Aber ... wir können doch nicht so weitermachen, als sei nichts geschehen. Nach dem, was ich getan habe ...«

Herrje, jetzt verstehe ich. Er will, dass ich Schluss mache! Er ist zu feige dazu, also wartet er, dass ich ihm die Entscheidung abnehme. Vielleicht sagt er gleich noch so etwas so Abgedroschenes wie, dass ich etwas Besseres verdient hätte als ihn. Nein, so weit wird er nicht gehen.

»Jana, du hast es nicht verdient, so behandelt zu werden. Ich bitte dich nicht um Verzeihung, denn das geht nicht, ich habe dich betrogen, und so etwas ist unentschuldbar ...«

Oh nein, er hat es tatsächlich gesagt! Wenn ich nicht so schrecklich traurig wäre, würde ich ihn jetzt gerne auslachen.

»Du machst es dir ja ganz schön einfach!«, sage ich stattdessen.

»Nein, Jana! Ganz und gar nicht. Du weißt gar nicht, wie ich mich fühle! Wie schlecht es mir geht!« Jetzt klingt Martin ein wenig entrüstet. »Ich wollte das alles nicht ...«

Ich greife nach meinem Glas, doch es ist leer. Auf einmal verspüre ich den unbedingten Drang, ganz viel Alkohol zu trinken, mich zu betäuben, obwohl ich genau weiß, dass es nicht hilft, den Schmerz nicht lindert, aber vielleicht kann ich so viel trinken, dass ich irgendwann einfach einschlafe ... ja, schlafen, ich will schlafen, ganz lange, erst aufwachen, wenn die Welt eine andere ist. Auch wenn ich weiß, dass die Welt beim Aufwachen dieselbe sein und unverändert und gnadenlos über mich hereinbrechen wird, ist das immerhin so etwas wie ein Plan, ein Vorhaben. Etwas, was mich die nächsten ein, zwei Stunden beschäftigen wird. Ich brauche ein Ziel, welcher Art auch immer, und mein Ziel ist jetzt, mir literweise Wein zu kaufen, mich zu Hause zu verkriechen und mich zu betrinken, bis ich das Bewusstsein verliere. Morgen kann ich über andere Arten der Medikation für meinen Liebeskummer nachdenken, Sport vielleicht, wilde Affären, hitzige Gespräche mit Freundinnen, meine Exfreundliste abklappern ...

»Es tut mir so leid ...«, sagt Martin gerade. Er hat offenbar alles gesagt, für ihn ist die Sache erledigt. Ich sollte aufstehen, gehen, es führt zu nichts, mir noch zehnmal anzuhören, wie leid es Martin tut. Er wird nicht sagen, dass das alles ein Fehler war, dass er mich liebt, wie lange ich auch warte. Wird er nicht. Doch es ist so schwer, das zu akzeptieren, so schwer zu gehen.

»Ja, mir tut es auch leid. Ich gehe jetzt besser«, zwinge ich mich zu sagen. Und dann frage ich doch noch mal, ein letztes Mal, ich kann nicht anders: »Es bringt ja nichts mehr. Es ist ja vorbei ...?«

Martin schweigt und schaut auf die Tischdecke.

Der Ober muss das Essen abgeräumt haben, das hab ich gar nicht mitbekommen, denke ich und wundere mich, dass ich ausgerechnet das jetzt denke. Ich sitze noch immer auf meinem Stuhl, doch Martin schweigt, also richte ich mich benommen auf, ziehe meine Jacke an, nehme meine Tasche.

Martin hebt nun den Kopf, sieht mich endlich an, seine Miene ist zerknirscht, er will etwas sagen. Ich warte. Er schüttelt den Kopf, überlegt angestrengt, findet offenbar nicht die richtigen Worte, sagt nichts. Ich sollte gehen, bevor Martin auf die Idee kommt, zu fragen, ob wir Freunde bleiben können, nur um irgendetwas zu sagen.

»Mach's gut«, sag ich zum Abschied, denn es ist egal, was ich sage. Dann drehe ich mich um und laufe wie ferngesteuert auf die Tür zu. Meine Schritte werden immer schneller, während ich das Restaurant durchquere, nach draußen haste. Schließlich habe ich ja ein Ziel, auch wenn es erst mal nur die Tankstelle ist. Morgen werde ich mir ein besseres überlegen.

Sag, dass es dir gefällt

Caroline (34), Sekretärin, München,
über
Jan (37), Sachbearbeiter, München

Nach zweieinhalb Jahren waren David und ich noch immer recht glücklich miteinander. Doch seitdem wir zusammenwohnten, hatte der Alltag seine stumpfen Beißer in unser Leben geschlagen und die Leidenschaft hatte sich langsam, aber sicher verabschiedet.

Neulich habe ich in einer Frauenzeitschrift einen Artikel über Seitensprünge gelesen. Dort stand, dass das verflixte siebte Jahr eigentlich das dritte ist, in dem die Bereitschaft zu einem Seitensprung massiv ansteigt. In meinem Fall war es tatsächlich so, obwohl ich das nicht zugegeben hätte. Wie die meisten Menschen verabscheue ich Fremdgehen und vertrete diese Meinung vehement ... zumindest tat ich das so lange, bis ich selbst damit angefangen habe.

Mein Freund und ich hatten zu dieser Zeit eigentlich gar kein Sexleben mehr. Dafür gab es verschiedene Gründe: Wir arbeiteten beide viel, auch war Winter und wir liefen abends in Strickjacke und Trainingshose gemummt durch unsere zugige Altbauwohnung, die trotz des immens teuren Heizaufwandes nie richtig warm wurde. Beide hatten wir uns an diesen Zustand gewöhnt, so gut das eben geht. Wenn ich viel Sex habe, denke ich ständig daran und will immer mehr, doch wenn ich keinen habe, vergesse ich fast, dass es Sex gibt. Wir verstanden uns ansonsten ja auch gut, abends kochten wir gemeinsam und spazierten danach zur Videothek, um uns Filme auszuleihen.

An den Wochenenden allerdings ging ich mit meinen Freundinnen aus. Dann beklagte ich mich bei ihnen, dass mein Freund mich nicht mehr begehre, und suchte anderweitig nach Bestätigung. Natürlich flirtete ich nur, das war klar. Ich hätte stattdessen einfach zu Hause bleiben können, um etwas mit meinem Freund zu unternehmen, Sauna vielleicht oder ein Wochenende an der Ostsee, dann wäre vielleicht alles anders gekommen. Doch statt ihre Ursachen anzugehen, kanalisierte ich meine Unzufriedenheit, indem ich ausging, und so entfernten wir uns immer mehr voneinander. Ich war wie getrieben, wollte jeden Freitag- und Samstagabend tanzen gehen und schlief anschließend bis nachmittags. Meinem Freund gefiel das gar nicht, er verstand mich nicht, ließ mir jedoch meine Freiheit. Sicher hoffte er, es werde alles von alleine wieder anders. Doch das war nicht so.

In dem Seitensprung-Artikel stand auch, dass Frauen – anders als Männer – meist mit jemandem fremdgehen, den sie bereits kennen, also Freunde, Bekannte oder Kollegen. Fast immer geschieht das ungeplant, doch fällt man nicht einfach in der Mittagspause übereinander her, sondern nach einer Betriebsfeier oder Ähnlichem. Auch hier war ich keine Ausnahme. Jan war seit vier Monaten in meinem Büro beschäftigt, wir verstanden uns gut auf professioneller Ebene, und er brachte mich oft zum Lachen oder machte mir Komplimente – meist über meine Garderobe. Ich hatte seit Längerem begonnen, mich zu freuen, wenn wir gemeinsame Projekte besprechen mussten oder uns im Flur oder Aufzug begegneten.

Im Februar gab es einen Sektumtrunk im Büro. Es war Faschingszeit, ausgerechnet, die Zeit der Partys, der Umzüge und der Alkoholexzesse, und am schmutzigen Donnerstag nahm unsere Affäre ihren Anfang.

»Ich hab gar keine Lust, nach Hause zu gehen«, sagte Jan, der mit angezogenen Beinen auf einem Bürotisch saß und versuchte, einen Sektkelch auf seinem Knie zu balancieren.

»Ich auch nicht!«, hickste eine ältere Kollegin mit roter Clownsnase und stand auf, um eine neue Flasche aus dem Kühlschrank zu holen. Zustände sind das, dachte ich belustigt, wandte mich an Jan und seufzte: »Ich hab auch keine Lust auf zu Hause, in letzter Zeit immer weniger.« Schon waren wir mitten in einem Gespräch über unser deprimierendes Liebesleben. Im Nachhinein schäme ich mich, allein schon für dieses Gespräch. Mein Freund und ich waren ein Paar, wir lebten miteinander, vertrauten einander und ich saß mit meinem Kollegen im Büro, unsere Knie berührten sich und wir schimpften wild über die Ödnis, die uns daheim umgab. Statt Liebesbriefe gibt es nur noch Einkaufslisten, statt wilder Sex-Orgien Fußmassagen, Wollstrümpfe statt Strapsen, Pickelcreme statt Gleitgel …wir fanden kein Ende und uns unheimlich komisch.

Als sich langsam alle Kollegen, sogar die einsamsten Bürohocker, verabschiedet hatten, fragte Jan, ob er mich nach Hause fahren könne, sein Auto stünde in der Tiefgarage. Angetrunken wie wir waren, hielt ich das für eine gute Idee, packte schnell meine Sachen und kicherte mich vor Jan in den Aufzug. Ich bin nie zuvor in meinem Leben betrunken gefahren oder zu jemandem, der getrunken hat, ins Auto gestiegen. Also habe ich wohl schon da gewusst, dass es hier nicht um die Heimfahrt ging.

Im Fahrstuhl waren wir beide plötzlich still, vielleicht weil es die letzte Gelegenheit war, einfach einen Rückzieher zu machen. Doch das taten wir nicht. Jans Auto stand passenderweise in einer dunklen Ecke der Tiefgarage, die zu dieser späten Stunde geradezu verlassen war. Je näher wir dem Auto kamen, desto heißer wurde mir. Jan hielt mir die Tür auf und setzte sich dann auf den Fahrersitz, machte jedoch keinerlei Anstalten loszufahren. Stattdessen drehte er sich zu mir, nahm mein Gesicht in beide Hände und küsste mich. Lang und intensiv war dieser Kuss.

Hitze breitete sich in meinem Bauch aus und wanderte zwischen meine Beine. Ich weiß nicht, wann ich das letzte Mal so etwas gefühlt habe.

»Das will ich schon ganz lange«, sagte Jan. Seine Hände streichelten meinen Hals, und während er mich erneut küsste, glitten sie in den Ausschnitt meiner Bluse, streichelten meine harten Brustwarzen und zogen daran. Jan biss mir in die Oberlippe, so fest, dass ich überrascht zurückzuckte. Schauer überfuhren mich. Erst jetzt griffen auch meine Hände nach ihm, strichen über seine Schultern, seine Wangen, knöpften hastig sein Hemd auf, ich wusste gar nicht, wo ich anfangen sollte. Ich wollte ihn ganz nah bei mir spüren, seine Haut auf meiner fühlen. Vom ersten Moment an liebte ich die Art, wie Jan mich anfasste, bestimmt und fordernd war seine Berührung und von einer wilden Gier, die mir den Atem nahm.

»Gefällt dir das?«, fragte er und kniff in meine Brustwarze. Mit der anderen Hand hielt er mein Kinn umfasst. Ich versuchte, das Gesicht abzuwenden, plötzlich unsicher. Seine Frage klang wie aus einem Pornofilm, eine Antwort zu geben erschien mir albern, doch er drehte mein Gesicht mit sanfter Gewalt zu sich und kniff erneut meine Brustwarze zusammen, so fest diesmal, dass ich vor Schmerz leise aufschrie.

»Ich hab gefragt, ob dir das gefällt!«, wiederholte er schärfer.

»Ja«, keuchte ich. Ja, es gefiel mir. Jan hielt noch immer mein Kinn umklammert, seine Finger glitten jetzt über meinen Mund, über meine Lippen, drängten sie auseinander und schoben sich hinein. Mein Kopf war gegen die Lehne gedrückt, ich schloss die Augen, während er nacheinander alle fünf Finger zwischen meine Lippen schob, sie mit meinem Speichel benetzte und dann mit sanfter Gewalt rein und raus gleiten ließ. Dann ließ er von mir ab, sprang aus dem Wagen und riss meine Türe auf.

»Komm her!«

»Gibt es hier denn keine Kameras?«, fragte ich in einem letzten Anflug von Zweifel.

»Nein«, sagte er bestimmt. »Komm her!«

Er zog mich unsanft am Arm nach oben, schubste mich hinter den Wagen und drückte meinen Oberkörper nach unten auf den hinteren Teil des Autos. Sein Körper drängte sich von hinten gegen mich. Er ließ mir keine Zeit für Zweifel, keine Zeit zu überlegen, er nahm mich einfach. Er nahm mich, als würde ich ihm gehören. Und ich gehörte ihm, mit einer Hingabe, die ich noch nie erlebt hatte, die all meine Sinne einnahm. Er konnte nicht wissen, wie sehr ich mich genau danach gesehnt hatte, nicht einmal ich selbst hatte es gewusst. Meine Knie zitterten, mein Oberkörper drückte sich gegen den schmutzigen Wagen, ich keuchte. Jan zog meine Strumpfhose runter. Geschickt schob er sie zu den Knöcheln, ließ mich einen Pumps abstreifen, sodass ich einen Fuß befreien konnte. Dann schob er meine Beine auseinander. Es bedurfte keines weiteren Vorspiels, mein Körper wollte ihn, wollte ihn so sehr, drängte sich ihm entgegen.

Ich spürte seinen Atem in meinem Nacken, als er sich über mich beugte, und schrie auf, als er in mich eindrang. Jan griff in meine Haare, hielt meinen Kopf nach unten gedrückt, während er hart in mich stieß. Ich hatte noch nie Sex wie diesen gehabt, war nie zuvor gekommen, ohne dabei angefasst zu werden, doch jetzt war ich kurz davor, als Jan sich plötzlich zurückzog. Er richtete sich auf, drückte mit einer Hand noch immer meinen Kopf gegen den Autolack, mit der anderen fuhr er über meinen Po. Seine Finger glitten zwischen meine Schenkel, rieben über meine Schamlippen. Erst sanft, dann fester. Wie von weit entfernt hörte ich die Laute, die ich von mir gab … sie klangen nicht nach mir. Es war mir bewusst, machte mich fast verrückt, dass Jan mich beobachtete, meinen bebenden Körper, während ich keuchend zum Höhepunkt kam.

Anschließend ließ er mir keine Zeit, wieder zu mir zu kommen, griff um meine Taille und drehte mich um. Er spreizte meine zitternden Beine, beugte sich über mich. Ich umklammerte ihn mit meinen Schenkeln, als er in mich eindrang. Mein Becken zuckte unter seinen Stößen, die immer heftiger wurden, mich berauschten, bis er beinahe lautlos über mir zusammensank. Es war vorbei. Einen Moment verharrten wir beide still, atemlos, dann umarmte ich Jan, hielt ihn ganz fest, presste mein Gesicht an seine Schulter und auch er hielt mich, streichelte mich sanft, küsste meinen Hals, zärtlich, wie um die vorhergehende Härte zu erklären. Doch das brauchte er nicht, ich hatte nichts missverstanden.

Nach einer Weile drang die Welt wieder zu uns durch. Ich spürte die klirrende Kälte der Luft und des Autolacks unter mir, die ich vorher gar nicht wahrgenommen hatte, und richtete mich auf. Schlagartig begann ich zu schlottern, meine Zähne schlugen aufeinander, während ich meine Kleider zurechtzog und meine Strumpfhose vom Boden aufhob. Wir stiegen ins Auto, ohne etwas zu sagen. Ich sah in den Rückspiegel: Meine Bluse war verschmutzt und zerknittert, meine Haare standen strähnig ab und mein Make-up war verlaufen.

»Jetzt kann ich auch wieder Auto fahren«, sagte Jan und mit einem Seitenblick auf mich: »Du siehst ziemlich zerbumst aus!« Ich lächelte nur matt. Mein Kopf war leer, mein Körper erschöpft, ich fühlte mich … ich fühlte mich befriedigt. Allumfassend befriedigt. Am liebsten hätte ich mich zurücksinken lassen, die Augen geschlossen, doch das ging nicht, ich musste nach Hause. Also versuchte ich mich einigermaßen herzurichten, während Jan das Auto startete.

Erst im Treppenhaus brachen die Schuldgefühle wie ein dunkler Regenguss über mich herein. Auf leisen Sohlen schlich ich die Stufen hoch, mein Herz klopfte so laut, dass ich meine Hände fest dagegenpresste. Oben schloss ich die Türe auf und blickte mit angehaltenem Atem in den erleuchteten Flur. Es war noch nicht allzu spät, doch im Wohnzimmer war kein Licht. Die Schlafzimmertüre war geschlossen, David schlief vielleicht schon? Schnell warf ich Mantel und Tasche ab und flüchtete ins Badezimmer, wo ich lange und heiß duschte. Abwechselnd durchströmten mich heiße Wellen der Erregung, wenn ich an das Geschehene dachte, dann schob sich der Gedanke an David dazwischen und schnürte mir die Kehle zu. Als ich das Schlafzimmer betrat, lag David im Bett und las. Er fragte nichts, und als ich vom kollegialen Sektumtrunk im Büro erzählen wollte, gähnte er nur:

»Komm mal lieber ins Bett, ich bin todmüde.«

Ich konnte in dieser Nacht kaum schlafen und wenn doch, träumte ich wirres Zeug. Am Freitagmorgen erwachte ich dennoch aufgekratzt, von einer nervösen Energie erfüllt. Kaum konnte ich mich im Büro auf meine Arbeit konzentrieren, meine Augen suchten Jan, wanderten immer wieder zum Gang und zur Tür. So ging es die ganze Woche. Jan verhielt sich mir gegenüber, als wäre nichts geschehen – natürlich, wir waren ja im Büro –, schrieb mir aber private Mails und SMS, bei deren Lesen mir Schauer über den Rücken liefen. Ich wollte ihn wiedersehen, am liebsten sofort.

Das Wochenende ertrug ich kaum. Ich traf meine Freundinnen nicht, ging nicht tanzen, alle Menschen wären mir nur auf die Nerven gegangen. Ich wollte bei Jan sein. Doch da dies unmöglich war, blieb ich zu Hause und ging mit David ins Kino. Dass er keinerlei Misstrauen mir gegenüber hegte, machte es mir leichter, mir nichts anmerken zu lassen. Es klingt vielleicht abgebrüht, aber ich wollte ihm nicht wehtun und so war es bald so weit, dass ich meine Affäre auslebte und mein Gewissen ausblenden konnte – denn solange David nichts davon wusste, verletzte es ihn nicht. Mir tat das Zusammensein mit ihm gut, er erdete mich, war wie ein Ruhepol in meinem Gefühlswirrwarr, auch wenn ich nicht darüber nachdenken durfte, dass ich seine Zuneigung nicht mehr verdiente.

Gleich am Montag traf ich Jan wieder, auch diesmal im Auto, auf dem Beifahrersitz, ein Waldparkplatz. Damit hatte die Sache eine neue Qualität bekommen. Nicht Sex im Affekt, sondern geplant. Von nun an sahen wir uns regelmäßig, mindestens zweimal in der Woche. Jan verabredete sich mit mir in Stundenhotels. Ich hatte dieserart Etablissement nie zuvor betreten, doch Jan schien sich hier auszukennen. Ich beschloss, ihn nicht danach zu fragen, denn ich fürchtete mich vor der Antwort.

Sex mit ihm war wie eine Offenbarung. Er warf mich aufs Bett, hielt mir den Mund zu, beschimpfte mich, dann war er wieder zärtlich, hielt mich fest und flüsterte beschwörerisch Versprechen in mein Ohr. Liebesversprechen, dem Moment geschuldet, nicht der Ewigkeit, denn danach gingen wir auseinander, nach Hause zu unseren Partnern. Unser Verhältnis ging acht Wochen lang »gut«. Ich lebte in einem ständigen Wechselbad der Gefühle. Mal wollte ich nichts sehnlicher, als dass Jan und ich ein neues Leben beginnen könnten, miteinander, dann wünschte ich verzweifelt, ihm niemals begegnet zu sein, weil er mir nie gehören würde, alles durcheinanderbrachte, mein Denken und Fühlen beherrschte. Ich weiß nicht, was passiert wäre, wenn er vorgeschlagen hätte, seine Beziehung zu beenden, wahrscheinlich wäre ich ihm bedingungslos gefolgt. Doch er stellte von vornherein klar, dass er das nicht wollte, er wollte eine Affäre mit mir, nicht mehr und nicht weniger – das waren seine Worte.

Sonderbar genug, doch meine Beziehung zu David spielte in dieser Zeit eine eher untergeordnete Rolle. Es änderte sich wenig an unserem Zusammenleben, nur dass ich an den Wochenenden plötzlich zu Hause blieb und Zeit hatte, mit ihm etwas zu unternehmen. Die Irrungen und Wirrungen meiner Verliebtheit nahmen mich derart ein, dass ich wenig darüber nachdachte, was ich ihm im Geheimen eigentlich antat. Die wenigen Male, an den Wochenenden, die David sich mir näherte, mit mir schlafen wollte, wies ich ihn mit fadenscheinigen Ausreden, die er sofort akzeptierte, zurück. Wenn ich versuchte, ihm meinen Verrat zu beichten, hielten mich Egoismus und die Angst vor den Konsequenzen davon ab, endlich aufrichtig zu ein. Ich wollte, dass alles blieb, wie es war, damit ich Jan weiterhin sehen konnte, redete mir sogar ein, dass ich David auf diese Weise schonen wollte.

In jenen Wochen zog ich mich immer mehr zurück. Meine beste Freundin Nadja rief mich oft an, sie fühlte sich zurückgewiesen und verstand nicht, warum ich mich nicht mehr meldete. Doch ich wollte sie nicht belügen, und ich schämte mich.

Eines Abends holte sie mich überraschend im Büro ab und lud mich zum Essen ein. Sie duldete keine Widerrede. Schon beim Aperitif begannen die Worte aus mir rauszusprudeln, endlich konnte ich mich jemandem anvertrauen. Nadja reagierte so verständnisvoll, wie sehr hatte ich das Gespräch mit ihr vermisst.

»So etwas habe ich mir bereits gedacht. Das musste ja passieren«, tröstete sie mich. Sie kannte David und unsere Situation, hatte sich meine Beschwerden oft genug angehört. Ich erzählte ihr alles, meine Ängste, Wünsche, Sorgen, und fühlte mich dabei ein wenig leichter.

»So kann es nicht weitergehen«, war ihr Resümee. »Du musst David die Wahrheit sagen.«

Ich gab ihr recht, natürlich konnte es so nicht weitergehen. Früher oder später musste ich mich entscheiden, die Affäre beenden oder meine Beziehung.

Ein paar Tage später, ich war gerade unterwegs zu Jan, rief Nadja an, um zu fragen, ob ich bereits mit David gesprochen hätte. Ich war in Eile, mein Herz klopfte und meine Hände waren so feucht, als wäre ich ein verliebter Teenager.

»Nein, noch nicht, keine Zeit«, würgte ich sie ab. Ihr Tonfall missfiel mir, sie klang fordernd und vorwurfsvoll, doch ich war so auf mein Treffen mit Jan fixiert, dass mir in diesem Moment alles andere egal war. Später würde ich sie zurückzurufen und besänftigen.

Als ich an diesem Abend nach Hause kam, saß David auf dem Sofa, graugesichtig und gebeugt sah er aus, ich erschrak bei seinem Anblick. Er betrachtete mich lange, ohne etwas zu sagen.

»Wo kommst du her?«, fragte er dann mit tonloser Stimme, alle Kraft schien daraus gewichen zu sein. »Und dieses Mal sei ehrlich. Hör endlich auf, mich zu belügen.«

Ich stand in der Tür und wünschte, ich wäre tot.

Nadja hatte für mich entschieden, was das Richtige war, und David von meinem Verhältnis erzählt. Obwohl er nun alles wusste, wollte er es von mir hören, wollte, dass ich es ihm erkläre. Er konnte es nicht begreifen – und ich konnte es noch immer nicht zugeben. David wollte endlich Aufrichtigkeit, doch ich wand mich, stritt ab, so sehr schämte ich mich. Ich wollte nichts lieber, als mich entschuldigen zu können, das wäre das einzig richtige Verhalten gewesen – ich konnte nicht. Die Schlinge um meinen Hals hatte sich zugezogen, unmöglich hätte ich mich befreien können. Dennoch versuchte ich es abzustreiten, konnte es nicht zugeben und machte dadurch alles noch schlimmer.

»Ich kann nicht mehr. Bitte pack deine Sachen«, sagte David schließlich. »Geh zu deinem Liebhaber, geh zu deiner Mutter, wie du willst, aber geh, ich kann nicht mehr mit dir zusammenleben.«

Seit einer Woche wohne ich jetzt bei meinen Eltern, so lange bis ich eine neue Wohnung gefunden habe. Zum Glück stellen sie wenig Fragen. Jan sehe ich nicht mehr.

»Also da bin ich nicht der richtige Ansprechpartner«, sagte er, als ich ihn anrief. »Tut mir leid, da kann ich dir nicht helfen …« Ich weiß nicht, was ich von ihm erwartet hatte, aber mit dieser kalten Zurückweisung hatte ich nicht gerechnet. Meine Hände zitterten, als ich auflegte. Ich wusste, es war vorbei. Er würde nicht einmal mehr fragen, wie es mir ging, so wenig hatte ich ihm bedeutet. Dennoch fehlt er mir. Jeden Tag und jede Nacht.

David möchte mir verzeihen, er sagt, wir waren doch einmal ein Liebespaar und sollten daher nicht im Streit auseinandergehen. Auch hätte er sicherlich ebenfalls Fehler gemacht. Er sagt, es gehören immer zwei dazu.

Abends sitze ich in meinem ehemaligen Kinderzimmer, höre meine Eltern nebenan fernsehen und denke nach. Mein Leben kann zur Zeit nur besser werden …

Das Flittchen

Nadia (36), Buchhändlerin, Saarbrücken,
über
Per (38), Bankkaufmann, Saarbrücken

Steht Ihnen ausgezeichnet«, sagt die junge Kellnerin strahlend.
»Was?«, frage ich irritiert.

»Na, Sie waren doch letztes Mal noch blond«, antwortet sie fröhlich. »Als Sie beide am Wochenende hier waren, mein ich ...« und lächelt nun auch meinen Begleiter an, Bestätigung suchend. Per antwortet nicht, er sieht verstört aus, irgendwie ertappt und plötzlich ist mir auch nicht mehr nach Lachen zumute.

»Nein«, sage ich bestimmt und das Lächeln der Kellnerin erfriert. Einen Moment steht sie mit starren Mundwinkeln vor uns und scheint fieberhaft zu überlegen, was sie sagen könnte, doch was soll sie noch sagen, also nimmt sie den Unterteller mit dem Geld vom Tisch und huscht davon. Per hat sich mittlerweile gefangen, er lächelt amüsiert. Doch es ist zu spät.

»Da hat sie uns wohl verwechselt«, sagt er und nimmt damit die Antwort auf die Frage vorweg, die ich gerade stellen wollte – mit wem er denn hier war am Wochenende. Dann greift er nach seiner Jacke, um zu gehen, obwohl ich meinen Wein noch gar nicht ausgetrunken habe. Den Rest des Abends überlegte ich, ob ich die Situation richtig gedeutet habe. Ich hatte auf dieses neue Restaurant bestanden und mich gewundert, dass ich Per geradezu an den Haaren hineinzerren musste. Hatte er seine Gründe? War er mit jemand anders hier gewesen?

Das war vor zwei Wochen, seither sind mir immer wieder kleine Ungereimtheiten aufgefallen, die mich verstören, über die ich mir den Kopf zerbreche. Ob er deshalb kaum noch mit mir schlief? Und wenn, dann mit so wenig Enthusiasmus, dass ich gar nicht wagte, mich zu bewegen, um ihn nicht abzulenken oder aus dem Konzept zu bringen. Auch keuchte er dabei angestrengt und vorwurfsvoll, als müsse er gerade meinen schweren Koffer die Treppe hochtragen. Ich hatte gehofft, das ginge vorbei. Per muss vielleicht zu viel arbeiten, ist überlastet, versuchte ich mich zu beruhigen. Und wartete auf bessere Zeiten. Doch wie lange sollte ich noch warten? Wie lange wartete ich eigentlich schon?

Meine Ruhe war dahin. Wie hatte das passieren können? Ich bin kein eifersüchtiger Mensch, im Gegenteil sogar. Vertrauen ist doch die Basis einer Partnerschaft. Wenn ich jemanden liebe, betrüge ich ihn nicht. Ich weiß, dass viele das anders sehen. Aber die Liebe ist doch das Wichtigste im Leben, man muss sie pflegen, warum möchte heutzutage anscheinend kaum jemand mehr etwas dafür tun?

Eifersüchteleien wurzeln doch immer in mangelndem Selbstbewusstsein. Hatten mir frühere Partner merkwürdige Fragen gestellt, wo ich denn hinginge oder gewesen sei und mit wem, mir offenkundig Misstrauen entgegengebracht oder gar meine Angaben angezweifelt, hatte mich das innerlich schnell erkalten lassen. Natürlich kann man Eifersucht auch als Liebesbeweis ansehen, aber es gibt wahrhaftig schönere Möglichkeiten, Zuneigung zu zeigen, ohne den anderen einzuschränken und zu strapazieren. Doch jetzt kauerte ich hier im dunklen Schlafzimmer auf dem Boden, hielt den Atem an und bewegte mich mit der Vorsicht eines Juwelendiebs, um Per nicht zu wecken, der leise schnaufend im Bett lag, das Gesicht mir zugewandt. Mit einem Auge fixierte ich ihn, mit dem anderen sein Handy, das ich in der Hand hielt. Hätte er sich jetzt bewegt, wäre ich vor Schreck wahrscheinlich schreiend hochgefahren und hätte das Telefon gegen die Wand geschleudert, doch Per lag friedlich und unbeweglich da, den Mund leicht geöffnet. Mir der eigenen Peinlichkeit bewusst, drückte ich vorsichtig die Nachrichtentaste und scrollte durch die angezeigten Namen. Ich wollte endlich Gewissheit haben. Ich fand nur meine Nachrichten, die Namen von Freunden und Kollegen und den seiner Mutter. Im Gesendet-Ordner sah es genauso aus. Gerade wollte ich meine Nachforschung beenden, als mir ein Satzbeginn im Posteingang ins Auge sprang, der unter dem Namen Florian angezeigt wurde und der da lautete: »Darling ...« Da! Ich drückte auf Anzeigen und las die gesamte Nachricht.

»Darling, kaum bist du weg, vermisse ich dich schon. Wann kommst du wieder? Morgen? Frühstück im Bett? Love, Barby«

Barby? Barby mit Ypsilon? Ging's noch? Scharf sog ich Luft ein. Was für ein Name! Geradezu obszön! Dann las ich weitere Nachrichten von und an »Florian«.

In dieser Nacht tat ich kein Auge mehr zu. Grübelnd lag ich wach und versuchte meine Entdeckung zu verarbeiten.

Beim Stöbern in einem Antiquariat war mir einmal ein Buch in die Hände gefallen, das den sympathischen Titel *Fremdgehen – aber richtig! Hundert Tipps, wie Sie nicht erwischt werden* trug. Belustigt hatte ich darin geblättert, um es dann schnell und ein wenig angewidert wieder zur Seite zu legen. Wer sollte so etwas lesen wollen, hatte ich mich naiv gefragt. Na, mein Freund zum Beispiel! »Speicher die Namen deiner Affären unter einem harmlos klingenden Pseudonym« war sicherlich in der Top Ten der guten Ratschläge. Vielleicht war Per da aber auch ganz von allein drauf gekommen.

Worte, die aus einem Groschenheftchen für Teenager zu stammen schienen, hämmerten wie Schreibmaschinentasten in meinem Kopf, »Süßer«, »Darling«, »Love« und immer wieder »Barby«.

Das Schlimmste am Betrogenwerden ist vielleicht, dass man alles nur noch durch die Augen eines Betrogenen sehen kann.

Alles wird würdelos, verlogen, wertlos. Jede Aufmerksamkeit, jedes Geschenk bekommt im Nachhinein den Charakter eines billigen Wiedergutmachungsversuches. Alles, was ich mit Per in den letzten Tagen, oder waren es gar Wochen, erlebt hatte, erschien mir nun wie sein klägliches Bemühen, das alte Gleichgewicht unserer Beziehung aufrechtzuerhalten, damit er weiterhin konsequenzenlos seinen Treffen mit der blonden Barbara nachgehen konnte. Ich wollte ihn sofort zur Rede stellen. Doch ich fürchtete mich. Selbst wenn er alles zugeben würde und beteuerte, dass es ein einmaliger Fehltritt gewesen sei, der sich niemals wiederholen würde, ich würde ihm nie wieder richtig trauen können. Ich hätte seinen Betrug vielleicht verzeihen können, ich liebte ihn doch, zumindest hatte ich das bisher getan, aber was käme danach?

Ich sah mich abends unruhig durch die Wohnung tigern und warten, sah mich in seinen Taschen nach Zettelchen wühlen, beim Begrüßungskuss fremde Gerüche wittern, heimlich seine Korrespondenzen prüfen … Nein, so wollte ich nicht werden! Auf gar keinen Fall! Unsere Beziehung war vergiftet und so sehr ich mir gerade wünschte, alles könnte wieder gut werden, es würde doch nie wieder so sein wie zuvor. Das durfte ich nicht vergessen, das musste ich mir bewusst machen! Was sollte ich jetzt tun?

Ich ging meine Möglichkeiten durch. Sollte ich ihn schütteln, verprügeln, im Schlaf erwürgen, oder ihn einer hochnotpeinlichen Befragung unterziehen? Doch was wollte ich hören? Dass alles ganz anders war, als es aussah? Oder wäre er vielleicht sogar erleichtert, dass die Heimlichtuerei nun ein Ende hatte? Würde er zerknirscht erwidern, dass er meiner Liebe nicht würdig sei, ich das alles nicht verdient hätte und wir uns besser trennen sollten? Um sich anschließend in Barbys Armen trösten zu lassen, während ich mit gebrochenem Herzen zurückblieb? Diese Vorstellung war unerträglich.

Plötzlich war ich beinahe froh über die Wut, die mich seit meiner Entdeckung erfüllte. Hätte Per mir unvorbereitet und von sich aus eröffnet, dass er eine andere Frau kennengelernt hätte, wäre mir bestimmt der Boden unter den Füßen weggeglitten. Das Leben ist schwierig genug, auch ohne Liebeskummer, und Liebeskummer ist mit das Schlimmste im Leben. Wenn man unvorbereitet von jemandem verlassen wird, den man liebt, erholt man sich nie wieder davon. »Vorbereitet sein« ist einfacher gesagt, als getan. Gerade wenn man etwas ahnt, so wie ich in den letzten Tagen, kann einen das auch schwächen, verunsichern und lähmen, sodass einen die Offenbarung in noch labilerem Zustand trifft. Ich musste mich selbst schützen, so viel war klar. Wenn ich es nicht tat, tat das niemand für mich. Ich musste einen Plan entwerfen, doch wie sollte dieser nur aussehen?

»Wer ist eigentlich Barbara?«, hätte ich Per beim Frühstück zu gern gefragt, doch ich hielt mich zurück. Es war nicht der richtige Zeitpunkt. Mein Freund hatte es wie immer sehr eilig, und so betrachtete ich ihn wortlos, mit in stillem Zorn mahlenden Unterkiefern, wie er gut gelaunt seinen Kaffee schlürfte – ja, er schlürfte! –, ein Croissant und ein Aufbackbrötchen mit Marmelade bestrich, beides anbiss und liegen ließ. Dann schob er den Teller weg und lief in den Flur, um seine Haare vor dem Spiegel zurechtzuzupfen.

»Könnte später werden heute, mein Schatz, ich meld mich, wenn ich Genaueres weiß«, rief er mir über die Schulter zu, wie in einem schlechten TV-Film, und drückte dabei tatsächlich an einem Rasurpickel herum. Grollend saß ich am Küchentisch und betrachtete meinen Freund, der wie ein glückliches Kind vor dem Wandertag herumsprang, mir dann einen obszön schmatzenden Kuss auf die Wange drückte und verschwand. Er winkte sogar noch einmal idiotisch über die Schulter. Ich hasste ihn. Doch ich hasste ihn noch nicht genug.

Ich räumte den Frühstückstisch ab, wie ich das, warum auch immer, jeden Morgen tat, und ging dann ins Büro. Ich war ganz froh über die Ablenkung, denn ich musste mich bemühen, meine Wut beizubehalten, nicht an all die schönen Zeiten mit Per, unser Kennenlernen, die Urlaube, die gemeinsamen Abende zu Hause, zu denken, sonst schnürte mir die Trauer die Kehle zu. Ich versuchte, mich auf seine Lügen, seine schmierigen Täuschungsmanöver, seine infantilen Textnachrichten an Barby zu konzentrieren, um meine Wut zu schüren, denn diese schirmte mich ab, umgab mich wie eine schützende Haut. Den Abend verbrachte ich allein, wie so oft in den letzten Wochen, doch diesmal wartete ich nicht, denn ich hatte damit gerechnet. Auch wenn ich jetzt sehr klischeehaft klinge, ging ich als Erstes zum Friseur, danach kaufte ich mir ein neues Kleid und dann traf ich meine beste Freundin in einer Bar, um ihr alles zu erzählen. Luzie reagierte genau richtig, wie es eine gute Freundin tun sollte.

»Dieser Mistkerl! Das ist ja ungeheuerlich! Barby? Igitt! Geht's noch? Ich habe Per ja noch nie leiden können, dieses verweichlichte Sackgesicht! Was bildet der sich eigentlich ein? Aber ich hab nie was gesagt, du warst ja so verliebt … ich hoffe, das ist jetzt vorbei?«

Luzies Hasstiraden kamen von Herzen, taten mir gut. Balsam für die geschundene Seele.

»Weißt du noch«, fuhr sie fort, »wie er dreimal hintereinander beim Bootsführerschein durchgefallen ist? Dabei besteht das jeder Trottel, der es sich leisten kann, die Kohle zu bezahlen! Und danach mussten wir sein Geplärre anhören und ihn auch noch trösten! Oder wie Per sich immer anzieht, wenn du mal nicht hinguckst! Diese Neigung zu roten Strickpullovern und senffarbenen Cordhosen! Meine Güte! Pfirsichfarbene Hemdchen, wie eine gealterte Ballerina, die kein Tuturosa mehr tragen kann …« Mehrmals verschluckte ich mich vor Lachen fast an meinem Drink, während Luzie immer neue und demütigende Aspekte an Per aufzählte, die mir nie so bewusst gewesen waren. Nun ja, sie hatte ihn schon früher manchmal vorsichtig einen »verzärtelten Halbidioten« genannt, auch nun, in Anbetracht meiner Entdeckung, nahm sie kein Blatt vor den Mund.

Als ich nach Hause kam, war es schon spät, Per lag bereits im Bett und schlief. Das war schon sehr lange nicht mehr vorgekommen. Er lag im dunklen Schlafzimmer, vielleicht hatte sein Stelldichein ihn ausgelaugt, und schnarchte – ja, er schnarchte! – laut vor sich hin. Rücksichtslos begann ich im Bad zu rumoren, suchte in verschiedenen Schubladen nach einem Nachthemd, das Licht hatte ich dazu natürlich angeschaltet.

Per wand sich im Bett, wimmerte unwillig, dann gab er auf und richtete sich verschlafen auf. Sein Gesicht war knittrig, sein Kinn feucht. Mit vom Schlaf verquollenen Augen blinzelte er mich vorwurfsvoll an.

»Spinnst du? Kannst du nicht leise sein? Wo kommst du überhaupt her?«, fistelte er verschlafen. Ich betrachtete ihn unbarmherzig.

»Ich war aus. Und es war lustig! Und du heul mal nicht. Ich schlaf heute drüben, damit das Prinzesschen sich nicht gestört fühlt!« Damit knallte ich die Tür zu und ließ ihn fassungslos zurück.

Am nächsten Morgen kam ich in die Küche, als Per gerade aufstand, um ins Büro zu fliehen.

Ich sparte mir ein »Guten Morgen«.

»Also ich hab keine Zeit, dein dreckiges Geschirr wegzuräumen, bin eh spät dran«, fauchte ich stattdessen. Ratlos starrte er mich an und fragte dann kleinlaut: »Was ist denn los mit dir?«

Doch ich hatte beschlossen, meine Entdeckung nicht zu offenbaren. Ich hatte beschlossen, meine Wut an ihm auszulassen und ihn mit der Unwissenheit über die Gründe für meine Wandlung zusätzlich zu quälen.

»Ich bin schlecht gelaunt!«, setzte ich daher nach, als wäre damit alles erklärt, ging ins Badezimmer und ließ ihn stehen, ohne mich zu verabschieden.

Seine Anrufe im Laufe des Tages nahm ich mürrisch entgegen: »Per? Ja, was willst du? Nein, was soll denn sein! Kann ich nicht mal schlechte Laune haben?«

Als Per von der Arbeit nach Hause kam, lag ich mit einer Augenmaske auf dem Schlafsofa und verweigerte die Kommunikation. Verzagt schlich Per durch unsere gemeinsame Wohnung. So ein Verhalten war er nicht gewöhnt und er zermarterte sich den Kopf, was er falsch gemacht haben könnte. Wahrscheinlich hinderte ihn das Wissen um seinen Betrug daran, richtig wütend zu werden und mich zur Rede zu stellen. Und so behielt ich die Oberhand.

Auch in den nächsten Tagen schikanierte ich ihn, wo ich konnte. Ich schlief auf dem Sofa, in das gemeinsame Plymouth gekuschelt. Per hatte ich die Hundedecke aufs Bett geworfen und er war zu unselbstständig in solchen Belangen, sich um eine eigene Decke zu kümmern. Meine Befürchtung, er könnte zu Barby flüchten, erwies sich als unbegründet, stattdessen kam er jeden Abend brav nach Hause. Seine verzweifelten Fragen, was denn nur los sei, ignorierte ich. Seine Hemden wusch ich nicht mehr, ich schimpfte über jede herumliegende Socke, kaufte nicht ein, ich randalierte nachts, um ihn zu wecken, und nörgelte enthusiastisch. Ich steigerte mich richtig in dieses Verhalten hinein, je mehr Fehler ich an ihm suchte, desto mehr Vergehen fand ich auch und umso zorniger wurde ich. Pers Versuche, mit mir zu reden, schmetterte ich gnadenlos nieder. Ich wartete nämlich aufs Wochenende.

Am Samstagvormittag war es dann so weit. Per saß zusammengesunken am Küchentisch. Die letzten Tage hatten ihn zermürbt, er war blass, hatte Augenringe und beinahe tat er mir leid. Aber das durfte nicht sein; wenn ich einigermaßen heil aus dieser Sache herauskommen wollte, durfte ich keine Schwäche, kein Mitleid zulassen.

»Nadia, so kann es nicht weitergehen. Bitte, sprich mit mir! Ich halte das alles nicht aus!«, bat mein Freund.

»Was willst du von mir? Soll ich dein Leben angenehm gestalten, so wie früher? Da hast du dich doch auch nicht darum geschert, wie ich mich fühle!«

»Aber was ist nur in dich gefahren? Wir waren doch immer glücklich miteinander?«

»Glücklich! Du warst vielleicht glücklich! Schön für dich! Ich war es nicht, all die Nächte, die ich auf dich gewartet habe und nicht wusste, wo du bist! Du warst eine einzige Enttäuschung, mein Lieber!« Und jetzt mein Totschlagargument, das ich mir bis hier aufgespart hatte:

»Du bist eine Witzfigur, ein Versager, eine Niete im Bett! Oder hebst du dir deine Energie nur für andere Frauen auf?«

Ich wartete. Ich wartete eine ganze Weile, doch Per sagte nichts, starrte mich fassungslos an. Also ergriff ich sein Handy, das vor ihm auf dem Tisch lag, wählte eine Nummer. Zum Glück wurde abgehoben.

»Darling! Endlich!«, quiekte eine aufgeregte Frauenstimme.

»Hallo Florian«, antwortete ich. »Dein Darling wird in Zukunft öfter für dich Zeit haben! Am besten kommst du gleich und holst ihn dir ab! Er muss nur noch schnell packen.«

Ich weiß nicht, ob Barby kam, um Per abzuholen. Ich verließ die Wohnung, denn so gefestigt ich mich auch gab, es tat natürlich trotzdem weh. Als ich wiederkam, war Per weg, die Wohnung wirkte leer, chaotisch und kalt. Ich begann, Möbel umzuräumen und die Bilder abzuhängen, die uns zusammen zeigten und die er alle dagelassen hatte. Irgendwo musste ich beginnen, mir ein neues Leben aufzubauen.

Das Geheimnis

Agathe (72), Lehrerin, Mainz,
über
James (74), Lehrer, Kleinstadt in South Carolina

Heute wird meine Enkelin zehn Jahre alt. Sie ist ein lebens-lustiges, aufgewecktes Kind und geht in die fünfte Klasse des hiesigen Gymnasiums. Ihre dunkle Haut schimmert kaffee-braun, ihr krauses Haar steht in zahllose, kleine Zöpfe geflochten von ihrem schönen Kopf ab, und ihre schönen Lippen sind leicht zu einem Lächeln zu bewegen. Sie ist das Kind meiner Tochter, meines einzigen Kindes, und ich liebe sie über alles. Aber als sie geboren wurde, gab es ein handfestes Problem – nicht mit der Geburt selbst, sondern mit der Hautfarbe.

Als meine Tochter damals vor genau zehn Jahren morgens mit heftigen Wehen ins Mainzer Hildegardis-Krankenhaus einge-liefert wurde – es war ihr erstes Kind –, war ich natürlich auf-geregt wie jede Großmutter, vielleicht sogar aufgeregter als bei der Geburt meiner eigenen Tochter. Ich hatte die diensthabende Kinderschwester, Schwester Gabriele, gebeten, mich sofort an-zurufen, sobald das Kind da wäre. Und das tat sie dann auch, es war inzwischen später Nachmittag geworden. In sachlichem Ton teilte sie mir mit, meine Tochter habe ein gesundes Kind, ein Mädchen, zur Welt gebracht, doch dabei blieb sie merkwür-dig unpersönlich. Größe und Gewicht, alles normal, aber kein

Glückwunsch, kein freundschaftlich aufmunterndes Wort drang aus dem Telefonhörer. Eigentlich passte das nicht zu Schwester Gabriele, die ich von früheren Gelegenheiten ganz anders kannte. Nun, jeder hat einmal einen schlechten Tag, beschwichtigte ich mich selbst und nahm ein Taxi zur Klinik.

Auf dem Flur der Entbindungsstation kam mir mein Schwiegersohn Malte entgegen. Sein schon immer blasses, schmales Gesicht erschien mir heute noch bleicher, und sein sonst leicht pedantisch gescheiteltes, schwarzes Haar hing ihm in wirren Strähnen in die glatte, weiße Stirn. Obwohl kaum Leute auf dem Flur waren, schien er mich nicht zu bemerken und ging, ganz in Gedanken versunken, in nur gut einem Meter Abstand an mir vorbei. Ich hatte immer ein herzliches Verhältnis zu ihm, fast wie zu einem eigenen Sohn, und manchmal hatten wir uns gegenseitig dämliche Schwiegermutterwitze erzählt, über die wir uns vor Lachen krümmen konnten. Was war heute los mit ihm?

Ich rief ihm ängstlich zu: »He Malte, was hast du? Ist etwas nicht in Ordnung?« Er wandte sich im Gehen um. »Doch, doch, nichts, ist alles in Ordnung.«

Er eilte weiter in Richtung Ausgang. Komisch, warum blieb er nicht bei seiner Frau und seinem Kind? Ich war verwirrt und beunruhigt. Im nächsten Augenblick sollte ich den Grund erfahren.

Meine Tochter Clea hatte dank ihrer Privatkasse ein Einzelzimmer. Als ich eintrat, lag sie mit ernstem Gesicht in ihrem Bett. Zwei Tränen rannen über ihre Wangen. Waren es Tränen der Freude oder des Kummers? Ich konnte es nicht erkennen. In ihren Armen hielt sie ein selten hübsches, rundliches Baby, aber seine Haut war ziemlich dunkel und das schon dichte Haar lag wie eine enge, krause Kappe um seinen Kopf. Ich überspielte meine Verwirrung, doch mehr als ein albernes »Mein Gott, ist die süß!« brachte ich nicht heraus. Plötzlich war mir der Grund für Maltes Verhalten klar.

»Mama, ich kann mir das absolut nicht erklären«, heulte Clea jetzt, »da war ganz sicher kein anderer Mann im Spiel, und erst recht kein Neger.«

»Clea, beruhige dich, es wird schon eine Erklärung dafür geben. Und übrigens sagt man heute nicht mehr Neger.«

»Ist mir scheißegal! Aber was soll ich denn jetzt machen? Malte ist stocksauer. Er will sich von mir trennen. Ich kann ihn sogar verstehen, dabei habe ich ihn bestimmt nicht betrogen. Ich verstehe das alles nicht«, jammerte sie.

Ich wollte irgendetwas Tröstliches sagen, es wäre vermutlich nur eine Banalität herausgekommen, aber mir wurde plötzlich schwindelig, ich merkte, wie meine Beine unter mir wegsackten. Später erzählte mir Clea, ich sei in mich zusammengesunken wie damals der alte Fabrikschornstein, den sie in unserer Gegend gesprengt hatten.

Als ich aus meiner Ohnmacht erwachte – »erwachen« ist eigentlich nicht das richtige Wort: Ich schrak förmlich auf –, lag ich auf einer schmalen, weißen Liege in einem schlauchartigen Zimmer mit einer hohen Decke, die zu den übrigen Dimensionen des Raums in keinem sinnvollen Verhältnis stand. Befand ich mich in einem Sterbezimmer? Vielleicht, aber ich war quicklebendig, obwohl mir tatsächlich nach Sterben zumute war, denn plötzlich überwältigte mich wieder mein Problem, vor dem mich meine Ohnmacht für kurze Zeit bewahrt hatte, und schwebte unter der hohen Zimmerdecke über mir wie ein bedrohliches, garstiges Gespenst. Ich konnte Clea und natürlich auch ihren Mann nicht länger im Unklaren lassen, musste mein über Jahrzehnte gehütetes Geheimnis endlich preisgeben, mich von meiner Lebenslüge trennen. Ich musste ihnen meine ganze Geschichte erzählen.

Ich stamme aus einem rheinhessischen Weinort südlich von Mainz, wo meine Eltern ein kleines Weingut besaßen, das heute noch von einem meiner Brüder weitergeführt wird. Auch wenn die Menschen in dieser Gegend eigentlich recht freundlich sind und gern feiern, empfand ich schon früh die kleinliche Enge meiner dörflichen Umgebung mit ihren eingefahrenen Denkweisen und Vorurteilen als bedrückend. Als ich dann Mitte der siebziger Jahre mein Studium begann, Pädagogik in Mainz, nahm ich mir ein einfaches, aber billiges Appartement in der Altstadt, obwohl ich mir das finanziell kaum leisten konnte. Auch meine Eltern waren dagegen: Ich hätte zu Hause alles, was ich brauche, und könne doch täglich zur Uni fahren. Aber ich wollte einfach raus.

Anfang 1976 verlobte ich mich mit Edgar. Er stammte aus dem Nachbardorf, und wir kannten uns seit Jahren. Ich weiß gar nicht, ob sich junge Leute heute überhaupt noch verloben, so mit großer Feier, Ringen und allem Drum und Dran. Wir jedenfalls begingen dieses Ereignis mit einem Fest, zu dem fast die Hälfte unserer beiden Heimatdörfer eingeladen war. Warum ich mich damals überhaupt mit Edgar verlobte, weiß ich bis heute nicht so genau. Er war ein ruhiger, zuverlässiger Mensch, etwa fünf Jahre älter als ich, schon fertiger Bauingenieur, und mit seinem ebenmäßigen Gesicht, den hellblauen Augen und dem vollen, blonden Haar ein gut aussehender Mann. Eigentlich glich er Paul Newman, jedenfalls ein kleines bisschen, und für den schwärmte ich damals wie viele meiner Freundinnen. Und viele von ihnen beneideten mich auch um Edgar. Vielleicht war das mit ein Grund dafür, dass ich seinem Vorschlag mit der Verlobung zugestimmt hatte. Aber ich war mir unsicher, ob er der Mann war, mit dem ich mein Leben verbringen wollte. Ich mochte ihn, sicher, aber etwas fehlte mir – Verliebtheit, Begeisterung, Feuer. Und als er mir im Mai eröffnete, er müsse für ein halbes Jahr in den Iran, wo seine Firma gerade eine Brücke baute für den Schah – den hatten sie damals noch nicht zum Teufel gejagt –, war ich nicht wirklich traurig. Das würde mir Zeit verschaffen, mir über meine Gefühle für ihn klar zu werden. Ein Urlaub war in diesem halben Jahr nicht vorgesehen, und Billigflieger, die einen schnell einmal übers Wochenende an fast jeden Ort dieser Welt bringen, gab es noch nicht. Wir würden uns oft schreiben, versprachen wir.

Einige Wochen nach Edgars Abreise lud ich eine Freundin ein, mit mir zu einem echten rheinhessischen Winzerfest zu gehen. Sie stammte aus Hamburg und studierte mit mir in Mainz, und ich wollte ihr zeigen, wie man in meiner Heimat feiert. Entlang der belebten Dorfstraße waren die großen Doppelflügel der Winzerhöfe und die Kellereingänge geöffnet worden. Innenhöfe und Keller hatte man in provisorische Weinlokale verwandelt, beleuchtet mit Ketten bunter Glühbirnen und geschmückt mit frischem Grün und auch mit allerlei Kitsch und Krimskrams wie alten Wagenrädern, an denen Blumentöpfe mit Geranien hingen, oder mit Begonien und Petunien bepflanzten ausgedienten Schubkarren. Die Leute dort lieben so was und die Fremden offenbar auch.

Wir gingen in eines der Kellerlokale und setzten uns auf eine einfache Bank ohne Lehne an einen der langen Tische. Von unten herauf schauten wir durch das offene Tor auf die Menschen, die auf der hell erleuchteten Straße vorbeischlenderten, als zwei Farbige, beide Mitte zwanzig, ziemlich groß und sportlich aussehend, das Lokal betraten und auf unseren Tisch zusteuerten. Sie waren in Zivil, aber sicherlich amerikanische Soldaten, denn eigentlich sind alle Farbigen, die auf den Winzerfesten an der Rheinfront auftauchen, US-Soldaten. Die beiden fragten, ob sie sich an unseren Tisch setzen dürften. »Natürlich. Bitte!«

Die Amerikaner waren ziemlich beliebt in unserer Gegend, und viele Leute hatten Wohnungen an sie vermietet, die extra für diesen Zweck gebaut worden waren. Eigentlich galt das auch für Schwarze – aber eben nur eigentlich. Kritisch wurde es, wenn sich deutsche Mädchen mit ihnen einließen. Genau genommen waren die amerikanischen Soldaten generell für uns tabu, oder wir für sie. Während aber ein Mädchen, das einen weißen Amerikaner zum Freund hatte, einfach nur ein Amiliebchen genannt wurde, war sie eine Negerhure, wenn er schwarz war.

Die beiden Männer setzten sich uns gegenüber an den schmalen Tisch. Sie schienen in guter Stimmung zu sein, aber ich verstand ihren Dialekt kaum, wenn sie untereinander sprachen, obwohl ich eigentlich recht gut Englisch spreche. Der Junge, der mir gegenübersaß, hatte ein hübsches, gut geschnittenes Gesicht mit gerader Nase und leicht aufgeworfenen Lippen. Seine weißen Zähne und das leuchtende Weiß in seinen Augen kontrastierten auffallend mit dem Kaffeebraun der Haut.

Nach kurzer Zeit sprachen die beiden uns an, indem sie sich mit ihren Namen vorstellten. Dabei erhoben sie sich, so gut es in der Enge ging, von der Bank und schüttelten unsere über den Tisch gereichten Hände. Fast formvollendet. Ich war überrascht von dieser, wenn auch leicht ungelenken, Höflichkeit. James W. Johnson hieß mein Gegenüber. Das W. stehe für Walker, den Namen seiner Mutter. Er sprach erstaunlich gut deutsch, was bei den hier stationierten Amerikanern ausgesprochen selten war, und ich mochte seinen Akzent. Es gefiel uns, unsere Unterhaltung ständig zwischen Deutsch und Englisch hin und her zu pendeln. Er erzählte mir, dass er sich auf Zeit zur Army verpflichtet habe. Er stamme aus einer Kleinstadt in South Carolina, und im richtigen Leben sei er Lehrer – wie ich. Er unterrichte Musik und Geschichte, am liebsten aber Musik. Saxofon sei sein Instrument, Tenorsaxofon, das er im Musikkorps seiner Einheit spiele, aber auch in einer kleinen Band, bei Veranstaltungen oder in Clubs. Sein Dienst sei nicht gerade aufregend, eher öde, aber man lasse ihm seine Ruhe und viel Zeit zum Üben.

Es war fast Mitternacht, als mich meine Freundin mit dem Knie anstieß und mir mit einem Nicken in Richtung Ausgang bedeutete, sie wolle gehen. Offenbar war die Unterhaltung mit ihrem Gegenüber nicht so anregend verlaufen wie bei mir. Als wir uns verabschiedeten, boten die Amerikaner an, uns mit dem Auto nach Hause zu bringen, sie hätten wirklich nicht viel getrunken, kein Problem. Wir lehnten ab, denn ein Problem gab es schon: Auf keinen Fall wollte ich gesehen werden, wie wir mit den beiden abzogen.

Aber bevor wir gingen, sagte James, dass am 4. Juli, dem Independence Day, auf dem Gelände der Anderson-Barracks in

Dexheim, wo er stationiert war, ein großes Fest gefeiert würde. Der zweihundertste Geburtstag der USA. Er müsse zwar Hamburger braten und Chili con Carne verteilen, aber zwischendurch hätte er sicher etwas Zeit für mich. Er würde sich freuen, wenn ich käme, und mir auch einen Hamburger spendieren.

»Vielleicht. Mal sehen«, ich war unschlüssig. Noch ahnte ich nicht, dass er meine große Liebe werden würde, die einzige wirklich große Liebe, und dass die nächsten Monate die schönste Zeit in meinem Leben sein würden.

Immer wieder in den nächsten Tagen dachte ich an ihn, an sein freundliches, meist lächelndes Gesicht, seinen Witz, seine Lebendigkeit, seine Lebensfreude; er ging mir nicht mehr aus dem Kopf. Und dass ich am 4. Juli nach Dexheim fahren würde, stand für mich fest.

Es war ein warmer, sonniger Tag. Auf dem Truppenübungsplatz war alles in den Farben Blau, Weiß und Rot geschmückt, mit Luftballons, Girlanden und Flaggen, sogar die Panzer und die Stacheldrahtzäune, die das Gelände umgaben. Die sonst so tristen Hallen und Wohnblocks wirkten heute viel freundlicher.

Schnell hatte ich auf dem weitläufigen Platz den Hamburgerstand gefunden, an dem James seinen Dienst tat. Er trug eine weiße Schürze, die ihm vom Kinn bis zu den Knien reichte, mit einer aufgedruckten Mickymaus, und wendete gerade eine Unzahl von Brätlingen auf einem riesigen Rost.

Ich stand eine Weile ganz in seiner Nähe und beobachtete ihn. Er war so in seine Tätigkeit vertieft, dass er mich zunächst nicht bemerkte. Dann aber schaute er auf, indem er sich mit dem Unterarm übers schweißglänzende Gesicht wischte, und sah mich. Er strahlte wie ein Kind, das den Osterhasen sieht, an den es eigentlich schon lange nicht mehr glaubt.

Offenbar hatte er nicht mehr mit meinem Kommen gerechnet. Er rief einem seiner Kollegen etwas zu und band sich die lächerliche Mickymausschürze ab. Wir setzten uns auf eine Bank, tranken eine Apfelsaftschorle und plauderten. Sofort war die schwerelose Vertrautheit des Abends in dem Winzerkeller wieder da.

Später gab es ein Big-Band-Konzert, und James blies im Saxofonsatz sein Tenor, wobei er mir immer wieder zuzwinkerte. Sie spielten Stücke von Glenn Miller, Duke Ellington und Count Basie, und ich saß in der Sonne, wippte mit dem Fuß im Takt. Es war herrlich.

Als es dunkel wurde, hockten wir an einem langen Tisch, zusammen mit seinen Freunden, schwarzen und weißen, auch einige Frauen waren dabei. Man klönte und trank Budweiser und war in ausgelassener Stimmung. Ein Rassenproblem gab es hier offenbar nicht. Ich war die einzige Deutsche. Alle behandelten mich freundlich, wie ich es von Fremden kaum gewohnt war, wenn ich auch nicht alle ihre Scherze und Anspielungen verstand. Ich glaube, sie schweinigelten ein wenig, aber es störte mich nicht. Es war ein wunderschöner Abend, und ich hatte mich verliebt.

An diesem Abend nahm ich James' Angebot an, mich nach Hause zu bringen. In seinem uralten Chrysler fuhren wir durch die warme Sommernacht nach Mainz, in meine winzige Wohnung. James war zärtlich, einfühlsam, und es wurde eine Liebesnacht, so verwirrend schön, wie ich es noch nie erlebt hatte.

Von da an verbrachten wir jede freie Minute miteinander. Vergessen war meine Verlobung mit Edgar. Ich hatte nicht einmal ein schlechtes Gewissen – na ja, manchmal doch ein bisschen, vor allem, wenn ich seine Briefe beantwortete, was ich immer möglichst lange hinauszögerte.

In meinem Dorf und bei meinen Eltern ließ ich mich zusammen mit James nicht sehen, und auch sonst nur noch selten. Ich wollte dummes Geschwätz vermeiden. Dafür ging ich umso stolzer mit ihm Hand in Hand durch die Straßen von Mainz oder Frankfurt am Main, auch wenn ich merkte, wie besonders ältere Leute uns misstrauisch oder abschätzig anstarrten. Ich fühlte mich auf der richtigen Seite, in meiner kleinen Welt ein bisschen als Kämpferin gegen Rassismus und Fremdenfeindlichkeit. Schwarz-weiße

Paare waren damals noch nicht so selbstverständlich wie heute. Bisweilen murmelten irgendwelche Dumpfbacken auch üble Beschimpfungen, wenn sie an uns vorbeigingen. Ich überhörte den Mist und hoffte nur, dass James nichts verstand, aber ich glaube, er hatte ein feines Gespür für so etwas.

Ende August fuhren wir für vier Tage an den Bodensee. Es war wunderschön, aber in den kleinen Städtchen dort erschienen mir die Menschen noch engstirniger, manchmal sogar feindselig. In Meersburg wurden wir in einem Hotel abgewiesen, angeblich weil kein Zimmer mehr frei war, aber ich bekam mit, dass ein älteres Ehepaar, das hinter uns gestanden hatte, ohne Weiteres einchecken konnte. Wenn ich James auf das Problem Rassismus hier oder in Amerika ansprach, wich er meist mit flapsigen Bemerkungen aus. Natürlich gebe es Rassisten, immer und überall auf der Welt, aber mit diesen Idioten gebe er sich nicht ab, er komme schon klar, was ich ihm bei seinem zuversichtlichen Naturell durchaus abnahm. Allerdings erzählte er mir auch, und dabei wurde er ausnahmsweise einmal richtig ernst, dass einer seiner Großväter ein Weißer gewesen sei. Der habe die Großmutter, die bei ihm als Dienstmädchen arbeitete, vergewaltigt.

Schon zu Beginn unserer Beziehung hatte mir James gesagt, dass seine Dienstzeit Mitte Dezember zu Ende gehe und er zurück in die Staaten müsse. Den Gedanken daran hatte ich bis zum Spätherbst erfolgreich verdrängt, genau wie die Tatsache, dass Edgar zu Weihnachten aus dem Iran zurückkommen würde. Nun aber bedrückte mich diese Gewissheit täglich mehr. James hatte ich von meiner Verlobung nichts erzählt, auch hatten wir jedes Gespräch über eine gemeinsame Zukunft ängstlich vermieden. Jetzt aber musste ich mit ihm darüber sprechen, was aus uns werden sollte.

»Du kommst mit mir in die Staaten«, war seine erste Reaktion. Es klang zuversichtlich, aber ich spürte seine Besorgnis, denn es waren auch meine Ängste. Wie würden uns seine Familie, seine Freunde und Kollegen, seine Schüler aufnehmen? Wie die

Weißen in seiner Stadt? Uns beiden war klar, welche Schwierigkeiten wir als gemischtes Paar dort haben würden, besonders in
den Südstaaten.

Es würde mich wahrscheinlich völlig fertigmachen, aber ich
beschloss, nicht mit ihm zu gehen, jedenfalls jetzt noch nicht.
Vielleicht würde ich später nachkommen, tröstete ich mich, und
auch ihn.

Und dann war es so weit. Am 10. Dezember 1976 brachte ich
James zum Militärflughafen in Frankfurt. Es war ein schmerz-
hafter, tränenreicher Abschied, der durch ein paar militärische
Befehle jäh beendet wurde.

»Ruf mich an, wenn du gelandet bist«, rief ich ihm nach, aber
ich weiß nicht, ob er mich noch gehört hat. Ich habe ihn nie
wieder gesehen.

Eine Woche später fuhr ich wieder nach Frankfurt, diesmal
zum Zivilflughafen, um Edgar abzuholen. Fremdelnd stand ich
ihm gegenüber und versuchte, mich unbefangen zu geben. Offenbar gelang es mir, meine Verlegenheit zu überspielen, denn Edgar
machte trotz seiner Unausgeschlafenheit einen aufgeräumten
Eindruck, drückte mich an sich und freute sich kindlich, mich zu
sehen. Ich brachte ihn nach Hause zu seinen Eltern, wo immer
noch sein Zimmer für ihn bereitstand, und verabschiedete mich
bald. Ich hätte fürchterlich viel zu tun, eine Klausur, auf die ich
mich vorbereiten müsse, und überhaupt die Vorbereitungen auf
das Examen im Frühjahr. Edgar war sichtlich enttäuscht.

Ich litt unter der Trennung von James mehr, als ich vorher geglaubt hatte, aber ich wollte mich nicht hängen lassen. Schließlich
war es meine Entscheidung gewesen, nicht mit ihm nach Amerika zu gehen. Die Weihnachtstage standen bevor, und mir graute
davor, bei meinen Eltern herumzusitzen oder, schlimmer noch,
bei Edgars Eltern. Aber wider alles Erwarten war mir Edgar in
seiner ruhigen, bedächtigen Art ein wichtiger Halt. Gleichmütig
ertrug er meine Launen und Ungerechtigkeiten. Natürlich hatte er
erwartet, dass wir nach seiner Rückkehr auch wieder miteinander

schlafen würden, aber ich war noch nicht so weit. Ich schützte Menstruation, Migräne oder Überarbeitung vor. Er reagierte abwartend, verständnisvoll, was ich ihm hoch anrechnete. Erst Mitte Januar, er war inzwischen bereits vier Wochen wieder zu Hause, nahm ich ihn zum ersten Mal wieder mit in meine Mainzer Wohnung, und wir hatten Sex, keinen leidenschaftlichen, heftigen Sex, sondern eher zärtlich ruhigen. Es fiel mir leichter, als ich angenommen hatte, ja ich genoss seine einfühlsame Art, und es geschah bestimmt nicht nur aus Mitleid oder Dankbarkeit.

Zurück zum Thema Menstruation: Eigentlich hätte ich Ende Dezember, Anfang Januar meine Tage bekommen müssen. Dass sie ausblieben, schob ich zunächst auf meine Seelenlage. Dann aber, Anfang Februar, wurde ich unruhig. Ich ging zu meinem Gynäkologen, er untersuchte mich und kam zu dem Ergebnis: Ich war schwanger, schwanger von James W. Johnson.

Was jetzt? Ich war ratlos. Eine Abtreibung wäre die einfachste Lösung gewesen. Ich ging zur Schwangerschaftsberatung, hörte nicht zu, vereinbarte einen Termin mit einer Frankfurter Klinik, die Schwangerschaftsunterbrechungen täglich, vermutlich sogar stündlich machte, aber dann ließ ich den Termin platzen. Was mich letztlich dazu brachte, das Kind zu behalten, kann ich heute kaum noch sagen, vielleicht war es die Erinnerung an James.

Nun musste ich Farbe bekennen, im wahrsten Sinne des Wortes. Ich musste Edgar erklären, dass ich ein Kind bekommen würde, von einem anderen Mann, ein farbiges Kind. Das heißt, ich hätte es ihm sagen müssen, aber ich brachte es einfach nicht fertig, ihm das anzutun, es hätte ihm das Herz gebrochen. Oder war es nur meine Feigheit, die mich hinderte, ihm die Wahrheit zu sagen? Wohl beides, Mitleid und Feigheit liegen ziemlich nahe beieinander, wenn es darum geht, einen Fehltritt einzugestehen. Jedenfalls schob ich das Unvermeidliche immer wieder hinaus, bis mein Zustand nicht mehr zu verheimlichen war. Edgar ging wie selbstverständlich davon aus, dass er der Vater sei. Er war außer sich vor Stolz und Freude, was meine Aufgabe, ihn aufzuklären, nicht gerade einfacher machte. Er drängte jetzt mehr denn je auf eine schnelle Hochzeit. Natürlich konnte ich ihn nicht heiraten und ihm dann ein schwarzes Kind präsentieren – als Überraschung sozusagen.

Auch in meinen wöchentlichen Briefen an James erwähnte ich nichts von meiner Schwangerschaft. Ich wollte ihm nicht unnötig das Herz schwer machen. Von seiner Vaterschaft hat er nie erfahren, und davon, dass ich in die USA nachkommen würde, war in unseren Briefen und den wenigen Telefonaten nicht mehr die Rede, nicht von meiner und nicht von seiner Seite. Im Frühjahr schickte er mir dann drei Fotos, die ihn mit einer schönen, jungen Frau zeigten, von noch dunklerer Hautfarbe als er. Er habe jemanden kennengelernt, schrieb er, und wolle im Sommer heiraten.

Im August 1977 wurde in Mainz meine Tochter Clea geboren, ein gesundes hübsches Baby mit glatten, dunklen Haaren. Und weiß! Die Einzige, die über die helle Hautfarbe des Kindes überrascht war, war ich. Und wie überrascht ich war! Nur ich kannte den wirklichen Vater, und nur ich entdeckte bald auch winzige Anzeichen, die mich an ihn erinnerten. Nie hatte ich geplant, Cleas Abstammung zu verheimlichen. Wie denn auch, wenn sie wie erwartet schwarz gewesen wäre? Jetzt aber hatte ich den richtigen Zeitpunkt für ein Geständnis verpasst. Jedenfalls glaubte ich das, und meinem Kind würde es auch nichts bringen. Also bewahrte ich mein Geheimnis für mich – bis heute.

Bald nach der Geburt gab ich Edgars Drängen nach, und wir heirateten. Es wurde eine glückliche Ehe. Und dass ich mein seelisches Gleichgewicht wiedergefunden hatte, verdankte ich vor allem Edgar. Ich wurde Lehrerin an einer Mainzer Schule, wo ich bis zur Rente arbeitete. Clea blieb unser einziges Kind, obwohl wir, besonders Edgar, gern noch ein oder zwei weitere gehabt hätten.

Als Clea so alt war wie meine Enkelin heute, geschah etwas Furchtbares. Edgar arbeitete für einige Wochen auf Montage in der Türkei. Eines Tages, ich brachte Clea gerade zu ihrem Klavierunterricht, hörte ich im Autoradio, dass ein deutscher Ingenieur bei Brückenbauarbeiten in der Türkei tödlich verunglückt sei. Ein eisiger Schreck durchfuhr mich, aber ich ließ mir gegenüber Clea nichts anmerken. Zitternd fuhr ich nach Hause zurück, und als ich den Wagen in unserer Einfahrt parkte, sah ich zwei dunkel gekleidete Herren vor unserer Haustür stehen. Einen von ihnen kannte ich, es war einer der Abteilungsleiter in Edgars Firma. Und dann war es schreckliche Gewissheit: Edgar war von einem Baugerüst zwanzig Meter in die Tiefe gestürzt. Er sei sofort tot gewesen, sagten die beiden dunkel Gekleideten.

Wie hätte ich Clea jetzt noch erklären können, dass ihr geliebter Papa nicht wirklich ihr Vater war? Also ließ ich es bleiben, und wahrscheinlich hätte ich mein Geheimnis mit ins Grab genommen, wäre da nicht dieses dunkelhäutige Kind gewesen.

Jetzt musste ich die Ehe meiner Tochter retten, musste ihr und meinem Schwiegersohn die Wahrheit sagen, vielleicht zuerst einmal nur Clea.

Mir war schwindelig, und ich spürte, dass ich fast wieder umgefallen wäre, als ich mich von der weißlackierten Krankenhausliege wälzte. Mit noch immer leicht unsicheren Schritten, aber entschlossen wanderte ich durch die langen Flure zur Entbindungsstation und betrat Cleas Zimmer, um ihr meine Geschichte zu beichten. Es fiel mir nicht leicht, aber es musste sein.

Der Trauerkloß

Sophie (33), Bürokauffrau, Münster,
über
Martin (41), Kaufhausdetektiv, Münster

Du bist ein richtiger Trauerkloß!«, sagte meine Mutter früher oft entnervt zu mir. »Was habe ich bei dir bloß falsch gemacht?« Da mein missmutiges Mondgesicht ihr die Laune verdarb, gab sie mir Geld, damit ich zum Kiosk laufen und mir Süßigkeiten kaufen konnte, was meine Kloßhaftigkeit natürlich noch verschlimmerte.

»Ich bin dick«, erkannte ich eines schlimmen Tages, an dem ich weinend aus dem Kindergarten nach Hause kam. Dick und fett, das hatten mir die anderen Kinder unmissverständlich klargemacht.

»Unfug! Man braucht Reserven für schlechte Zeiten«, widersprach meine Oma und gab mir Kekse.

Doch tröstete es mich keineswegs, ein wandelndes Fettdepot zu sein. Und was für schlechte Zeiten? Mein Leben war schon schlecht, es konnte gar nicht schlimmer werden. Doch ich täuschte mich. Mit Eintritt der Pubertät wurde es noch schlimmer. Und die Fettreserven halfen mir natürlich nicht, im Gegenteil.

Damals besuchte ich eine Waldorfschule. Vor Unterrichtsbeginn wurden wir regelmäßig dazu angehalten, zu erzählen, wie es uns ging, was wir uns wünschten und was uns beschäftigte.

Schon damals beschäftigte mich vor allen Dingen, dass ich dick war, ausgegrenzt wurde und keine Freunde hatte. Doch ich bemühte mich, nicht aufzufallen und log, es gehe mir gut, ich wünsche mir ein Pferd und beschäftige mich mit Anziehpuppen. In Wahrheit verabscheute ich beides. Das Einzige, was ich noch mehr hasste, war, im Musikunterricht meinen Namen tanzen zu müssen.

Ab vierzehn hungerte ich ständig, doch ich nahm nicht ab, zumindest nicht nennenswert. Nichts half und so dämpfte ich meinen Hunger nach Liebe doch wieder in der Speisekammer. Und blieb abgekapselt und allein, allein mit meiner Sehnsucht nach Anerkennung und Romantik, ein quälendes Verlangen, das ich nicht befriedigen konnte. Erzählen konnte ich niemandem davon, lieber hätte ich mir die Zunge abgebissen, als zuzugeben, wie sehr ich mich nach Nähe sehnte.

Jetzt bin ich dreiunddreißig und seit zehn Jahren verheiratet. Clemens habe ich im Büro kennengelernt. Genau wie ich blieb er immer länger als alle anderen, wohl da auch er keinen Grund hatte, nach Hause zu gehen. Feindselig beäugten wir einander, wechselten über Wochen nie auch nur ein einziges Wort. Es störte mich, dass plötzlich noch jemand im Großraumbüro saß. Vielleicht verabscheuten wir uns so, weil wir einander die Tristesse des eigenen Daseins vor Augen führten.

Eines Tages, ich hab vergessen wie genau, mussten wir uns doch unterhalten. Clemens wirkte derart scheu und unsicher, dass meine angestaute Antipathie schnell schwand. Er war noch menschenscheuer als ich, und es erstaunte mich auf angenehme Weise, dass er sich sogar vor mir zu fürchten schien. Mutterinstinkte regten sich und ich begann, seine Nähe zu suchen. Ich setzte mich in der Kantine neben ihn, brachte ihm unaufgefordert Kaffee mit und verwickelte ihn, wann immer ich konnte, in ein Gespräch. Das war nicht so einfach, da er kaum je etwas sagte, sondern mich meist hinter dicken Brillengläsern fragend ansah, als warte er auf eine Erklärung. Doch er gewöhnte sich an meine

Monologe, warf sogar manchmal ein »Aha«, »Soso« oder sogar »Ja, das kenn ich« ein. Ich freute mich darüber. Seine ruhige, schleppende Art zu sprechen empfand ich als beruhigend und auch, dass er keinerlei Überraschungen barg.

Ich war Anfang zwanzig und Clemens war der erste Mann, an den ich mich herantraute. Es war nicht seine Attraktivität, Clemens war füllig, trug eine Hornbrille und das bereits damals schüttere Haar über dem runden Gesicht gescheitelt. Doch mir war klar, wenn ich jemals einen Mann haben wollte, würde ich Kompromisse machen müssen. Für Mädchen wie mich fielen die Männer nicht einfach vom Himmel.

Clemens wurde allmählich zutraulicher und so lud ich ihn an einem Samstagabend in meine kleine Wohnung ein, die nie zuvor Männerbesuch gesehen hatte. Wir aßen vor dem Fernseher, das hatte ich notgedrungen vorgeschlagen, weil ich nicht wusste, wie ich eine ganze Mahlzeit über das Gespräch bestreiten sollte. Ich hatte Königsberger Klopse zubereitet und entlockte Clemens damit ein erstes scheues Lächeln. Soll die Liebe doch durch den Magen gehen, dachte ich mir. Ich hatte diese Weisheit immer gehasst, doch Hauptsache Liebe und Hauptsache, sie ging voran.

Wir heirateten ein halbes Jahr später und lebten friedlich miteinander, doch meine Sehnsucht nach Nähe blieb unerfüllt. Anfangs hatte ich mir erträumt, Clemens und ich könnten uns unsere eigene Welt der Liebe und Erotik schaffen, eine Welt, die nur uns gehörte und die nichts mit der weichgezeichneten Pornowelt da draußen zu tun hatte, doch er wehrte meine Avancen ab, näherte sich mir nur einmal im Monat pflichtschuldig zum Zeugungsakt. Es lief immer gleich ab. Clemens ließ die Rollläden runter, löschte alle Lichter und setzte seine dicke Brille ab. Er näherte sich mir nie anders als blind wie ein Maulwurf. Und so wagte ich nicht, von meinen Sehnsüchten zu sprechen, wagte nicht ihm vorzuwerfen, dass er mich nicht begehre, Leidenschaft lässt sich schwer einfordern. Also gab ich allein mir und meinem Körper die Schuld daran. Selbsthass nagte an mir, mit den Jahren wurde ich immer verbitterter. Ich wartete darauf, dass das Alter die quälenden Sehnsüchte beenden möge, mir endlich Ruhe und Gelassenheit brächte, das Desinteresse, das ich tagtäglich heuchelte.

Wie sehr beneidete ich Clemens um die sexuelle Welt, die er in seinem Hobbyraum so einfach mit Magazinen und vor dem Computer ausleben konnte, eine Welt hinter verschlossenen Türen, aus der er mich gänzlich ausgrenzte. Grell, bunt, groß-busig und stets verfügbar war diese Welt und sie gehörte ihm allein, so erbärmlich sie auch war. Für mich gab es nur Warten und Verdrängen.

Wenn ich mit Clemens unterwegs war, schämte ich mich oft für ihn, sein unverhohlen lüsternes Starren. Die feuchte Unterlip-pe und den gierigen Blick, mit dem er nackte Frauenbeine und offenherzige Dekolletés anstierte, so als wäre ich nicht da.

Ich war für die Gemütlichkeit in unserem Leben zuständig, kochen, aufräumen, Fernsehabende, und konnte nur auf den Tag warten, an dem mir diese Demütigungen nichts mehr ausmachen würden. Auch meinen Kinderwunsch begrub ich nach und nach – einmal im Monat Besamung, das war anscheinend nicht ge-nug – und das nahm ich meinem Mann an meinem freudlosen Dasein am meisten übel.

Vor drei Jahren verstarb meine Großmutter und hinterließ mir überraschend ein ansehnliches Vermögen. Ich kaufte eine neue Wohnzimmergarnitur und reduzierte meinen Job auf eine Halb-tagsstelle. Nun hatte ich mehr Zeit für mich, Zeit, die ich mit Essen und Schlafen verbrachte. Trägheit bestimmte mein Leben und so fiel mir nicht viel Sinnvolleres ein.

Vor vier Monaten war ich im Supermarkt, es war ein heißer Sommernachmittag, schwerfällig und verschwitzt hatte ich den Laden betreten und schob nun meinen Wagen durch die klimati-sierten Gänge, während mein sackartiges Blümchenkleid knitte-rig auf meinem Körper trocknete. Bei den Truhen mit Tiefkühl-kost bemerkte ich, dass ich verfolgt wurde. Ein schmächtiger Mann, dem ein heller Leinenanzug um den Körper schlotterte, schlich hinter mir her. Ein Taschendieb, dachte ich, angelte ächzend meinen Beutel aus den Tiefen des Wagens und klemmte ihn mir fest unter den Arm. Soll er nur kommen! Bei den Teigwaren war der Mann noch immer hinter mir, in gebührendem Abstand, jetzt machte er mich allmählich nervös. Was wollte er von mir? Oder bildete ich mir die Verfolgung etwa nur ein?

Als ich den Laden verließ, hatte ich die Hälfte vergessen. Ich stieg in mein Auto, um nach Hause zu fahren, doch als ich einen Blick zurückwarf, stand der Schmächtige auf dem Parkplatz und sah mir hinterher. Ein kleines Lächeln umspielte seinen breiten Mund. Schnell fuhr ich davon.

Am nächsten Tag hielt ich nach der Arbeit wieder am Supermarkt. Konzentriert durchschritt ich die Gänge und warf massenhaft Waren in meinen Einkaufswagen, denn es ist mir verhasst, etwas zu vergessen und dann zu Hause Gelüste zu kriegen, die ich nicht befriedigen kann. Plötzlich tauchte der Mann wieder auf, lugte frech hinter einem Stapel Dosenbohnen hervor. Ach, es ist der Hausdetektiv, schoss mir plötzlich die Lösung durch den Kopf. Beruhigt aufatmend schob ich meiner Wege und kümmerte mich nicht weiter um den Kerl. Obwohl ich amüsiert feststellte, dass er mich konsequent weiterverfolgte. Vielleicht verdächtigte er mich eines schwerwiegenden Deliktes? Das war natürlich Unfug, wahrscheinlich hatte er nichts anderes zu tun und gab sich beschäftigt, um den Geschäftsführer zufriedenzustellen. Mir sollte es egal sein.

Vier Tage später, ich hatte mich mittlerweile an seine Observierung gewöhnt, stellte sich der Mann mir in den Weg. Wieder trug er einen hellen Leinenanzug, der zerknittert aussah, mein ganzer Verfolger sah sehr nervös aus.

»Verzeihen Sie bitte«, sagte er höflich, aber bestimmt. »Ich muss Sie bitten, mit mir zu kommen …« Dabei zog er etwas aus der Innentasche seines Jacketts. Einen Ausweis, er war tatsächlich Ladendetektiv, wie ich es mir gedacht hatte. Meine Trägheit hinderte mich daran, wütend zu werden.

»Hier muss ein Irrtum vorliegen. Sie verschwenden nur meine Zeit und auch die Ihre«, entgegnete ich möglichst energisch. Da ich mich in meinem ganzen Leben noch nie an fremdem Eigentum vergriffen hatte, erschien mir die Situation absurd, beinahe lachhaft.

»Kommen Sie bitte trotzdem mit«, bat er so freundlich, dass ich artig meinen Einkaufswagen stehen ließ und ihm durch den Markt folgte, durch eine Mitarbeitertüre, einen Flur entlang, in ein helles Bürozimmer, das mit vielen Pflanzen ausgestattet war.

»Bitte setzen Sie sich.« Er deutete auf einen großen Bürosessel, der vor einem Schreibtisch stand. Dann saßen wir einander gegenüber. Der Mann sah mich einfach nur an.

»Ich warte auf eine Erklärung«, sagte ich, langsam wurde mir unbehaglich. Was wollte er von mir?

»Ich habe sie seit Längerem beobachtet …«, antwortete er, ohne den Blick von mir zu wenden. Noch nie hatte mich jemand so angesehen, es war, als wolle er mich mit seinen Augen in Besitz nehmen. Schlagartig wurde mir heiß, trotz der summenden Klimaanlage strömte mir der Schweiß aus allen Poren.

»Sie gefallen mir. Sehr sogar«, sagte er dann. Ungläubig starrte ich ihn an. Hatte ich mich verhört? Machte er sich über mich lustig? Mit einem Mal brach ein raues Lachen aus der Tiefe meiner Kehle hervor, so fremd und bitter, dass ich bei dem Geräusch zusammenfuhr.

»Hören Sie auf!«, schrie ich zornig und zog mich panisch in dem Sessel hoch. Was erlaubte sich der Kerl, mich derart zu verhöhnen! Was glaubte er denn, was ich war, eine Kuriosität aus dem Zirkus, mit der man Späße treiben konnte? Ich wollte fliehen, doch er sprang ebenfalls auf, lief um den Tisch und stellte sich mir in den Weg, die Hände wie zur Verteidigung in die Luft gestreckt.

»Bitte bleiben Sie, bleiben Sie«, rief er und umfasste mit feingliedrigen, gepflegten Händen meinen verschwitzten Oberarm. Mit erstaunlicher Kraft versuchte er mich festzuhalten. Als ich mich losriss, fegte ich im Gerangel eine große Blumenvase vom Tisch, die laut auf dem Boden zerbrach. Erschreckt von dem Krach hielten wir beide einen Moment inne, starrten auf die Scherben. Dann wandte ich mich ab, wollte zur Tür, doch bevor ich die Klinke ergreifen konnte, stieg ein Schluchzen in mir auf, das ich nicht zurückhalten konnte, das stärker war als ich. Von Schluchzern geschüttelt sank ich in den Sessel zurück, legte den Kopf auf meine Arme und weinte bitterlich, weinte um mich, meine Einsamkeit und über die Armseligkeit meines Lebens.

Als das Schluchzen langsam nachließ, spürte ich die zarten Hände des Detektivs, die vorsichtig meine Schultern streichelten.

»Hier haben Sie ein Taschentuch«, vernahm ich nun auch seine sanfte Stimme, wollte jedoch den Kopf nicht von meinen Armen lösen. »Es tut mir unendlich leid, ich wollte Sie nicht verstören, wirklich nicht ...« Er klang ehrlich und so unglücklich, dass ich doch ganz leicht den Kopf hob. Ich ergriff das Taschentuch und schnäuzte meine Nase, noch immer von Nachschluchzern geschüttelt. Nach einer Weile richtete ich mich auf und sah ihm ins Gesicht, erwiderte seinen Blick, der besorgt war, aber offen und aufrichtig. Ich hörte auf zu weinen.

Und dann schüttelte mich etwas anderes, die Begierde, die ich mein ganzes Leben lang unterdrückt hatte, brach hervor und nahm meinen Körper in Besitz. Ich ließ den Detektiv das Kleid über meine runden Schultern streifen, verharrte ganz still, während seine feinen Hände meine Haut erkundeten, genoss seine Berührung. An diesem Tag, in diesem hellen Büro, hinter verschlossener Tür, an der die Mitarbeiter vorbeiliefen, erfuhr ich endlich, was Leidenschaft bedeutet.

Seit diesem Tag sind Martin und ich ein Paar. Es ist die schönste Zeit meines Lebens, ja es ist, als hätte mein Leben an diesem Tag erst begonnen. Clemens habe ich verlassen, er war zu erstaunt, um etwas zu entgegnen. Knurrte nur in seinem Sessel, als ich meine Taschen packte, und stapfte dann wortlos in seinen Hobbyraum. Ich ließ ihm die Wohnung, die neue Sitzgarnitur, ich wollte nichts als meine Freiheit, um bei Martin zu sein und ein Leben in Liebe, Glück und Geborgenheit zu führen. Bald steht die Scheidung an, ich kann es kaum erwarten. Es ist, als würde ich nun für alle Entbehrungen entschädigt, als hätte Martin es sich zu seiner persönlichen Aufgabe gemacht, mich glücklich zu machen, und auch ich liebe ihn, von ganzem Herzen. Einzig Kinder fehlen uns noch zu unserem Glück, doch wir arbeiten daran.

Der kleine Freund

Luise (34), Sekretärin, Leipzig,
über
Emilio (24), Kellner, Leipzig

Mellis neuer Freund macht sich nützlich. Er verschwindet in der Küche, um neue Gin Tonics zu mixen. Er wiegt sich in den Hüften, als er das Zimmer durchquert, und verwundert schaue ich ihm hinterher.

»Ist er nicht unglaublich?« Melli nutzt seine Abwesenheit, sie beugt sich zu mir vor. »Und er ist so verliebt in mich! Das sagt er mir jeden Tag.«

»Toll«, versuche ich mich zu freuen. Melli hatte ziemlich viel Pech mit den Männern in letzter Zeit. Ich wünsche mir, dass es diesmal klappt. Sie wirkt glücklich, aber auch etwas überdreht. Ich habe sie eine ganze Weile nicht gesehen, und das ist kein gutes Zeichen. Sie war zuvor in einen zwielichtigen Barkeeper verliebt, der sich so alle zwei Wochen mal nach Dienstschluss bei ihr gemeldet hat. Sie hat dann sofort alles stehen und liegen gelassen und ist mit dem nächsten Taxi zu ihm gefahren. Ihr Handy hat sie in dieser Zeit nie aus der Hand gelegt, hat immer nur gewartet, nervös und meist enttäuscht. Ständig hat sie mich gefragt, ob ich mit ihr in seine Bar gehe, um dann bis zum Morgengrauen dort zu verharren ... und wir waren nicht die einzigen Wartenden. Es saßen meist noch vier, fünf andere einsame Herzen mit uns am Tresen und haben gewartet und gehofft, nach Dienstschluss auserwählt zu werden. Wie erniedrigend. Beim letzten Mal hab ich Melli geschüttelt, weil sie einfach nicht auf mich hören wollte.

»Das bringt doch alles nichts«, wollte ich ihr klarmachen. »Du quälst dich doch nur selbst! Lass uns gehen, bitte!« Aber sie hat immer wieder gegen mich angeredet. Irgendwann wurde es mir zu bunt, ich hab also ihre Schultern gepackt und gerüttelt. Ich wollte es nicht, wirklich, aber Melli hat das Gleichgewicht verloren und ist vor Schreck vom Barhocker gefallen. Der Barmann hat sich abgewendet, die anderen Frauen am Tresen haben wie Hyänen gelacht. Melli ist schnell wieder aufgestanden, hat sich möglichst würdevoll das Kleid glatt gestrichen und mit tonloser Stimme gesagt: »Okay, Luise. Wir gehen!«

Draußen hat sie mich einfach stehen lassen und sich dann eine ganze Weile nicht bei mir gemeldet. Meine Entschuldigungsversuche ließ sie unkommentiert. Vor drei Tagen bekam ich dann eine SMS:

»Bin total verknallt! Du musst Emilio kennenlernen! Mein Toyboy! Morgen zwanzig Uhr bei mir.«

Toyboy? Ich starrte angegruselt auf mein Handy. Was wollte Melli denn damit sagen? Aber egal, Hauptsache, es ging ihr gut. Also war ich um acht Uhr bei ihr, um mir den Toyboy anzusehen.

Er ist noch immer in Mellis Küche zugange, wir sind mittlerweile bei der fünften Runde und Melli lallt ein wenig, als sie sich zu mir beugt: »Emilio will immer!«, gluckst sie vielsagend und ich warte, ob da jetzt noch was kommt, aber offenbar war es das schon. Nein, es geht doch weiter, jetzt lächelt sie lüstern und beugt sich wieder vor. Doch bevor sie etwas sagen kann, unterbricht uns die Türklingel.

»Süßer?«, gurrt Melli. »Machst du mal auf?« Emilio ist schon unterwegs und eine Minute später betreten Nadine und Thomas das Wohnzimmer. Aufgeregt hopst Melli auf und ab und drückt ihre Freunde an sich. »Emilio habt ihr schon gesehen?«, fragt sie und die beiden nicken begeistert. »Oh ja! Der ist ja toll!«, ruft Nadine, und Melli freut sich, die beiden spielen das Spiel mit.

»Ich setz mich mal«, sagt Nadine resolut und schubst meine Handtasche von einem Stuhl. Schwergesäßig lässt sie sich neben mir nieder. Nadine hat verschiedene Selbsthilfeseminare besucht und dort gelernt, sich durchzusetzen. Bei einer dieser Gruppen hat sie auch Melli kennengelernt. Thomas ist ihr Freund, er sagt nicht viel, sieht aber verbittert aus und so, als habe er öfter Vergewaltigungsphantasien. »Und dann erzählst du uns alles erst mal ganz genau!«

Das lässt Melli sich nicht zweimal sagen, sie rückt ihren Stuhl nah an uns ran, plustert sich ein wenig auf und beginnt aufs Neue die romantische Geschichte des Kennenlernens zu erzählen. Emilio liefert derweil die Gläser ab und hantiert dann diskret an der Stereoanlage, um die Geschichte nicht zu unterbrechen. Er streicht sein dunkles öliges Haar glatt, wischt die Hand an seiner Jeans ab, dann vollführt er ein paar kleine Tanzschritte in der Zimmerecke. Er weiß genau, dass wir ihn beobachten. Ich bemühe mich, nicht hinzusehen, die kleine Darbietung ist mir unangenehm, ich nuckle stattdessen intensiv an meinem Strohhalm. Ich höre die Kennenlerngeschichte ja jetzt auch schon zum dritten Mal: Melli war abends im Havanna, Cocktails trinken mit einer Kollegin aus der Parfümerie, da kam Emilio rein, der mit seinem großen Bruder unterwegs war. Feurige Blicke schossen durch den Raum, sehr bald fasste er sich ein Herz, ging schnurstracks auf Melli zu und forderte sie zum Tanz auf. Wilde, heiße Tänze bis zum Morgengrauen, man hätte dabei sein müssen, seither sind die beiden unzertrennlich, ein Herz und eine Seele, ein Topf und ein Deckel, die ganz große Liebe …

»Er ist ein Traum, oder nicht, Luise?«, unterbricht Melli ihren Erzählfluss. Die ständige Wiederholung dieser Frage wirkt nicht gerade souverän, doch ich bin zu höflich, um das anzumerken.

»Jaja, ganz toll!«, versichere ich stattdessen und zufrieden erzählt Melli weiter. Gerade geht es um die intimeren Qualitäten ihres Lovers und die Zuhörer lachen schmierig. Was für eine Veranstaltung! Ich mag Melli sehr gerne, wir sind beide 34 Jahre alt und haben schon einiges miteinander durchgemacht. Vor fünfzehn Jahren, bei unserer Ausbildung, haben wir uns angefreundet, stets gewetteifert, wer mehr klauen kann – ohne sie wäre es eine triste Zeit gewesen. Im Gegensatz zu ihrem Leben verläuft das meine eher ruhig. Ich bin mit meinem Freund seit sechs Jahren zusammen, nein, sieben sind es schon. Er ist sehr ruhig, am liebsten sieht er fern oder macht Sport. Wenig Leidenschaft, das muss ich leider sagen, aber auch keine bösen Überraschungen.

Ich würde Melli jetzt gern beiseite ziehen und ihr raten, sich nicht so sehr in diese Geschichte hineinzusteigen, sondern erst mal abzuwarten. Doch sie hört ja nicht auf mich, immer weniger, je älter wir werden. Und es ist offensichtlich auch zu spät, Melli hat Feuer gefangen, wie ein hysterischer Teenager reckt sie den Hals, ihr Blick hängt an Emilios Hüftschwung. Die Freunde sind informiert, Familie und Eltern sicher ebenfalls, wahrscheinlich designt Melli abends bereits Verlobungs- und Hochzeitskarten. Was macht sie da bloß? Es tut mir weh, sie so zu sehen. Ihre Wangen glühen rot, sie redet laut, gestikuliert hektisch. Alle drei Minuten trägt sie neuen Lipgloss auf und zieht an ihrem engen Oberteil, das bei jeder Bewegung wieder hochrutscht und weißen Hüftspeck freilegt. Über das Oberteil werde ich morgen mal mit ihr sprechen, nehme ich mir vor. So was hat sie doch auch gar nicht nötig. Melli ist lustig, geistreich und eigentlich sehr attraktiv, doch ihr Getue heute wirkt bemüht und aufgesetzt. Ich würde sie jetzt gerne noch mal schütteln, doch das hat ja schon beim letzten Mal nicht so gut funktioniert. Ich wünsche mir doch nur, dass es ihr gut geht.

Emilio tänzelt noch immer in der Ecke herum, wie ein junger Hund, der Kunststückchen aufführt, und plötzlich muss ich doch etwas fragen, obwohl ich weiß, dass es die falsche Frage ist: »Liebes, wie alt ist Emilio eigentlich?«

Melli hustet, ihre Augen funkeln kurz, Nadine verzieht das Gesicht und auch Thomas reckt nervös den Hals. Ist ja gut, Leute, das ist doch eine normale Frage.

»Vierundzwanzig«, schnarrt Melli, »aber er ist schon viel reifer! Erst hab ich ja gedacht, lieber Finger weg von dem jungen Gemüse! Aber stellt euch mal vor, was ich dann verpasst hätte ...« Zustimmendes Gemurmel, ihre Freunde beeilen sich beizupflichten, und auch ich werfe schnell ein, dass Alter doch nebensächlich sei, ja eigentlich gar keine Rolle spiele. Schnell gehe ich in die Küche, denn dort darf man rauchen. Doch ich schiebe die Schachtel wieder zurück in meine Tasche, auf einmal bin ich sehr müde. Ich lehne meine Stirn an die Fensterscheibe und schaue raus auf den dunklen Hinterhof. Meine Stirn ist heiß und hinterlässt einen fettigen Film. Als jemand hinter mir herkommt, wische ich mit dem Ärmel schnell die Scheibe sauber. Es ist Melli.

»Alles in Ordnung, Luise?«

»Ja, ich bin nur ziemlich kaputt. Morgen muss ich früh raus, ich bestell mir am besten gleich ein Taxi.«

Meine Freundin will mich zum Bleiben überreden, doch ich sträube mich. Wir verabreden uns am nächsten Nachmittag im Café, denn da hab ich sie für mich allein, das ist mir lieber.

»Emilio fährt dich!«, ruft sie, als ich nach meinem Handy greife, um ein Taxi zu rufen. »Das macht er immer. Er ist ein richtiger Kavalier. Emilio trinkt höchstens mal einen Schluck Alkohol, wenn alle heil zu Hause angekommen sind, bevor wir beide ins Bett gehen.«

»Das ist doch wirklich nicht nötig«, wehre ich ab, aber Melli besteht auf das Projekt.

Viel lieber hätte ich mich auf eine Taxirückbank fallen lassen und die Augen geschlossen, aber nein, ich muss im Flur stehen und warten, bis Mellis neuer Freund endlich seinen Autoschlüssel gefunden, noch mal den Sitz seiner Frisur überprüft und sich ausgiebig von seiner Liebsten verabschiedet hat. Stürmisch drückt er sie an die Wand, drängt seinen Körper wild gegen ihren und bedeckt ihr Gesicht mit Küssen. Das Schmatzen lässt sich bestimmt noch im Erdgeschoss verfolgen. Wenn das hier so eine Art Vorspiel ist, möchte ich den Sex nicht sehen! Als sie voneinander ablassen, drücke ich Melli zum Abschied kurz an mich, dann laufe ich vor Emilio her die Stufen runter.

Mellis Auto ist drei Straßen weit weg geparkt, unterwegs erkläre ich Emilio den Weg zu mir. Ich bin halb erfroren, als er endlich den Schalter am Schlüssel drückt und mir die Tür aufhält.

»Woher kennst du Melli?«, unterbricht er nach kurzer Zeit die Stille.

»Wir haben zusammen gearbeitet«, erkläre ich und überlege, wie ich die unangenehme Situation mit ein wenig Konversation auflockern könnte, doch mir fällt nichts weiter ein. Wie er Melli kennengelernt hat, ist ja nun allgemein bekannt. Doch das Schweigen wird mir unangenehm, also frage ich doch noch mal, rein rhetorisch.

»Und woher kennst du Melli?«

»Ich war tanzen!«, sagt er einfach, hebt eine Hand vom Lenkrad, als wolle er sie einer imaginären Tanzpartnerin hinhalten, und lässt sein Becken kreisen, beim Autofahren, auf dem Fahrersitz. Dazu fällt mir gar nichts ein.

»Ah«, sage ich einfach und nicke einfallslos. Zum Glück sind wir gleich da!

»Da vorne rechts kannst du mich rauslassen«, freu ich mich und halte schon den Türgriff in der Hand. Doch Emilio parkt das Auto umständlich am Straßenrand und steigt ebenfalls aus.

»Ich bring dich noch bis zur Wohnungstür«, sagt er. »Das hab ich Melli versprochen!«

»Nein«, wehre ich ab. »Das ist doch lächerlich!« Meine Güte, wo sind wir denn hier? Was soll mir denn im Treppenhaus noch passieren? Doch Emilio zeigt sich unbeeindruckt, verschließt die Tür und folgt mir zur Haustür. Langsam werde ich ärgerlich. Er steigt tatsächlich bis zum dritten Stock hinter mir her, obwohl ich auf jedem Absatz laut »Tschüss« rufe.

Als ich den Schlüssel in die Wohnungstür schiebe, spüre ich plötzlich, dass er sich von hinten gegen mich drückt. »Ich komm noch kurz mit rein«, höre ich ihn schnurren, mehr eine Feststellung als eine Frage. Entsetzt richte ich mich kerzengerade auf und schubse ihn so fest ich kann von mir. Das kann doch nicht wahr sein! Emilio stolpert, taumelt gegen die Wand. Wütend funkelt er mich an. Mit einem Satz hechte ich in die Wohnung und werfe die Tür hinter mir ins Schloss. Draußen höre ich ihn fluchen.

»Hysterische Kuh!«, schimpft er. »Ist doch gar nichts passiert!«

Das sehe ich anders. In dieser Nacht schlafe ich schlecht. Ich überlege, wie Melli wohl reagieren wird. Mit was für einem Schuft hat sie sich da bloß eingelassen!

Am nächsten Morgen rufe ich meine Freundin an. Das Tuten klingt schrill, als wüsste es schon, was jetzt passiert.

»Guten Morgen, Luise!«, Melli klingt verschlafen. Sie gähnt wohlig. »Ich lieg noch im Bett. Emilio ist leider schon arbeiten gegangen. Ging noch lange gestern, schade, dass du so früh weg bist! Was gibt's denn?«

Sie scheint sich behaglich zu rekeln, und meine Kehle schnürt sich zusammen. Ich überlege kurz, so zu tun, als wäre nichts geschehen. Doch das geht nicht. Ich muss ihr doch die Wahrheit sagen. Also schluck ich schwer und erzähle Melli dann, was am Abend zuvor passiert ist … Schweigen am anderen Ende. Dann schreit meine Freundin:

»Du spinnst doch! Das denkst du dir ja wohl nur aus!«

Gerade möchte ich fragen, warum ich mir so etwas ausdenken sollte, da kommt Melli mir mit der Antwort zuvor: »Du bist doch nur neidisch! Niemals hätte ich das von dir gedacht!«

Aha! Ich fühl mich wie in einer schlimmen Nachmittags-Soap, während ich beteuere, dass ich mir diese Geschichte über Emilio sicherlich nicht ausgedacht habe. Es ist ohnehin vergeblich, Melli will mir nicht glauben, sie legt irgendwann einfach auf.

Ich fürchte, dass sie erst wieder anruft, wenn sie erkannt hat, dass ihr neuer Lover doch ein Fehlgriff war. Dann geht es ihr bestimmt schlecht. Na ja, er ist es nicht wert, so viel weiß ich, und ich werde da sein, um sie zu trösten.

Sie muss es ja nicht erfahren

Silvia (26), Grafikerin, Berlin,
über
Ben (27), Jurastudent, Berlin

Seit Stunden schon tigere ich auf und ab, kann mich auf nichts konzentrieren und mein dummes Telefon nicht aus der Hand legen. Ben wollte sich doch melden! Ich habe ihn gestern Abend kennengelernt, auf der Geburtstagsparty meiner Freundin. Er musste gestern schon früh gehen, aber heute, am Samstag, wollte er mich anrufen. Seit neun Uhr bin ich wach, sonst wach ich nie so früh auf, der Tag dehnt sich ins Endlose. Ich ziehe Sachen an und aus, schalte den Fernseher ein, schaue aber nicht hin, schlage Bücher auf, blättere mehrere Seiten um, nur um zu merken, dass ich noch immer nicht weiß, was da steht.

Hat er es vergessen? Aus den Augen, aus dem Sinn? Ich öffne die Kühlschranktür und starre in das kalte Licht, ich weiß nicht einmal, ob ich hungrig bin. Dann vergesse ich die Endivien in der Pfanne. Schwarz und klebrig fallen sie in die Mülltüte. Ich kratze gerade die dunkle Kruste vom Pfannenboden, als endlich mein Handy fiept. Mit einem einzigen Satz bin ich am Tisch, kralle mir das Telefon und lese: »Hey Süße, hast du heute Nachmittag Zeit? Coffee and Cigarettes? Oder lieber Pizza und Wein am Abend?«

Hurra! »Beides!«, tippe ich ... doch nein, das könnte zu gierig wirken. Auf und ab hüpfend entscheide ich mich für den Abendtermin. Den Rest des Tages tanze ich durch meine Wohnung, nun nicht mehr ruhelos und nervös, sondern voller Vorfreude.

Ben sitzt bereits am Tisch, als ich um kurz nach sieben eintreffe. Er sieht bemerkenswert gut aus, noch besser als am Freitagabend. Da war er mir vor allem aufgefallen, weil er mich so unverhohlen beobachtet hatte. Er stand immer irgendwo in meiner Nähe, unterhielt sich mit seinen Freunden und sah mich dabei an. Das hatte mich neugierig gemacht und mir geschmeichelt. Wann spricht er mich denn endlich an?, hab ich mich gefragt und vielleicht ein bisschen zu laut und zu oft gelacht und meine Haare geschüttelt. Das fiel mir aber erst auf, als er plötzlich verschwunden war. Geknickt lief ich durch die Gäste, suchte ihn vergeblich und verfluchte mich innerlich. War ich zu sektlaunig vor ihm herumgestelzt, hatte ich ihn damit etwa vergrault? Und warum machte mir das so viel aus, ich kannte ihn doch gar nicht, ich dumme Gans! Als ich gerade schlecht gelaunt am Küchentisch stand und Reste aus verschiedenen Sektflaschen in meinen Plastikbecher kippte, stand Ben plötzlich vor mir. Er trug eine Jacke, offenbar kam er von draußen, seine Wangen waren von der Kälte gerötet.

»Das ist ja ein bisschen eklig«, sagte er mit Blick auf meine Restemischung.

»Ja!«, strahlte ich begeistert. »Der Sekt ist leider schon leer.«

Wir schwiegen einen Moment und ich versuchte, mit dem unpassenden Strahlen aufzuhören.

»Ich muss leider weg, aber ich bin noch mal kurz wiedergekommen, um mich zu verabschieden. Vielleicht telefonieren wir mal?«, sagte er dann und ich strahlte nur noch mehr. Ben blieb doch noch eine halbe Stunde, während der wir uns unterhielten, dann tauschten wir Nummern. Ich ging kurz nachdem er fort war, die Party interessierte mich nicht mehr ohne ihn. So schnell kann man sich also verlieben, dachte ich beim Einschlafen.

Und jetzt sitze ich mit Ben in der Pizzeria und liebe das Leben! Ich trinke Wein und kann mich gar nicht erinnern, meine Nudeln gegessen zu haben, doch der leere Teller steht ölig glänzend vor mir und auch die roten Spritzer auf meinem Pulli weisen darauf hin. Bens halbe Pizza liegt noch auf seinem Teller, er spricht anscheinend lieber, als zu essen. Das ist gut, denn ich höre ihm gerne zu. Er erzählt viel von seiner Familie, die ich mir aufregend und glamourös vorstelle. Und er sagt nette Sachen! Gerade sagt er, dass ich schön bin und ihm gleich aufgefallen bin.

»Warum?«, frage ich. Das Kompliment freut mich enorm, ich hab sogar ein wenig Gänsehaut gekriegt bei seinen Worten, aber vielleicht kann er es ja noch ein wenig ausbauen? Ich hoffe, denn so ist es schon etwas allgemein gehalten.

»Warum ...«, wiederholt er gedehnt, um Zeit zu schinden. »Na, weil ... du fällst eben auf ... Und wenn man näher kommt, hast du diese Sommersprossen ...«

Na ja. Ich warte, ob da noch was kommt, und er scheint auch angestrengt zu überlegen, doch dann greift er einfach nach meiner Hand und streicht mit seinen Fingern darüber. Sofort kriege ich Ganzkörpergänsehaut. Es ist nicht schlimm, dass er das Komplimentemachen nicht so raus hat. Ich sitze ganz still, fühle seine Berührung, während wir uns tief in die Augen schauen. Vielleicht sollte ich einfach aufstehen, die Initiative ergreifen, um den Tisch herumgehen und ihn küssen? Vielleicht gefällt es ihm, wenn ich die Sache offensiv angehe? Aber soll ich mich runterbeugen oder mich besser gleich auf seinen Schoß setzen? Doch was ist, wenn er zurückzuckt oder so? Während ich noch überlege, lässt er meine Hand los. Schnell greife ich nach meinem Glas, gut, dass ich noch sitze! Ben beginnt erneut zu erzählen. Er spricht von einem seiner Freunde und auch ich fange an, von meinen Freundinnen zu erzählen. Freunde sind immer ein gutes Thema, man erfährt viel über einen Menschen, wenn er von seinen Freunden spricht.

Wir sind jetzt bei der zweiten Flasche Wein, ich bin ohnehin so euphorisch, dass ich den Alkohol kaum spüre.

»Gehen wir noch in die Weinerei?«, fragt Ben und ich weiß nicht, was dagegen spräche.

In der Weinerei sitzen wir eng beieinander. Bens Bein berührt meins und meine Aufmerksamkeit teilt sich zwischen unserem Gespräch und dem Kribbeln, das seine Berührung auslöst. Es ist schon ziemlich spät, als er fragt, ob ich ihn mit nach Hause nehme. Das habe ich mich auch schon gefragt, denn einerseits möchte ich unbedingt, andererseits soll er nicht denken, ich sei leicht zu haben … das ist wohl eher die Stimme meiner Mutter, die mich da warnt! So ein Unsinn, natürlich nehme ich ihn mit, man verliebt sich ja schließlich nicht jeden Tag.

»Komm bitte mit«, flüstere ich verführerisch, greife seine Hand und lasse sie die ganze Taxifahrt über nicht los. Im Treppenhaus küsst er mich zum ersten Mal und ich muss mich am Geländer festhalten, da mir ganz schwindlig wird. In meiner Wohnung liegen wir auf dem Sofa, eng umschlungen, ich ziehe mir gerade mein Oberteil über den Kopf, da sagt Ben:

»Ich überlege schon die ganze Zeit, wie ich dir das sagen soll …« Er stockt. Was ist denn nur?

»Aber ich … also … ich habe eine Freundin.«

Ungläubig verharre ich einen Moment, mein Shirt halb über den Kopf gezogen, dann ziehe ich es linkisch wieder runter und rutsche wie benommen von ihm weg. Auf dem Boden vor dem Sofa bleibe ich sitzen, schüttle den Kopf. Das kann doch nicht wahr sein! Was macht er denn dann hier? War der ganze Abend nur ein Spiel für ihn? Er ist gar nicht verliebt in mich … Wie dumm bin ich bloß? »Seit drei Jahren schon. Aber wir stecken momentan in einer Krise.« Bens Blick wirkt nun abwesend, die Bewegungen schlaff. Er schweigt.

»Äh, ja und?«, frage ich.

»Als ich dich gesehen habe, wollte ich dich unbedingt kennenlernen. Der Abend mit dir war so schön!« Er setzt eine Pause, betrachtet seine Fingernägel und fährt dann fort. »Meine Freundin und ich schlafen … also, zur Zeit … nicht mal im selben Bett.« Unglücklich schaut er mich an, er sieht aus wie ein kleiner Junge. Plötzlich tut er mir leid, ich will ihn trösten, und ich ziehe ihn an mich, halte ihn fest. Was mache ich denn nur? Ich sehne mich so sehr nach seiner Berührung … aber er hat eine Freundin, die jetzt vielleicht auf ihn wartet? Was hat er ihr wohl erzählt, wo er heute Abend ist? Deshalb musste er gestern Nacht bestimmt weg? Meine Bewegungen sind steif, der Zauber ist verflogen. Bens Gesicht ist an meinem Hals, er küsst mich, erst zärtlich, dann immer leidenschaftlicher. Ben hat eine Freundin, denke ich.

»Du bist so schön«, sagt er, als er mein T-Shirt erneut nach oben zieht und mit der Zungenspitze über meine Brüste leckt, ihre Spitzen umkreist. Nicht nachdenken. Ich spüre seine Hände, die über meinen Rücken streichen. Er küsst sich von meinem Hals nach unten, zu meinem Bauch. Seine Zungenspitze gleitet über meine Haut, während er meinen Rock nach unten zieht. Seine Finger zeichnen die Konturen meiner Beckenknochen nach, während Ben sanft in meine Brustwarzen beißt. Es fühlt sich so gut an … Ich stöhne leise auf, als seine Finger zwischen meine Beine gleiten und mich vorsichtig, aber fachkundig massieren. Kurz vergesse ich alles um mich herum, lasse mich zurücksinken.

»Ich will dich spüren«, flüstert er an meinem Ohr, und ich stöhne und presse mein Becken gegen seine Hand. Ben hat eine Freundin, denke ich wieder, als er über mir liegt, seine Hände umfassen meinen Po, als er ganz langsam meine Beine auseinanderschiebt.

Als ich aufwache, ist es sehr still. Ben ist weg und mir ist kalt. Suchend schaue ich mich um, er hat keine Nachricht hinterlassen. Ich greife nach meinem Handy, doch stumm liegt es in meiner Hand. Es ist erst acht Uhr, graues Morgenlicht dringt durch die Jalousien, ich fühle mich müde und erschlagen, doch ich werde jetzt nicht mehr einschlafen können. Mein Körper riecht nach Ben, das Bettzeug, das ganze Zimmer. Ich stelle mich unter die Dusche, reiße die Fenster auf, beziehe das Bett neu. Dann lege ich mich aufs Sofa und warte.

Ich warte den ganzen Sonntag. Abends schreibt er mir:

»Sehen wir uns Mittwochabend?«

Ich überlege. Sehen wir uns Mittwochabend? Was soll ich ihm schreiben? Meine Erregung ist verflogen, meine Nerven sind angespannt.

»Und dann?«, tippe ich endlich zurück.

»Dann lieben wir uns«, kommt die prompte Antwort.

Mein Herz beginnt zu klopfen, fast lasse ich das Handy fallen. Ja, ich will Ben sehen, ich will, dass er mich umarmt, mich küsst, bei mir ist. Aber seine Freundin … Ich kann sie mir nicht vorstellen, doch wenn ich an sie denke, fühle ich mich schlecht. Ich greife nach dem Telefon, tippe und sende. »Was ist mit deiner Freundin?«

Ben lässt sich Zeit mit der Antwort. Ich umgreife meine Beine, wippe nervös hin und her, meine Wangen glühen vor Aufregung. Was wird er sagen? Was bedeutet ihm, was gestern passiert ist? Vielleicht geht es ihm wie mir? Vielleicht verlässt er seine Freundin? Die beiden sind ja nicht mehr glücklich, sonst wäre so etwas wie gestern doch niemals passiert! Könnte doch sein, dass er ihr den Seitensprung bereits gebeichtet hat. Sie haben gestritten und jetzt ist er wieder solo … Mein Handy fiept. Ben hat zurückgeschrieben!

»Die muss es ja nicht erfahren.«

Schlagartig ist mir übel. Wieder und wieder lese ich diese sechs Worte und Wut und Enttäuschung steigen in mir hoch. Die muss es ja nicht erfahren! Was soll das alles?

»So möchte ich das nicht«, schreibe ich zurück. Und lösche es wieder. Vielleicht meint er es ja gar nicht so? Er will mich treffen, also liebt er seine Freundin nicht mehr … Doch liebt er mich? Warum sollte er seine Freundin verlassen, wenn er mich auch so haben kann? Sie braucht es ja nicht zu erfahren …

»So möchte ich das nicht«, schreibe ich und sende.

Ben antwortet mir nicht mehr.

Alibi-Sex

Anne-Lou (27), Werbekauffrau, Zürich,
über
Sven (26), BWL-Student, Zürich

Was für eine Zumutung!, denk ich sofort, als ich Sven sehe. Ich bin ja ohnehin nur hier, um meiner Freundin Caroline ein Alibi zu verschaffen. Ich kenn das schon, sie ist seit fünf Jahren mit Axel zusammen, ein ruhiger netter Typ, den sie regelmäßig betrügt. Ruhig und nett sagt ja eigentlich schon alles, trotzdem hängt sie an ihm. Ich finde ihre Betrügerei nicht gut, Axel tut mir leid und ich fühl mich immer schuldig, wenn ich ihm begegne. Doch Caro will ihn nicht verlassen, und da sie mir eine gute Freundin ist, füge ich mich meist klaglos in meine Alibifunktion, auch wenn ich mir manchmal ein wenig ausgenutzt vorkomme. Heute Abend zum Beispiel. Caroline hat sich in Moritz verguckt, er ist DJ, ausgerechnet, und weil es so viel unauffälliger ist, begleite ich sie zu ihrem Date. Dieses findet bei Moritz zu Hause statt. Sehr vorteilhaft für Caroline, so kann sie sich haltlos betrinken, der Weg in Moritz' Bett ist nicht weit und in jedem Zustand zu finden.

»Moritz hat auch einen Freund für dich. Sven. Das ist sein Mitbewohner, also bestimmt was ganz Schickes!«, hat sie mich vorher bezirzen wollen. Sehr aufmerksam, doch sonderlich schick kann man Sven nicht gerade nennen, im Gegenteil. Er sieht aus wie ein Fußballrowdy, plump und etwas dümmlich die Gesichtszüge, ein Kinn wie Captain America. Während Moritz sich erst mal ans Mischpult stellt, um uns mit seinen neusten Platten zu beeindrucken, stürzt sich Sven sofort auf Caroline. Wie eine Bulldogge verbeißt er sich in sie, erzählt einen schlechten Witz nach dem anderen, obwohl sie nicht mal lacht. Er ist bestimmt einer dieser Typen, die sich abklatschen, wenn sie über Frauen sprechen. Caro wirft mir hilflose Blicke zu, da Sven immer näher zu ihr rückt, gleich wird sie vom Sofa fallen, denke ich ein wenig schadenfroh. Svens blökendes Lachen füllt den Raum. Mich würdigt er keines Blickes, und so lehne ich mich einfach im Sofa zurück und betrachte unbeteiligt die Poster an den Wänden. Wo ist denn dieser Moritz eigentlich? Ah, noch immer am Stehpult beschäftigt. Während er auflegt, betrachtet er sich immer mal wieder verstohlen in einem großen Spiegel, der ihm gegenüber an der Wand angebracht ist. So ein eitler Fatzke! Gelangweilt gieße ich mir noch etwas Sekt ein.

»Anne, kommst du mal mit zur Toilette, bitte?« Caros Stimme klingt ein wenig hysterisch.

»Haha, die Mädels! Was gäbe ich drum, mal dabei zu sein, wenn ihr zwei auf den Pott geht«, grölt der humorige Sven und fluchtartig verlassen wir den Raum.

Im Bad umfasst Caroline meine Oberarme und fixiert mich, als wäre ich eine Schlange, die es zu beschwören gilt.

»Bitte bitte, Anne, dieser Sven ist echt grausam, ich gebe es ja zu, aber kannst du dich nicht ein bisschen mit ihm unterhalten? Bitte bitte?«

Empört schnappe ich nach Luft. Das ist ja wohl das Letzte!

»Mann, Caro, der Typ steht auf dich! Der will sich nicht mit mir unterhalten! Und ich erst recht nicht … bei aller Liebe, das ist zu viel verlangt!«

»Ach komm, bitte. Ich schenk dir auch die roten Schuhe, okay? Ich hol jetzt mal den Moritz zu uns und dann schauen wir weiter.« Was soll ich denn bitte weiterschauen? Doch Caro dreht sich zum Spiegel, als wäre alles geklärt, trägt schnell noch Lipgloss auf und verschwindet aus dem Bad.

»Danke«, haucht sie noch schnell, bevor sie die Tür schließt, und formt einen Kussmund. Danke wofür? Ich hab doch gar nichts versprochen. Dieses Biest!

Als ich zurück ins Wohnzimmer komme, hat sich die Lage verändert. Caro, Moritz und Sven sitzen nun nebeneinander auf dem Dreiersofa, Sven hat sich vorgebeugt und erzählt den beiden von einem schlimmen Unfall, den er mal verursacht hat.

»Zum Glück saß niemand sonst im Auto«, wirft Caro mit Kleinmädchenstimme ein.

»Ja, aber Totalschaden!«, brüllt Sven, als wären wir alle schwerhörig, und beginnt dann jede einzelne Beule genauestens aufzuführen. Staunend höre ich zu. Er ist die Parodie eines interessanten Gesprächspartners!

»Anne, komm setz dich her«, unterbricht Caro die Litanei und klopft auf den Sessel neben Sven, als wäre ich ein unwilliges Haustier. Moritz verfolgt das Ganze mit versteinerter Miene. Vielleicht ist er auch geistig weggetreten, ich weiß es nicht.

Ich rufe mir Caros rote Schuhe vor Augen – Prinzessinnenschuhe, sie hat sie auf einem Pariser Flohmarkt erstanden, ich habe selten etwas so Schönes gesehen –, hole tief Luft und setze mich dann neben Sven, um ein bisschen zu plaudern.

»Ich hatte auch mal einen ganz krassen Unfall«, eröffne ich das Gespräch und habe damit sofort seine volle Aufmerksamkeit.

»Was für'n Auto?«

»Opel Kadett«, schieß ich zurück und erzähl dann die Geschichte, wie ich auf LSD falschrum in den Kreisverkehr gerast bin ... Das LSD erfinde ich dazu, und auch das mit dem Kreisverkehr stimmt so nicht, aber was soll's, Sven ist begeistert. Beeindruckt will er immer mehr Details wissen. Ich fabuliere wild. Moritz und meine beste Freundin stehen mittlerweile am Mischpult, er zeigt ihr irgendwas, die beiden lachen, und Caro schüttelt ihr Haar. Das läuft ja offensichtlich.

Sven schüttet mir Sekt nach, das viele Reden macht mich ganz durstig.

»Und dein Ex ist wirklich Rennfahrer?«, fragt er gerade. Meine Güte, er glaubt aber auch alles! Ich sollte vorsichtiger sein, nicht dass für ihn irgendwann eine Welt zusammenbricht, wenn er von meinen Lügengespinsten erfährt.

»Na ja, so als Hobby«, will ich die Geschichte abmildern, doch schon bin ich wieder mittendrin in illegalen Treffen auf abgelegenen Feldern, James Dean hätte uns um diese Hänge beneidet, da bei uns früher im Saarland, und die Bullen, die haben uns nie gekriegt …

Ich muss ein bisschen kichern, kann es nicht unterdrücken, doch Sven kichert einfach mit. Wir stoßen an. »Auf dich«, sagt er ernst, geradezu feierlich, und ich finde ihn plötzlich niedlich. Ist doch schön, wenn sich ein Mann noch für etwas begeistern kann!

Caro und Moritz sind wieder auf dem Sofa, sie stecken die Köpfe zusammen. Und auch Sven und ich kommen uns näher. Also ich finde mich ziemlich witzig. Sven ist so was von gar nicht mein Typ, dass ich mir überhaupt keine Gedanken mache, als er zutraulich fragt, ob er mir etwas in seinem Zimmer zeigen kann. Ich springe neugierig auf und folge ihm durch den Flur. Caro und Moritz beginnen bei unserem Aufbruch sofort wild zu knutschen.

»Gleich wieder da«, rufe ich vorsichtshalber, wer weiß, was sie hier sonst noch anstellen, Caro ist ja so einiges zuzutrauen, doch sie reagieren gar nicht.

Svens Zimmer ist angenehm geschmacksneutral, weder Formel-1-Bettwäsche, noch Autoposter an den Wänden. Was er mir wohl zeigen möchte? Erst im Stehen merke ich, wie betrunken ich eigentlich bin.

Neugierig schaue ich mich um, da packen mich zwei bullige Arme, umschließen mich, ziehen mich an einen massiven Oberkörper. Überrascht spüre ich sein Herz schlagen, es geht ziemlich schnell. Lachend will ich protestieren, doch er verschließt meinen Mund mit einem gierigen Kuss. Svens Zunge drängt sich zwischen meine Lippen und plötzlich und völlig unerwartet regt sich etwas in mir. Widerstandslos lasse ich mich zu seinem Bett ziehen, Sven entkleidet mich, sorgsam und andächtig.

»Ich will dich«, sagt er, seine Stimme jagt mir Schauer über den Rücken. Die Zärtlichkeit, mit der er mich behandelt, wechselt mit einer Dominanz, der ich mich völlig ergebe. Sven drückt mich aufs Bett, kniet sich über mich und schiebt brutal seinen Schwanz in meinen Mund. Anschließend umarmt er mich, streichelt mich, bis ich am ganzen Körper zittere. Er gibt mir Anweisungen, packt mich, nimmt mich, dreht meinen Körper dabei so, wie er ihn haben will, dazwischen hält er mich fest, küsst und berührt mich, bis ich fast wahnsinnig werde und ihn anflehe, nicht aufzuhören.

Ich könnte nicht sagen, wie viel Zeit wir so verbracht haben, irgendwann liegen wir still nebeneinander, ich war selten so erschöpft. Und verwirrt, ich kann überhaupt nicht begreifen, wie das passieren konnte. Niemals würde ich mich mit jemandem wie Sven einlassen! Eigentlich. Und noch niemals hatte ich so guten Sex. Das stand fest. Ich hatte bisher immer nur Sex mit Männern, in die ich vorher schon verliebt war. Verliebtheit hemmt, macht bemüht, man will dem anderen unbedingt gefallen. Bei Sven war das anders.

»Brauch dir nicht peinlich sein, deine Autogeschichten«, sagt er plötzlich unvermittelt. Mir fällt wieder ein, was ich ihm für einen Unsinn aufgetischt hab. Also hat er mir gar nicht geglaubt? Irgendwie bin ich froh darüber und trotz meiner Verwirrung schlafe ich bald ein.

Mittags begegnet mir Caro auf dem Flur. Entgeistert sieht sie mich an.

»Guten Morgen«, sage ich aufgeräumt und nutze ihre Erstarrung, um schnell vor ihr ins Bad zu huschen. Mir ist noch nicht nach Gesellschaft, ich fühle mich so gut wie selten zuvor und möchte dieses Gefühl möglichst lange behalten. Also ignoriere ich ihr entrüstetes Klopfen und stelle mich lange unter die heiße Dusche.

Ob ich Sven wiedersehe, weiß ich noch nicht. Darüber mache ich mir jetzt keine Gedanken, denn im Moment bin ich voll und ganz zufrieden.

Callboy Angelo

Christine (46), Hausfrau, Berlin,
über
Angelo (25), Callboy, Berlin

A ngelos Zettel hing auf der Damentoilette eines Cafés. Schöner Name und auch ein schöner Platz für die Kundenwerbung, dachte ich, trat dann aber einen Schritt näher, denn das Bild hatte meine Neugier geweckt. Ich horchte kurz nach Schritten, doch es war ruhig, und so beugte ich mich über das Waschbecken, ganz nah an die Wand heran – ich hatte meine Lesebrille nicht dabei. Ich kniff die Augen zusammen und las den Text, der da unter der Fotografie eines muskulösen Männeroberkörpers stand:

Angelo (25): Möchtest Du endlich so richtig verwöhnt werden? Suchst Du jemanden, der all Deine geheimen Wünsche erfüllt? Meine Passion ist es, Frauenträume zu erfüllen. Was auch immer Du erleben und ausleben möchtest, ich mach Deine Träume wahr. Du bist einsam, gelangweilt oder vernachlässigt? Du hast einfach mal Lust auf etwas Neues? Oder hast Du keine Zeit für eine feste Beziehung und willst keine Verpflichtungen eingehen? Dann bist Du bei mir genau richtig! Erlebe unkomplizierte Momente voller Leidenschaft. Ich erfülle Dir Deine geheimsten Wünsche. Natürlich 100 % diskret. Ich freue mich auf Deine Kontaktaufnahme für ein prickelndes und erotisches

Treffen. 150 Euro für zwei Stunden – Geld-zurück-Garantie bei Nichtgefallen.

Soso. All meine geheimen Wünsche? Was dieser junge Hüpfer sich da einbildete! Sexuelle Fantasien, unerfüllte Wünsche? Hatte ich so etwas? Ich dachte an meinen Mann, mit dem ich nun seit vierzehn Jahren verheiratet war und der schon nach dem ersten halben Jahr alle sexuellen Aktivitäten auf das Wochenende verschoben hatte. Zweimal jährlich fuhren wir in den Urlaub, dann konnte es auch öfter passieren, doch es war seit Jahren stets derselbe Ablauf. Das ist jedoch nicht etwa auf Heinzens Ignoranz zurückzuführen, er würde mir bestimmt gerne jeden erfüllbaren Wunsch erfüllen … wenn ich denn welche hätte. Doch wir sind beide zufrieden!

Die wilde Leidenschaft war noch nie so seins, und meins auch nicht. In der heutigen Zeit, in der ein jeder, ob er will oder nicht, durch die Medien ungefragt mit dem ausschweifenden und fabelhaften Sexualleben seiner Mitmenschen und den erstaunlichsten, oftmals befremdlich anmutenden Spielarten konfrontiert wird, haben wir uns beide ab und an etwas unter Druck gesetzt gefühlt, und gemeinsam überlegt, wie wir das Ganze etwas aufpeppen könnten. Doch da uns beiden partout nichts einfallen wollte, haben wir uns gegenseitig beruhigt und einvernehmlich unserer Zufriedenheit versichert.

Ich sehe Heinz vor mir auf dem Sofa sitzen, auf dem Tisch stehen Kekse. Heinz kaut sorgfältig, spült dann mit einem Schluck Tee. Er wischt ein paar Krümel von seinem mostrichfarbenen Lieblingspullunder, schaut mich freundlich an und sagt: »Was immer du dir wünschst, sag es mir!« Und dann plötzlich sehe ich Angelo mir gegenüber sitzen, sein Oberkörper ist unbekleidet und glänzt, genau wie auf dem Foto. Er beugt sich vor, fixiert mich glutäugig und flüstert:

»Ich mach alles, was du willst.«

Huch! Was sind denn das für Gedanken! Das ist eigentlich gar nicht meine Art, das kann sicherlich jeder, der mich kennt, bestätigen! Ebenso wenig meine Art wie das, was ich jetzt tue: Ich reiße die Telefonnummer ab, ritsch, falte sie sorgfältig zusammen und verstaue sie in meiner Handtasche.

Sechs Tage lang hadere ich mit mir. Ich bin zu alt für solche Sachen, sage ich zu mir selbst. Schlag dir den Jungspund aus dem Kopf! Doch es gelingt mir nicht. Wo ich auch bin – beim Zahnarzt, im Supermarkt, im Yogakurs –, Angelo taucht überall auf und wirft mir feurig-glühende Blicke zu. Was würde Heinz nur dazu sagen? Er darf niemals erfahren, dass ich solche Gedanken hege! Was ist denn überhaupt in mich gefahren? Andererseits muss er das ja auch nicht wissen … Eine Freundin einer Freundin, die von ihrem Mann verlassen wurde, hat einmal bei einem Kaffeeklatsch erzählt, dass sie versuche, Männer in einem Beziehungsportal kennenzulernen. Da die meisten Männer leicht für sexuelle Treffen, aber äußerst schwierig für eine ernsthafte Beziehung zu finden wären, date sie zudem auch Männer über ein Seitensprungportal. Dies nur zum Vergnügen und um »am Ball zu bleiben«, wie sie es nannte. Es laufe ohne gegenseitige Verpflichtungen ab, da die Männer verheiratet oder in einer Beziehung seien, die sie nicht gefährden wollten, also einzig auf der Suche nach außerehelichen Vergnügungen. Wir haben alle schockiert die Ohren gespitzt, und die Dame wurde beim nächsten Kaffeekränzchen nicht mehr eingeladen.

Trotzdem hab ich noch viel über ihre Geschichten nachgedacht. Unerhört! Aber auch irgendwie mutig … So etwas könnte ich nicht. Das ist doch sicherlich gefährlich! Und man hat ja keine Ahnung, was der andere sich so vorstellt, was er für Erwartungen hat! Bestimmt suchen solche Männer nach jungen, schlanken Gespielinnen und würden panisch die Flucht ergreifen, wenn eine rundliche Endvierzigerin wie ich plötzlich vor ihnen stünde!

Das mit Angelo ist schon etwas anderes, er rechnet mit Frauen wie mir. Glaube ich. Aber macht ihm das Ganze denn überhaupt Spaß, oder muss er sich zwingen, sich überwinden? Immerhin, er ist erst fünfundzwanzig. Und er lässt sich seinen Dienst ja auch gut bezahlen … ja, genau, es ist ein Dienst, das klingt beruhigend. Und bei dieser Dienstleistung geht es einzig und allein um mich, und darum, mir Wünsche zu erfüllen, von denen ich bislang gar nichts wusste. Wenn Angelo sein Geschäft versteht, wird er mich vielleicht all meine Bedenken vergessen lassen? Wer weiß? Immer öfter versinke ich in Tagträumen, in denen meine Hände Angelos muskulösen Rücken herunterstreichen. Meine Phantasien werden immer wilder, immer konkreter. Ich habe Schweißausbrüche und bin nervös, diese ganze Sache ist nicht gut für meine Konstitution, doch kann ich den Gedanken an Angelo auch nicht mehr so einfach begraben. Ist er zu jung? Kann man in seinem Alter denn überhaupt schon ein guter Liebhaber sein? Na ja, heutzutage vielleicht schon. Vielleicht sollte ich andere Anzeigen mit älteren Männern anschauen? Doch ich habe Hemmungen, die bunten Blättern zu durchforsten, Angelos Nummer habe ich ja schon, vielleicht war das ja auch so etwas wie eine Fügung, dass sie da hing, dort auf der Damentoilette … meine Gedanken werden immer konfuser.

Nach sechs Tagen bin ich so weit. Irgendetwas muss passieren. Mit klammen Fingern wähle ich Angelos Nummer. Eine dunkle männliche Stimme meldet sich: »Schmitt?«

Mehr nicht. Vor Schreck bleiben mir die Worte im Halse stecken.

»Hallo? Sie rufen an für Angelo? Meine Anzeige?«

»Jaha«, stottere ich. »Sind das nicht Sie?« Oh nein, ist mir das peinlich! Ob ich sofort auflege?

»Doch, doch, das bin ich! Mein Künstlername, wissen Sie?«

»Aha … ein schöner Name!«, entfährt es mir, weil ich nicht weiß, was ich sagen soll.

»Ja? Finden Sie? Das find ich auch.« Er klingt erfreut, ein bisschen stolz sogar, und augenblicklich fasse ich Mut.

»Ich dachte erst an Angelino«, plappert er fröhlich weiter, »aber Angelo ist irgendwie männlicher, oder?«

»Da haben Sie recht«, stimme ich zu.

»Wollen wir einen Termin machen?«, fragt er. »Ich kann Sie besuchen. Oder möchten Sie zu mir kommen?« Darüber habe ich mir noch gar keine Gedanken gemacht. Aber Angelo in meinem, in unserem Wohnzimmer, in unserem Schlafzimmer, nein, das geht nicht.

»Ich komme lieber zu Ihnen«, sage ich entschlossen. Und schnell muss es gehen, sonst werde ich einen Rückzieher machen. Sofort wäre am besten. Nein, sofort geht nicht! Denn was soll ich nur anziehen? Oje. »Morgen? 15 Uhr? Passt Ihnen das?«, schlage ich vor.

»Also ich habe sehr viele Termine, lassen Sie mich in meinem Kalender nachsehen«, antwortet er geschäftig, und zwei Sekunden später: »Ja, da ist noch etwas frei.«

Er nennt mir seine Adresse, verabschiedet sich wortreich. Offenbar ist er hocherfreut, das macht mir die Sache leichter. Es rufen wohl nicht allzu viele einsame Herzen wie ich bei ihm an. Dann gehe ich zum Friseur, zur Kosmetikerin und gönne mir ein neues fesches Kleid. Ich muss mich ablenken, denn ich bin fahrig und nervös, außerdem möchte ich natürlich gut aussehen.

»Toll siehst du aus«, sagt Heinz am Abend. Ich lächle liebevoll und stelle ihm einen Teller mit Knabberzeug vor den Fernseher.

Am nächsten Tag fahre ich in meinem neuen Kleid zu Angelos Adresse. Ich nehme ein Taxi, denn die öffentlichen Verkehrsmittel scheinen mir unpassend für ein solches Treffen. Außerdem trage ich hohe Schuhe, was ich sonst nie tue, weil ich darin nicht laufen kann. Aber ich habe heute nicht vor, viel zu laufen.

Der Wagen hält vor einem plattenartigen Wohnblock, in einer Gegend, die ich sonst nie besuche und nur aus dem Fernsehen kenne. Ein paar verwahrlost aussehende Kinder bewerfen einander mit großen Steinen. Es sieht gefährlich aus und ich überlege kurz, die Polizei zu rufen oder das Jugendamt, doch dafür ist jetzt eigentlich nicht der richtige Moment und außerdem scheinen sie Spaß zu haben.

»Renee Schmitt/Angelo«, steht handschriftlich auf dem Klingelschild. Ich atme tief durch und drücke dann mit feuchten Fingern zu. Oben steht der junge Mann bereits in der Tür. »Hallo«, ruft er mir entgegen und strahlt über das ganze Gesicht. Wenn er jetzt noch auf und ab hüpft und in die Hände klatscht, mach ich auf dem Absatz kehrt, denke ich, doch er tritt zurück, hält mir die Tür auf und sagt galant: »Tritt ein, Christine, ich darf doch »du« sagen?«

Angelo sieht jünger aus als auf dem Foto, die tiefe Stimme passt nicht zu seinem flaumigen Gesicht. Er trägt Jeans und ein enges schwarzes T-Shirt, seine Schultern sind breit, seine Haut sonnenbankgebräunt. Doch wirklich wohl fühle ich mich nicht, er ist so real, anders als in meinen Tagträumen. Ich betrete eine aufgeräumte, aber ungeputzt wirkende Wohnung, ein starker Raumduft liegt in der Luft, als hätte er gerade eben ein Spray versprüht.

»Hier lang bitte«, lotst er mich durch das Zimmer, in ein zweites kleineres, mit zugezogenen Vorhängen und mehreren rötlichen Lichtern. Offenbar sein Arbeitszimmer. Eine Flasche Prosecco und zwei Gläser stehen auf einem Tisch vor dem Bett, das durch ein großes lehnenartiges Kissen als Sofa fungiert. Ich setze mich, während er die Gläser füllt. An den Wänden hängen Schwarz-Weiß-Poster, die spärlich bekleidete Männer zeigen, die an Fitnessgeräten trainieren. Die Poster hängen absichtlich ein wenig schief und sind von einer solchen Scheußlichkeit, dass ich schnell wegsehen muss. Angelo hat eine Kuschelrock-CD eingelegt, er besitzt eine ganze Sammlung davon, die Hüllen stehen im Regal aufgereiht. Ein Bücherregal steht an der Wand, ich überfliege die bunten Titel: *Der perfekte Verführer* lese ich, *Striptease – leicht gelernt* und mehrere Bände über erotische Massage. Nun, das ist vielversprechend. Letzteres zumindest, denn ich kann nur hoffen, er fängt nicht an zu strippen oder einen erotischen Tanz aufzuführen! Ich würde sofort fluchtartig die Wohnung verlassen. Angelo reicht mir ein Glas, setzt sich neben mich. Jetzt wünschte ich auf einmal, ich hätte mir doch einen älteren Callboy gesucht, der mehr Erfahrung hat, denn Angelo scheint selbst nicht genau zu wissen, wie er sich verhalten soll. Wahrscheinlich besinnt er sich gerade darauf, was seine Bücher ihm raten würden, und entscheidet sich für Konversation.

»Trinkst du Prosecco?«, fragt er.

»Ja«, antworte ich und nippe an meinem Glas. Das scheint ihn zu beruhigen. »Du fühlst dich doch hoffentlich wohl hier?«, möchte er wissen, und ich stimme zu. »Gefällt dir meine Wohnung?«, fragt er und ich nicke gequält. »Magst du die Musik?«, will er wissen, und ich bejahe. So, jetzt reicht es mir aber. Noch eine einzige Frage und ich stehe augenblicklich auf und gehe. Ich bin ja schließlich nicht hier, um dumme Fragen zu beantworten, außerdem gefällt es mir hier gar nicht besonders und er tut auch nichts, um mich das vergessen zu lassen. Wie soll ich mich denn so fallen lassen? Wie soll er mir denn so meine geheimen Wünsche erfüllen?, frage ich mich entmutigt. Was er wohl über mich denkt? Jetzt bin ich doch schon so weit gekommen! Noch vor einer Woche hätte ich niemals gedacht, dass ich jemals hier sitze und Prosecco trinke mit Renee-Angelo in seinem Arbeitszimmer.

Da rückt Angelo näher an mich heran, legt seine Hand auf mein Knie, ganz sanft, und sagt: »Du bist eine sehr schöne Frau, Christine. Bitte, nimm mir das nicht übel, aber du machst mich ein bisschen nervös. Ich bin wirklich froh, dass du hier bist.« Gleich fühle ich mich viel besser, so einfach ist das also? Und dann küsst er mich, vorsichtig, aber nicht unsicher. In meinem ganzen Leben bin ich noch nie so geküsst worden. Gut, ich bin überhaupt sehr lange nicht mehr geküsst worden, und auch noch nicht sehr oft, also schließe ich einfach die Augen, während seine Zunge sanft lockend über meine Oberlippe streicht, sich vortastet. Er küsst so gut, dass ich schnell vergesse, dass ich für diesen Kuss bezahle. Ich denke nicht mehr an mein Alter, fühle nur noch seine Nähe, diesen Kuss und seine Hände, er hält mein Gesicht fest, streichelt sacht über meinen Hals, ganz leicht am Rande meines Ausschnitts entlang. Angelo streicht über meine Arme zu meinen Händen, löst meine Finger, die ich ohne es zu merken verkrampft habe und jetzt löse, streichelt die Innenflächen. Nicht ein Mal mehr öffne ich die Augen, obwohl ich ihn gerne sehen würde, doch noch lieber möchte ich alles vergessen, mich meinen Gefühlen überlassen. Es ist plötzlich ganz leicht, viel leichter, als ich jemals gedacht hätte. Ich lehne mich zurück, entspanne mich, während er mich langsam auszieht, ich genieße die Berührung seiner Hände, die meinen Körper ertasten, voller Hingabe und Erwartung.

Seine Annonce hat tatsächlich nicht zu viel versprochen. Als ich später erschöpft in seinem Bett liege, mein Kopf ruht auf seinem Oberkörper, fühle ich mich gelöst, entspannt und glücklich. Angelos Finger massieren leicht meinen Nacken und ich könnte schnurren wie eine zufriedene Katze. Doch ich muss nach Hause, ich werde dort ja erwartet, also dusche ich, was lange dauert, da Angelo zu mir kommt, mich mit Duschöl einreibt, sodass ich erst die Dusche verlasse, als meine Haut ganz aufgeweicht ist. Jetzt muss ich mich beeilen, ziehe mein Kleid über den Kopf und frage: »Hast du morgen wieder Zeit?«

Kurz muss ich über Angelos verdutztes Gesicht lachen, doch beruhige ihn dann: »Nein, Quatsch, morgen hab ich Yoga! Aber übermorgen komm ich wieder, wenn es dir recht ist?« Mein Callboy nickt erfreut, strahlt geradezu. Schnell lege ich zweihundert Euro auf seinen Tisch, gebe ihm einen Abschiedskuss und verlasse beschwingten Schrittes die schmuddelige Wohnung, ich freue mich bereits auf übermorgen. Ich fühle mich selbstbewusst, gewappnet, das Leben ist mein Freund.

Ob ich noch Zeit hab, ein paar Häppchen für Heinz und mich im Feinkostladen zu erstehen? Fröhlich vor mich hinsummend mache ich mich auf den Nachhauseweg.

Nicht so schnell

Marie (24), Erzieherin, Hamburg,
über
Moritz (26), Koch, Hamburg

Nicht so schnell«, kommt es von oben. Also wirklich! Wie lange soll das denn noch dauern? Mein Kiefer tut weh und meine Oberlippe wird allmählich taub. Auch knie ich in höchst unbequemer Position auf dem Flurboden. Morgen werde ich blaue Flecke an den Knien haben. Meine linke Hand ist voller Krümel und Staub, weil ich sie kurz auf dem Dielenboden abgestützt habe. Macht Moritz denn nie sauber? Im Flur offenbar nicht. Also muss ich jetzt wieder die rechte Hand zur Hilfe nehmen, um sein Glied eine Weile zu bearbeiten, damit ich meinen Mund kurz entspannen kann. Die rechte Hand fühlt sich ebenfalls schon an, als hätte ich eine Stunde Tennis gespielt. Ich drehe mein Gesicht Richtung Boden, damit Moritz mich nicht sieht, und versuche eine Lockerungsübung für den Unterkiefer.

Von ihm kommt gerade gar nichts mehr. Er lehnt da entspannt an der Wand, schon seit Stunden. Jedenfalls fühlt es sich für mich so an. Das hier ist auch nicht etwa ein Vorspiel. Im Treppenhaus beim stürmischen Knutschen ist ihm eingefallen, dass er keine Kondome zu Hause hat! Ernüchternd. Natürlich habe ich auch keine dabei, ich wusste ja vorher nicht, dass ich heute meinen Freund betrügen werde. Das Taxi war schon weg und ein neues Taxi, um zur Tankstelle zu fahren, wollte Moritz auch nicht rufen. Wahrscheinlich hat er kein Geld mehr. So wie ich. Moritz finde ich schon ganz lange toll, doch ich hatte mir das Fremdgehen irgendwie anders vorgestellt. Jetzt kauere ich hier blöd im Flur. Wir hätten wenigstens aufs Sofa oder ins Bett gehen können. Und danach können wir nicht mal miteinander schlafen.

Da, jetzt regt er sich … Moritz gähnt. Was soll denn das jetzt?

»Wollen wir vielleicht im Bett weitermachen? Ich kann nicht mehr stehen.«

Er kann nicht mehr? Das soll ja wohl ein Scherz sein? Er tätschelt kurz meinen Kopf und schiebt mich dann weg. Ein bisschen so, als wäre ich ein aufdringlicher Hund. Dann geht er schon mal vor, Richtung Schlafzimmer. Entnervt rapple ich mich auf, strecke kurz meine schmerzenden Glieder und gehe dann ins Badezimmer, um mir die Hände zu waschen. Furchtbar sehe ich aus! Meine Schminke ist verlaufen und klebriger Speichel trocknet am Kinn. Igitt. Ich schneide ein paar Grimassen vor dem Badezimmerspiegel, doch ich werde nicht schöner.

Ob ich nach Hause gehen sollte? Aber es ist so weit und so kalt draußen. Außerdem hatte ich mich so gefreut, dass Moritz meine Annäherungen endlich, endlich erwidert hatte. Und es ist der perfekte Zeitpunkt, Jörn ist das ganze Wochenende weg zum Skifahren. Wenn wir doch nur Kondome hätten! Ich ziehe Schuhe und Jacke aus, kalt ist es in der Wohnung.

Moritz liegt schon im Bett, er trägt ein T-Shirt, sonst ist er nackt. Unentschlossen bleib ich in der Tür stehen.

»Vielleicht können wir bei einem Nachbarn klingeln und nach Kondomen fragen?«, schlage ich dann vor.

»Um vier Uhr nachts? Auf keinen Fall!« Er sieht geradezu entsetzt aus, also seufze ich schicksalsergeben, ziehe Pullover und Jeans aus und schlüpfe zu ihm ins Bett. Einen Moment lang liegen wir still da, dann küsst er mich. Nach einer Weile gleite ich an ihm runter, denn da ich schon mal angefangen hab, hab ich das Gefühl, das jetzt auch beenden zu müssen. Kann ja nicht mehr lange dauern. Außerdem ... vielleicht revanchiert er sich? Ich lecke sanft an seiner Schwanzspitze, dann nehme ich ihn in den Mund, lasse ihn ganz langsam immer tiefer in meinen Mund gleiten, steigere dabei das Tempo und nehme auch meine Hände zu Hilfe. Also, blasen kann ich unheimlich gut, das haben alle bisher gesagt. Ich hab mich wirklich gewundert, dass Moritz im Flur noch nicht gekommen ist. Vielleicht kann er nicht im Stehen? Dann wird's jetzt umso schneller gehen ...

Von wegen. Steif liegt er auf dem Rücken und zeigt noch immer keinerlei Regung. Wie lange denn noch? Ich keuche schon vor Anstrengung. Anfangs habe ich auch gekeucht, und ab und an großäugig nach oben geblinzelt, um ihn zu erregen und ihm zu zeigen, wie toll ich das alles finde. Da stehen Männer bekanntlich drauf. Bei Moritz bin ich da aber gerade nicht mehr so sicher. Jetzt bewegt er sich wieder, stützt den Arm unter den Kopf. Machs dir nur gemütlich, Moritz! Das kann ja noch heiter werden. Während ich überlege, wie ich diese Farce beende, legt er sanft seine Hand unter mein Kinn, schiebt mich nach oben, bis mein rotes verquollenes Gesicht vor seinem ist und sagt: »Sorry, aber lass mal. Das hast du einfach nicht so drauf!«

Dann tätschelt er wieder meinen Kopf, dreht sich um und schläft ein. Ich richte mich auf, auf einmal ist es mir egal, wie weit der Heimweg ist.

Hey, Cowboy!

Hélène (24), Barkeeperin, Bern,
über
Raphael (29), Publizistikstudent, Bern

Nie hätte ich gedacht, dass es so einfach werden würde, Raphael herumzukriegen! Dass unsere gemeinsamen Stunden derart schauderhaft verlaufen würden, allerdings ebenso wenig. In verschiedenen Bars und Clubs der Stadt hatte ich ihn schon gesehen – immer zusammen mit seiner hässlichen Freundin. Mädchen, die so hässlich sind, sollten wenigstens freundlich sein, doch davon konnte bei ihr keine Rede sein. Mürrisch und verdrießlich wälzte sie sich durch die Welt und schubste dabei gern andere zur Seite. Die Verbindung der beiden blieb mir ein Rätsel. Vielleicht hatte sie ihn irgendwie in der Hand? Äußerliche Schönheit war es auf jeden Fall nicht: Ihr Hintern war dicker als der eines ausgewachsenen Rinds und ihre Brüste schafften es trotz des kleinen Umfangs, sich auf ihrer Plauze abzulegen. Zwischen ihren Pausbacken ragte ein missgebildeter Rüsselansatz hervor und auch sonst war sie der Alptraum aller Modedesigner.

Im eindeutigen Gegensatz zu ihr sah Raphael auffallend gut aus. Obwohl er auf den ersten Blick an einen abgemagerten Straßenköter erinnerte, der einen Kleiderbügel verschluckt hatte. Sein Gesicht war nie rasiert, die pomadisierten Haare klebten im unsauberen Seitenscheitel aneinander und hingen ihm in sein kantiges Gesicht. Was das anging, war Ron Perlman selbst in *Hellboy* ein Nichts gegen ihn. Obwohl Raphaels Klamotten aussahen, als wären sie sogar im Secondhandladen ausrangiert worden, hatte der Typ trotzdem den Stil gefressen. Vielleicht wirkte das auch nur so, weil dieser Gammlerlook so hervorragend mit Raphs kolossaler Ausstrahlung interagierte. Er wusste, wie er seinen fast zwei Meter langen Körper zu bewegen hatte. Jede Handbewegung versprühte Testosteron. Die Art, wie er an der Zigarette zog, machte mich nahezu verrückt. Und wenn sich unsere Blicke mal zufällig trafen, fühlte ich mich ihm ausgeliefert und wünschte mir nichts sehnlicher, als mich ihm und seinen animalischen Fantasien hinzugeben. Ich wollte ihn. Dass er eine Freundin hatte, störte mich nicht, höchstens dass sie so widerwärtig war. Im Gegenteil. So würde er mir anschließend nicht auf die Nerven gehen, ich wollte Leidenschaft und keine Verpflichtungen.

An diesem Abend war Raph alleine unterwegs. Oder seine Freundin war früher nach Hause gegangen, weil sie sich noch Leberwurst auf den fetten Wanst schmieren musste. Jedenfalls traf ich ihn im Dead End, einer der miesesten Absteigen der Stadt. Hier trafen alle ein, die die Sperrstunde überlisten, die Drogenwirkung entspannt abklingen lassen und die Hoffnung auf einen Restefick noch nicht aufgeben wollten. An der Theke bestellte ich mir ein Glas Gin Tonic, als ich aus dem Augenwinkel sah, wie Raphael ohne Begleitung den Laden betrat. Corinne und Rosa, mit denen ich hier war, hatten sich von zwei halbscharfen Typen mit Hals- und Gesichtstätowierungen zum Doppel am Kickertisch überreden lassen und mich seitdem links liegen gelassen. Die zwei Dummchen vermuteten hinter jedem tätowierten Kerl, der nicht nach Knast aussah, einen Rockstar. Durch das eilige Herunterlassen ihrer Höschen bei den falschen Kerlen verringerten sie uneinsichtig ihren Marktwert. Egal, die beiden würden große Augen machen, wenn ich ihnen am nächsten Tag davon berichten würde, wie ich mir einen der schärfsten Hengste der

Stadt gekrallt hatte. Mit einem klaren Ziel vor Augen pirschte ich mich an, wie eine Löwin an eine Herde Büffel.

Es lief gut. Schon eine Dreiviertelstunde später hielt das Taxi vor seiner Behausung, die in dem hässlichsten Stadtteil von Bern lag: in Bethlehem. Plattenbauten, Baustellen und, am schlimmsten, ein zwanzigstöckiges Studentenwohnheim – in dem er zu allem Überfluss tatsächlich wohnte. Meine Libido verringerte sich spürbar. Studenten törnen mich so was von ab! Studieren ist ja schön und gut, aber Studenten an sich zählen nicht ohne Grund zu den unerträglichsten Gestalten unserer Gesellschaft. Das partywütige, möchtegerne bildungsbürgerliche Pack unter dreißig, das sich so geil fühlt, weil es denkt, es sei einerseits besonders auf Zack und andererseits auch so unbeschreiblich crazy, weil es ständig krasse Abstürze und Abenteuer erlebt. Buh! Dass Raphael nicht nur dem Anschein nach studierte, sondern obendrein sogar noch in einem Studentenwohnheim hauste, war ein Tiefschlag. Ach du meine Güte, ein Betonhaus voller Nerds und Langweiler – und mein vermeintlich cooler Cowboy mittendrin. Meinen abwertenden Blick schien er nicht wahrzunehmen, als er mich in Richtung Fahrstuhl zog. Überhaupt schien er nicht besonders auf mich zu achten. Permanent erging er sich in verbalen Belanglosigkeiten. Seitdem ich ihm verführerisch meinen Namen ins Ohr geschnurrt hatte, fand sein Redefluss kein Ende. Was faselte er da eigentlich? Hoffentlich hielt er gleich wenigstens beim Sex die Klappe.

Im siebzehnten Stock hielten wir an. Die Etage war noch viel stilloser, als ich sie mir ausgemalt hatte. Ein Tag hier und ich würde wahnsinnig werden. Grellgelb gestrichene Wände und im Flur hingen Walt-Disney-Poster: *Das Dschungelbuch* und *Aladdin*. Walt-Disney-Poster? Wie geschmacksverirrt und entwicklungsverzögert musste man als Erwachsener sein, um sich sein Heim mit Zeichnungen von Mogli und den wilden Tieren zu verzieren? Falls ich auf dem Weg zu seinem, oder noch schlimmer *in* seinem Zimmer über ferngesteuerte Autos oder vollgewichste Teddys mit einem Loch zwischen den Plüschbeinen stolpern sollte, würde ich mir das alles sofort anders überlegen. Mit angehaltenem Atem tastete ich mich vor.

Die Einrichtung seines Zimmers war zwar schlimm, aber erträglich. Es unterschied sich nicht von dem Jugendzimmer eines x-beliebigen Oberstufenschülers: ein Bücherregal, ein Schreibtisch und ein Bett in Kindergröße, an den Wänden Poster.

»Hast du noch was zu trinken hier?«, fragte ich, diesmal ohne zu schnurren. Der Typ konnte noch so gut aussehen und noch so lässig an seiner Kippe ziehen, wie er wollte, seine Credibility hatte durch seine Behausung stark eingebüßt.

»Ja, ich habe noch eine Flasche Absinth und einen Sixpack Bier. Aber wie wäre es vorher mit einer Line Koks?« Wow, jetzt tischte er aber auf. Damit hatte ich nicht gerechnet, doch nun konnte ich mir einen Reim darauf machen, weshalb er so viel redete. Ich soff zwar wie ein Loch, Kokain und Konsorten waren aber noch nie mein Fall – und das sollte sich im Studentenwohnheim Tscharnergut nicht ändern.

»Nee, nimm du nur, ich bleibe beim Alk: Also ein Bier für mich.« Raph nickte. Bevor er die Getränke brachte, holte er aus einem Portemonnaie ein kleines Briefchen heraus und legte sich zwei Spuren zurecht, die er sich mit einem lauten Rotzgeräusch ins Gehirn pfiff. Guten Appetit!

Als er wenige Minuten später mit dem gesamten Sixpack wiederkam, schien er seinen Mund nicht mehr unter Kontrolle zu haben. Er mahlte derart wild mit seinen Zähnen, dass ich fürchtete, er würde sich den Kiefer ausrenken. Das wäre es ja noch! Um seine Entgleisungen halbwegs in den Griff zu kriegen, bot ich ihm ein Kaugummi an.

»Nee, lass mal, das schmeckt scheiße mit Bier.« Er hielt mir eine Flasche hin und drehte seine Anlage bis zum Anschlag auf. Der Bass der elektronischen Musik schnitt durch mein Trommelfell. Aus seinen hektischen Mundbewegungen konnte ich schließen, dass er vermeintlich den Faden wiedergefunden hatte. Raph sprach angeregt mit sich selbst. Einen Moment lang beobachtete ich ihn. Er redete, gestikulierte und schüttelte sich die dunklen Strähnen aus den Augen. Wenn ich meinen Blick unscharf stellte, also das Kiefermahlen nicht mehr sah, war er genauso attraktiv wie eh und je. So langsam könnte es allerdings losgehen, ich war ja nicht zum Quatschen hierher gekommen.

Ich signalisierte meinem Gegenüber, dass ich nichts verstehen konnte. Er schien sogar zu begreifen, denn er drehte die Musik leiser. Um einem erneuten Redefluss entgegenzuwirken, ging ich zu ihm und presste meine Lippen fest auf seine. Er reagierte mit einem kräftigen Griff an meinen Hintern. Küssen konnte er, was mich etwas zufriedener stimmte. Geschmacklich zählte kalter Rauch allerdings nicht zu meinen Lieblingseindrücken. Es schien, als könne er meine Gedanken lesen. Er begann sich an meinem Körper hinabzuschlängeln. Fast hätte ich gelacht, er bewegte sich ein wenig wie eine orientalische Tänzerin. Also Raphi, sexy ist anders! As er auf der richtigen Höhe war, zog er meinen Rock runter und begann, mich zu lecken. Ich lehnte mich an eine Wand und bemühte mich zu entspannen, um dem Ganzen etwas abgewinnen zu können. Das gab ich schnell auf, als er verschiedene Fingerkombinationen hektisch und etwas grob in mich hineinstieß. Erregend war das nicht, sondern ein wenig unangenehm. Vielleicht konnte er mit seinem Schwanz besser umgehen? Ich hoffte es. Schnell, bevor er mich mit seinen linkischen Fingern verletzte, zog ich ihn hoch, öffnete seine Gürtelschnalle und umfasste sein Glied. So führte ich ihn zum Sofa, setzte mich und blickte Raph mit leicht geöffneten Beinen auffordernd an.

Der gab ein brunstiges Knurren von sich, sprang aus seiner am Knöchel hängenden Hose und war mit einem Satz auf mir. Wild stieß er in mich. Erst aber noch gegen mein Schienbein und meine Schulter, sodass ich entnervt die Luft ausstieß. Konnte er nicht aufpassen, verdammt noch mal! Nein, nach ein paar kräftigen Stößen schien ihm das zu anstrengend, er stützte sich auf und stocherte mit seinem dürren Schwellkörper in mir herum. Wild und unrhythmisch, als wolle er mich durchlöchern. Ich fluchte. Nach und nach wurde mir klar, warum er eine aufgeschwemmte Wurst als Freundin hatte. Ich sah mich gelangweilt im Zimmer um und hoffte, er würde bald fertig werden. Besser ich sag ihm, er soll sich beeilen. Da fiel mir das Koks wieder ein, damit dauert Sex ja bekanntlich ewig. Oh nein, das könnte mir einen Strich durch die Rechnung machen.

Als hätte er mich schon stundenlang penetriert, begann Raph nun auch heftig zu schwitzen. Sein bleiches Gesicht wirkte eingefallen, die wächserne Haut glänzte feucht. Gesund sah das nicht aus. Seine Körperausdünstungen vermischten sich mit seinem leicht ranzig riechenden Haargel, um auf mich zu tropfen. Scheußlich! Ich drehte mein Gesicht zu ihm und sah meinem wahr gewordenen Alptraum ins Gesicht: Raphaels Kiefer sprang von der einen Ecke seines Gesichts in die andere. Mit dicker, weißgrau belegter Kuhzunge leckte er sich gerade über die Lippen, während er mich mit tellergroßen Pupillen anstierte. Er sah dümmlich und gleichzeitig gefährlich aus, als wollte er mich zu Tode ficken. Als er mir nun mit seinem trockenen Lappen über die Halskuhle leckte, als würde er einer Scheibe Brot den Belag herunterholen, war der Traum vom wilden Sex mit einem coolen Typen endgültig dahin. Hilfe! Mit einem heftigen Schubser beendete ich die Schreckensszenerie. Hechelnd wie ein Köter saß er auf dem Fußboden und guckte mich mit geöffnetem Mund an. Er verstand offensichtlich gar nichts mehr.

»Mach alleine weiter«, sagte ich forsch. Dann zog ich mich schnell an und verließ diesen Ort des Grauens, bevor Raphael wieder Luft zum Atmen und zum Reden hatte. Zu Hause ging ich sofort duschen. Meinen Freundinnen würde ich hiervon nichts erzählen.

Als ich Raphael und seiner Freundin das nächste Mal begegnete, tat er, als kenne er mich nicht. Sie aber starrte mich intensiv an, noch böser als sonst. Hatte der Wichslappen ihr etwa alles erzählt? Trotz ihrer Schweinenase ging etwas Beunruhigendes von ihr aus. Ihre Lippen bewegten sich stumm. Wusste sie alles? Konnte sie Voodoo? Verfluchte sie mich gerade? Schnell wandte ich mich ab, das konnte nicht sein, das war nicht fair. Meine Strafe hatte ich ja wohl schon gehabt.

Das Hühnchen

Lydia (38), Boutiquebesitzerin, Darmstadt,
über
Jan (42), Ingenieur, Darmstadt

Seit Monaten ahnte ich, dass mein Mann etwas mit seiner Sekretärin hatte. Einen Beweis dafür gab es nicht, aber allerlei kleine Indizien.

Jan, mit dem ich seit drei Jahren verheiratet bin, arbeitet als Jurist in der Rechtsabteilung einer mittelständischen Firma in Wiesbaden, und sie sitzt im Vorzimmer seines Büros. Die beiden sehen sich häufiger als mein Mann und ich, und wenn ich ihn anrufe, geht sie meistens ans Telefon und dann behandelt sie mich huldvoll, herablassend, etwa in dem Ton: »Ich höre mal nach, ob der Herr Doktor Zeit für Sie hat.« Unerträglich!

Ich kann diese pummelige, arrogante Schnecke nicht leiden, aber ich stelle mir vor, dass Männer auf so was stehen. Blond, mittelgroß, hübsches Gesicht, wie ich zugeben muss, üppig – eine amtliche MILF – und zumindest äußerlich das genaue Gegenteil von mir. Ich bin eher groß, dunkelhaarig und stolz auf meine knabenhaft schlanke Figur. Vielleicht ist ja dieser Gegensatz der Grund für meine Abneigung.

Manuela Prall, so heißt diese blöde Gans allen Ernstes, das passt zu ihr, aber alle nennen sie nur das Hühnchen, warum auch immer.

Jedes Mal, wenn Jan abends länger im Büro bleibt, macht das Hühnchen ebenfalls Überstunden. Dann stelle ich mir vor, wie er diese fette Henne auf seinem riesigen Schreibtisch bumst, und das macht mich ziemlich fertig. Ein paar Mal habe ich die beiden beobachtet, wie sie spät dem Bürogebäude herauskamen, in angeregter Unterhaltung, lachend, körperlich immer auf Abstand, aber ein bisschen Diskretion ist schließlich das Mindeste, was man erwarten sollte. Auch habe ich die beiden einmal zufällig nach Feierabend in einem Café sitzen sehen, von außen durchs Fenster, als ich in der Innenstadt meine Besorgungen machte. Sie bemerkten mich nicht. Mir ist klar, dass das alles noch nichts beweist, aber schließlich gibt es doch so etwas wie weibliche Intuition.

Vielleicht habe ich mich dann, vor einigen Wochen, mit Francisco eingelassen, um mich zu revanchieren, aber bestimmt nicht nur deshalb. Francisco stammt aus Venezuela und arbeitet als Ingenieur in derselben Firma wie Jan. Der hat ihn ein paar Mal mit zu uns nach Hause gebracht, und ich muss gestehen, Franciscos dunkle Augen und sein charmant-witziger spanischer Akzent hatten es mir von Anfang an angetan, und umgekehrt hatte ich den Eindruck, dass auch er mich nicht übel fand.

Na ja, und dann musste Jan für drei Tag im Auftrag seiner Firma nach Hamburg. Ob das Hühnchen mit von der Partie war, wusste ich nicht, aber ich vermutete es. Immerhin meldete sich eine andere Dame an ihrer Stelle, als ich zur Kontrolle in Jans Büro anrief. Ich litt jedenfalls ziemlich unter der Vorstellung, dass die beiden sich in Hamburg vergnügten.

Während ich allein zu Hause vor mich hin grübelte und versuchte, mich mit irgendwelchen banalen Arbeiten abzulenken – ich ordnete meine Unterlagen fürs Finanzamt, strich ein altes Regal mit blauer Farbe und grub im Garten herum –, klingelte das Telefon. Francisco! Ob er wusste, dass Jan verreist war? Eher nicht. Aber er hätte sich keinen günstigeren Zeitpunkt aussuchen können, wenn er mich rumkriegen wollte. Oder wollte ich ihn ...? Egal, wir verabredeten uns noch für denselben Abend, er lud mich zu sich ein. Er wolle etwas für uns kochen, eine Spezialität aus seiner Heimat. Wo das hinführen könnte, war klar, jedenfalls war ich neugierig auf ihn.

Francisco hatte eine hübsche kleine Dachgeschosswohnung im Zentrum von Darmstadt. Ich fühlte mich sofort wohl bei ihm, irgendwie getröstet und verstanden, obwohl ich ihm nichts von Jan und dem Hühnchen erzählte. Das Essen war köstlich, Lammfilets mit allerlei Gemüse, und der französische Rotwein erlesen. Ein Abend wie ich ihn schon lange nicht erlebt hatte, und es war für uns beide selbstverständlich, dass ich über Nacht bei ihm blieb. Er war zärtlich und gierig fordernd zugleich, er wusste einfach, was Frauen mögen, jedenfalls was ich mochte. Es wurde eine denkwürdige, rauschhafte Liebesnacht.

Ich habe mitgezählt: Mit Francisco traf ich mich in der folgenden Zeit noch vier Mal, tagsüber in seiner Wohnung, leider immer unter Zeitdruck und auch ohne nennenswertes Vorspiel. Der Zauber unseres ersten Abends war zwar verflogen, aber es war dennoch so aufregend, dass ich nicht mehr darauf verzichten wollte bis ... ja bis zu dieser unsäglichen Party.

Einer der Geschäftsführer in dem Unternehmen, in dem Jan und auch Francisco arbeiten, ein Junggeselle, über dessen Affären man in der Firma mehr oder weniger heimlich Sagenhaftes tuschelte, und offenbar ziemlich wohlhabend, feierte seinen vierzigsten Geburtstag. Jan und ich waren eingeladen.

Am Pool hinter dem geräumigen Bungalow standen auf weiß gedeckten Tischen die Champagnerkübel, Massen blinkender Gläser und die chromblitzenden riesigen Behälter, unter denen sich das Buffet verbarg. Als wir eintrafen, standen schon etwa vierzig Gäste, meist Mitarbeiter der Firma, in kleinen Gruppen, Sektgläser in den Händen haltend, plaudernd um den Pool.

Bisweilen übertönte vereinzeltes, irgendwie übertriebenes, künstliches Gelächter das gleichmäßige Gemurmel der Unterhaltung.

Sofort entdeckte ich unter den Gästen das Hühnchen. Eingezwängt in ein rosa Strumpfkleid sah sie aus wie eine jener wulstigen Würste in einem zu engen Darm. Immerhin bemühten sich zwei jüngere Kerle, übrigens nicht übel aussehend, um ihre Aufmerksamkeit und scharwenzelten lächerlich auffällig um sie herum. Ich dagegen würdigte diese dumme Nudel keines Blicks. Auch Francisco war da. Wir grüßten uns mit gespielter Gleichgültigkeit, selbst einen vielsagenden Blick oder ein Lächeln des Einverständnisses verkniff ich mir.

Vier Stunden später, es war dunkel geworden – eine schwülwarme Nacht – und das Buffet abgegrast, erreichte die Stimmung einen seltsamen Höhepunkt. Die meistens Gäste tanzten ausgelassen zu der karibischen Musik – Salsa, Son, Reggae – und der Champagner zeigte seine volle Wirkung. Zwei jüngere Frauen hüpften kreischend und nur mit ihren winzigen Slips bekleidet in den Pool, was die Männer mit anerkennenden Bravorufen quittierten.

Die Machtkämpfe in der Firma, die Bürde des alltäglichen Kleinkriegs um Einfluss und Aufstieg, die Sorgen um Arbeitsplatz und Rente, all das schien von diesen Durchschnittsmenschen abgefallen zu sein und eine unerwartete Leichtigkeit des Seins hatte von ihnen Besitz ergriffen.

Ich selbst stand am Rand der Tanzfläche, beobachtete entspannt das Treiben und unterhielt mich mit einem freundlichen, unauffälligen Ehepaar, beide Mitarbeiter in Jans Abteilung, als mir plötzlich bewusst wurde, dass ich Jan schon einige Zeit nicht gesehen hatte. Wie lange hätte ich nicht sagen können. Auch das Hühnchen war verschwunden. Wie ein schnell wirkendes Gift verbreitete sich ein Verdacht in meinem Gehirn, ja eigentlich in meinem ganzen Körper. Mein Zwerchfell schien sich zusammenzuziehen und mein Magen verkrampfte sich. Zitternd entschuldigte ich mich bei meinen Gesprächspartnern und drängelte mich zwischen den ausgelassen Tanzenden hindurch ins Haus, Richtung Toilette.

Von dem Flur, an dem die Gästetoilette lag, bog ein weiterer Gang rechts ab, vermutlich zum Bad und den Schlafzimmern. Auf Zehenspitzen schlich ich diesen Gang entlang und stand vor drei solide wirkenden Türen, alle elfenbeinfarben, in schöner schwerer Schleiflackierung. Ich lauschte. Zunächst hörte ich nur den Partylärm, der von draußen hereindrang. Aber dann schien durch die rechte der drei Türen ein gleichmäßiges Quietschen zu dringen, offenbar von einem – sexmäßig strapazierten – Bett. Nein, ich hatte mich nicht getäuscht, jetzt war deutlich auch ein unterdrücktes Stöhnen zu vernehmen. Scheißsituation! Was sollte ich tun? Wie mich verhalten? Sollte ich gegen die Tür hämmern, einen Skandal verursachen? Oder einfach gar nichts tun? Gar nichts war keine Option für mich, das war mir schnell klar. Versuchsweise drückte ich die Türklinke und war überrascht, dass nicht abgeschlossen war. Vielleicht gab es ja keinen Schlüssel und die Begierde der da drinnen war einfach zu überwältigend gewesen, ging es mir unsinnigerweise durch den Kopf.

Durch den Lichtschein, der durch die halb geöffnete Tür in das ansonsten dunkle Zimmer fiel, sah ich die üppigen Formen einer nackten Frau, die aufrecht auf dem Bett saß. Es war das Hühnchen. Ihre vollen Brüste und die Rollen auf ihren Hüften wogten im Takt der Auf-und-ab-Bewegung. Der Mann unter ihr war von den Kissen fast verdeckt, aber mir war natürlich klar, auf wem sie da ritt. Die beiden waren so in ihr Tun vertieft, dass es einige Sekunden dauerte, bis sie mich bemerkten. Dann plötzlich drehte sich die Frau um und sah zu mir herüber.

»Raus!«, schrie sie mit sich überschlagender Stimme.

»Seid ihr verrückt geworden? Was fällt euch überhaupt ein?«, schrie ich zurück, etwas Geistreicheres fiel mir im Moment leider nicht ein.

»Was wollen Sie denn überhaupt? Verschwinden Sie! Das hier geht Sie doch überhaupt nichts an«, kreischte sie. Wie bitte? Das geht mich nichts an? Wenn sie mit meinem Mann vögelt? Ich war für einen Augenblick sprachlos, doch da hob der Mann seinen

Kopf aus den Kissen und blinzelte zu mir herüber. Mein Gott –
Francisco!

»Oh, Verzeihung!«, stotterte ich dümmlich und wollte verschämt die Tür hinter mir zuziehen, als ich merkte, dass jemand
hinter mir stand.

»Oh!«, sagte auch er. Es war Jan, der über meine Schulter
hinweg in das Schlafzimmer starrte, bis ich die Tür zuzog.

Hatte ich mich getäuscht mit meinem Verdacht? Ich weiß es
bis heute nicht sicher. Vielleicht habe ich Jan ja unrecht getan,
aber dem Hühnchen, dieser dummen Nuss, würde ich noch heute am liebsten den Hals umdrehen!

Ein ganzer Mann

Nara (26), Apothekerin, Kassel,
über
Guido (33), Schreiner, Dorf bei Kassel

Eigentlich hab ich schon immer Handynummern gesammelt und Freunde im Internet, ich finde es ganz normal, meine Kontakte zu pflegen, aber mein letzter Freund war sehr eifersüchtig und hat sich immer aufgeregt, wenn ich Nachrichten bekam. Er sah mir beim Mailen über die Schulter und fragte jedes Mal, wenn mein Handy beepte, wer mir denn schreibt. Es war alles ganz harmlos, doch er nahm es mir übel und so habe ich ihm zuliebe meine Accounts gelöscht und auch die meisten meiner Nummern. Als er mich ein paar Monate später verließ, abrupt und unvorbereitet, von einem Tag auf den anderen war er weg, hab ich das bereut. Ich fühlte mich einsam und verlassen und konnte noch nicht mal meine Exfreunde, alte Affären und Fast-Affären kontaktieren, um mich trösten zu lassen.

Mein neuer Freund ist nicht eifersüchtig. Selbstbewusst vertraut er mir, was ja eigentlich ganz normal sein sollte in einer gut laufenden Beziehung. Er kann mir auch vertrauen, denn ich will ihn nicht verlieren, und mir fehlt auch nichts.

Ich vertraue ihm auch. Na gut, ab und an klau ich kurz sein Handy und schaue nach, wer ihm so schreibt, nicht weil ich ihn verdächtige, aber ich fühl mich danach einfach besser. Bisher hab ich noch nie etwas gelesen, was mir Anlass zur Sorge gegeben hätte. Er hat nichts zu verbergen und ich auch nicht, aus dem Alter sind wir hoffentlich raus.

Manchmal, das muss ich allerdings zugeben, überkommt mich unerwartet eine gefährliche Abenteuerlust, dann will ich mich einfach treiben lassen, schauen, was passiert. Dann muss ich aufpassen. Eigentlich hab ich mich unter Kontrolle, nur ein einziges Mal habe ich der Unvernunft nachgegeben. Der Abend verlief ziemlich grauenhaft, und ich denke, es hat mich nachhaltig kuriert.

Guido war älter als ich und von riesenhafter Statur. Er war der männlichste Mann, den ich je gesehen habe, und eigentlich gar nicht mein Typ. Mein Freund ist eher schmächtig, jungenhaft, er macht sich über alles lustig, und ich finde sein Lachen sehr sexy. Guido sah aus, als hätte er noch nie in seinem Leben gelacht. Er sprach auch kaum, knurrte nur ab und an rudimentäre Halbsätze. Ich sah ihn in einer Bar, in der eine Freundin Geburtstag feierte, und er fiel mir sofort auf, allein schon, da er so groß und breit war.

Ich mag es nicht, wenn ich angestarrt werde, wenn jemand alles, was ich tue, genau beobachtet, ich fange dann auch an, mich zu beobachten und gehe mir schnell selbst auf die Nerven. Guido tat genau das, er starrte mich an und machte mich nervös. Ich bin so etwas auch gar nicht gewöhnt, so auffällig sehe ich nicht aus, und meist bin ich ohnehin mit meinem Freund unterwegs. Doch der war an diesem Abend nicht mitgekommen – leider, denn das hätte mir einiges erspart.

Ich war bester Laune, denn ich hatte an diesem Freitag ein wichtiges Projekt abgeschlossen, bei dem ich wirklich alles falsch gemacht hatte. Drei Wochen lang war ich jeden Morgen verängstigt aufgewacht, gebückt ins Büro geschlichen, allein der Gedanke an die bevorstehende Präsentation meiner Arbeit verursachte mir Bauchweh. Doch völlig unerwartet war ich nicht als Scharlatan entlarvt worden, sondern hatte unverdient großes

Lob eingeheimst. Meine Vorgesetzten waren noch unfähiger als ich! Eine ungeheuer erleichternde Erkenntnis. Ich konnte es noch gar nicht glauben, eine zentnerschwere Last war von mir gefallen und ich fühlte mich aufgedreht und unverwundbar.

Dass dieser Guido mich anstarrte, hätte ich an einem anderen Tag bestimmt ganz anders aufgefasst, doch jetzt war ich in seltener Hochstimmung, leichtsinnig und übermütig. Ich fand mich plötzlich auch ganz sexy und sobald ich meine Nervosität weggetrunken hatte, genoss ich sein lüsternes Starren. Ich stellte mir seine Gedanken vor, wie er mich mit den Augen auszog, sich auf mich stürzen wollte. Ein Mann wie er verlor im Bett bestimmt nicht viele Worte. Bevor jetzt ein falscher Eindruck entsteht, ich schlafe ungeheuer gerne mit meinem Freund, er ist einfühlsam, zuverlässig, ausdauernd und manchmal, wenn wir mit Drogen experimentieren, haben wir ganz schön wilde Nächte. Unser Umgang miteinander ist vertraut, und das genieße ich sehr. Doch plötzlich sehne ich mich nach blinder Gier, ungezügelter Leidenschaft, hemmungsloser Lust – wie im Groschenroman. Also nach genau dem, was da meiner Meinung nach hinter dem stieren Blick in Guidos Kopf ablief.

Neulich hat mein Freund mitten im Sex mein Stöhnen nachgemacht. Ich habe gar nicht kapiert, was er da tut, erst als er unbändig zu kichern anfing. Er fand sich selbst furchtbar witzig. Da war ich zum ersten Mal richtig empört und bin einfach rausgegangen. Ja gut, meine Nase war verstopft, das klang vielleicht ein bisschen sonderbar, aber mich mittendrin so nachzumachen! Er sollte doch froh sein, dass ich überhaupt stöhne, die meisten Männer wären begeistert! Mein Freund hat sich entschuldigt und versprochen, so was in Zukunft zu lassen, doch ich glaube, er weiß gar nicht, was er da angerichtet hat. Jedes Mal, wenn ich jetzt lauter werde, denke ich an sein Gegiggel, und das ist wirklich unsexy. Lachen und Sex schließen sich nun einmal aus.

Während ich nachträglich noch mal so richtig wütend wurde, stellte ich mir vor, wie Sex mit Guido wohl sein mag. Ich konnte nichts dagegen tun, die Bilder liefen wie ein Film vor meinem inneren Auge ab – eher wie ein Hardcore-Porno. Ohne Lachen, ohne viele Worte, dafür aber männliches Knurren, so laut, dass ich mich selbst nicht mehr hören konnte. Es bestünde keine Gefahr, mich selbst abzulenken. Ein Mann wie Guido wusste bestimmt, wie man eine Frau behandelt, sodass sie alles andere vergisst … Mir wurde ganz heiß und ich schämte mich ein bisschen, gut, dass niemand meine Gedanken lesen konnte. Obwohl vielleicht konnte Guido sie ja lesen, er guckte jedenfalls so. Ich tanzte ein bisschen auf der Stelle, um mich abzulenken, doch immer wieder sah ich Guidos Arme, die mich packten …

Es wird keiner erfahren, du könntest die Nacht deines Lebens verpassen, sagte ein kleines Ungetüm in meinem Kopf, das jetzt die Oberhand gewann und dem ich die Schuld an allem gebe, was ab jetzt passierte.

Bevor ich es mir anders überlegen konnte, durchquerte ich hüftwiegend die Bar und blieb vor Guido stehen. Es war nicht weit zu mir, nur vier Euro mit dem Taxi. Das war natürlich kein Grund zu gehen, aber genau das war es, was ich zu Guido sagte: »Es ist nicht weit zu mir.«

Ich hatte etwas ganz anderes sagen wollen, das war ein Blackout, doch es war egal, Guido verstand und stand einfach auf. Er warf einen Schein auf den Tisch, während ich in einem Anflug von Restvernunft schnell vorging, wir sollten nicht gemeinsam den Laden verlassen. Draußen standen Taxen und so waren wir fünf Minuten später bei mir. Schon im Auto haben wir geknutscht, genau wie ich mir das vorgestellt hatte. Und nicht geredet.

Bei mir setzte sich Guido aufs Sofa, ich lief noch ein bisschen durchs Zimmer, um die Vorfreude zu steigern. Mit lasziven Bewegungen entzündete ich Kerzen, legte eine CD ein und lief dann einfach so noch mal auf und ab, damit er mich ansehen konnte.

Dann ging ich aufregend langsam auf ihn zu. So, jetzt wollte ich gepackt werden, genommen, benutzt. In freudiger Erwartung blieb ich vor ihm stehen. Doch nichts passierte. Etwas ratlos sah er mich an. Vielleicht brauchte er ein bisschen … ich seufzte innerlich, aber na gut, dann fing ich halt an. Ich setzte mich auf sein Knie, schlang die Arme um ihn. Wir küssten uns. Vorsichtig berührten seine Hände meine Oberarme, streichelten sie sanft. Wir küssten uns fünf Minuten, ich rieb mich an seinem Knie, biss in seinen Hals, drückte meine Brüste gegen ihn … nichts. Irgendwann zog ich mein T-Shirt aus und saß nur noch in Rock und Slip auf seinem Bein, doch Guido tat nichts – außer dieses sanfte Streicheln meiner Oberarme. Ich umschlang ihn noch fester und ließ mich seitlich aufs Sofa fallen, sodass er halb über mir war. Da endlich, etwas schien sich zu regen. Ich küsste ihn gierig, wand mich unter ihm, und endlich spürte ich seine Hände auf meinem Körper. Vorsichtig tasteten sie meine Brüste ab. Offenbar brauchte er tatsächlich etwas länger, um in Fahrt zu kommen. Also küssten wir uns weiter, er war ziemlich schwer, wie ein schlaffer Sack lag er auf mir. Ich hoffte, dass er bald in Bewegung kam. Ich zog seine Hand zwischen meine Beine, rieb mich daran, stöhnte. Was sollte ich denn noch tun, um ihn anzumachen? Und überhaupt, ich hatte gedacht, das wäre alles geklärt. Als er meine Brust anfasste, endlich ein bisschen fester, warf ich mich leicht hin und her, als wollte ich mich wehren. Natürlich war das nur ein Spiel, um ihn anzumachen, jeder Mann versteht das sofort. Guido nicht.

»Pssst, ganz ruhig«, sagte er und streichelte wieder meine Oberarme.

»Du hast bestimmt schon viele miese Kerle gehabt«, sagte er und schaute mich mitleidig an. Wie bitte? Nein, hatte ich nicht. Noch nie. Wie kam er darauf?

»Ich will dich jetzt mal so richtig schön verwöhnen!«, setzte er nach. Entgeistert sah ich ihn an. »Hast du Massageöl? Ich werde dir schön den Rücken kneten. Ist doch das Beste, so zum Kennenlernen.«

»Nein«, stieß ich hervor. Bloß das nicht. Grauen hatte von mir Besitz ergriffen. Ich wollte einen leidenschaftlichen Liebhaber, keinen Teddybär!

»Brauchst keine Angst haben!«, sagte er, »ich bin ein ganz Lieber.«

Oh Gott. Ein ganz Lieber, mir wurde übel. Wie hatte ich mich nur so täuschen können? Ich richtete mich auf, zog mein Shirt wieder an. Das ertrug ich nicht. Auf einmal wollte ich unbedingt allein sein, sofort. Doch Guido fing jetzt an zu plappern, von seinem Freund Ralf, den er hier in der Stadt besuchte, ein ganz toller Typ, den müsste ich mal kennenlernen. Jetzt hörte ich auch den dörflichen Dialekt in Guidos Stimme, was meine Übelkeit noch steigerte. Was hatte ich mir da bloß angelacht?

»Ich hab jetzt keine Zeit mehr«, unterbrach ich.

»Wir können auch ein bisschen schmusen«, schlug er vor, »aber dir entgeht echt was, ich bin ein Ass beim Massieren.« Schmusen? Es schüttelte mich.

»Nein, lieber nicht. Mein Freund kommt gleich nach Hause.« Jetzt schaute Guido ungefähr so entsetzt wie ich zuvor.

»Was? Du hast einen Freund? Aber was soll der denn denken, wenn der mich hier sieht?«

»Genau. Deshalb gehst du jetzt besser.«

»Das find ich aber nicht in Ordnung«, sagte der Teddybär und langsam verlor ich die Geduld. Er nörgelte noch weiter, eine Ewigkeit, wie mir schien, und wählte dabei immer wieder die Nummer von diesem Ralf.

»Ralf geht nicht ran, was mach ich denn, wenn der nicht zu Hause ist?«

Das war ja wohl bitte nicht mein Problem. Ich ging einfach aus dem Zimmer, machte schon mal die Wohnungstür auf und wartete. Endlich kam er hinterher.

»Das ist echt nicht okay von dir«, sagte er, ich schob ihn raus, schloss die Tür, hörte ihn noch im Treppenhaus schimpfen. Ich fühlte mich wie erschlagen. Erschöpft ließ ich mich auf das Sofa fallen, atmete tief durch. Es war so beschämend. Ich schwor mir, meinen Freund niemals wieder zu betrügen. So etwas hatte er wirklich nicht verdient.

Der Angriff

Anna (29), Krankenschwester, Dresden,
über
Markus (27), KFZ-Mechaniker, Dresden

Du Schlampe!«, schrie das große Mädchen, das wie aus dem Nichts aufgetaucht war und nun mitten in der Fußgängerzone vor mir stand. Ihr Gesicht war zornesrot und so nah über meinem, dass sich ein speicheliger Sprühregen auf meine Stirn ergoss. »Du dreckige Schlampe!«

Mit schreckgeweiteten Augen blickte ich mich um und öffnete den Mund zum Protest, brachte jedoch nur ein heiseres Krächzen heraus. Als die Angreiferin mich mit Klauenfingern am Oberarm packte, schmerzhaft zudrückte und an mir zog, erwachte ich endlich aus meiner Erstarrung. Ich versuchte mich loszureißen, verlor das Gleichgewicht und fiel auf mein Knie, der Inhalt meiner Tasche rollte über den Boden. Noch immer riss sie mit Schraubstockgriff meinen Arm in die Höhe, als wäre ich eine Marionette.

»Lass mich los!« Meine Stimme klang unangenehm hysterisch. Wo war ich nur hier hineingeraten? Was für eine furchtbare Situation!

Ich kannte das Mädchen. Ihr Name war Denise, und ich hatte sie vor drei Wochen auf einem Foto gesehen. Adrett lächelnd, als könne sie kein Wässerchen trüben. Schon da hatte ich mich erschreckt, denn ich sah ihr Foto morgens, in einem unbekannten

Zimmer, während ich mich zu erinnern versuchte, warum ich mit diesem fremden Kerl im Bett lag, dessen lautes Schnarchen mich geweckt hatte. Ich bereute diese Nacht, noch bevor ich überhaupt richtig wach war, noch bevor ich mich überhaupt an irgendetwas erinnern konnte.

»I love you. Denise« stand in mitleiderregend kindlichen Buchstaben unter dem Foto. Er hatte doch gesagt, er sei Single! Ich fühlte mich furchtbar, benutzt. Das Foto, das in einem rosa Standrahmen auf dem Nachttisch stand, bereitete mir zusätzliches Unbehagen.

Ich trinke nie Alkohol, vertrage auch nichts, doch gestern Abend hatte ich mich irgendwie dazu hinreißen lassen. »Sei doch mal locker, was soll passieren? Nur ein Sektchen«, hatte meine Freundin gesagt. Warum hatte sie nicht auf mich aufgepasst? Und dieser Markus hatte mir doch überhaupt nicht gefallen! Der Kerl war ein Prolet, wie hatte ich mit ihm abstürzen können?

Der Typ barg keine Überraschungen, er war auch im Bett erbärmlich. Er hatte stumpf drauflosgerammelt, kaninchenhaft und hektisch. Zum Glück war sein Schwanz so klein, dass ich kaum etwas davon mitbekam. Nach drei Minuten hielt ich es dennoch nicht mehr aus und sagte:

»Mir ist übel!«

»Kann ich noch schnell zu Ende …?«, fragte er.

»Nee«, sagte ich.

»Na toll«, sagte er.

Der wohl trashigste Dialog meines Lebens. Ohne weiter zu protestieren war er von mir runtergerollt und sofort eingeschlafen. Ich offenbar auch.

Beschämt ging ich nach Hause, versuchte, den nächtlichen Absturz zu vergessen. Nie wieder würde ich Alkohol anrühren. Und niemand sollte jemals von meinem Ausrutscher erfahren.

Doch jetzt wusste es die ganze Fußgängerzone! Konnte dieses Mädchen sich nicht endlich zusammenreißen und vernünftig mit mir reden? Irgendwo anders, wo uns niemand sah? Ihre langen Plastikfingernägel bohrten sich schmerzhaft in meinen Arm. »Lass mich sofort los!« Ich versuchte autoritär zu klingen. »Schlampe!«, schrie sie. Was für ein Benehmen. Hätte sie mich zu Wort kommen lassen, hätte ich mich entschuldigt, und ihr erklärt, dass sie mir unrecht tat. Ihr Freund hatte meine Betrunkenheit ausgenutzt, mich abgeschleppt und sogar gelogen, dass er Single sei. Hätte ich von ihrer Existenz gewusst, wäre mir dieser Fehltritt erspart geblieben. Wir hätten noch einen Tee zusammen trinken können, ich hätte ihr alles erklärt, uns vielleicht über die nichtsnutzigen Männer ausgetauscht und in einem Moment der Verbundenheit miteinander gekichert. Doch in ihrer Welt liefen solche Dinge offenbar anders ab.

»Denise, lass mich los …«, versuchte ich einen neuerlichen Appell, doch das Mädchen schubste mich weiter über die Prager Straße, schüttelte mich und schrie dabei wüste Beschimpfungen. Mittlerweile hatte sich eine neugierige Menschentraube um uns gesammelt.

»Wie die wilden Tiere!«, murmelte eine ältere Frau sensationslüstern.

»Auf offener Straße schlägt sich das Pack!«, wandte sich ein junger Mann kopfschüttelnd an seine Begleiterin. Ich schämte mich. Ein Nahkampf in der Einkaufsstraße, am helllichten Nachmittag! Wenn jetzt ein Kollege vorbeikäme! Verzweifelt versuchte ich, meinen Arm zu befreien, Denise war stärker.

»Ich werde angegriffen. Hilfe!«, rief ich, doch die Passanten glotzten nur neugierig. Warum half mir denn keiner? Das war unterlassene Hilfeleistung!

»Die hat mit meinem Freund rumgemacht!«, greinte Denise und warf wilde Blicke in die Runde. Die Leute rückten näher an uns heran, so etwas sah man ja nicht alle Tage.

»Ich wusste nicht, dass er eine Freundin hat!« Gezwungenermaßen wandte ich mich nun auch an die Öffentlichkeit. Drei spindeldürre Teenager lachten über mich wie bösartige Hyänen.

»Das ist egal!«, kreischte Denise und riss heftig an meinem Arm.

»Nein, ist es nicht! Es tut mir ja leid, aber ich kann nichts dafür!«, widersprach ich. So dumm sie auch war, das musste doch selbst sie begreifen?

»Das kann jeder sagen.«

Was für eine Farce! Das führte doch zu nichts. »Was willst du von mir? Was soll ich denn tun?«, antwortete ich, bemüht, dem Grauen durch Vernunft die Stirn zu bieten.

»Ich mach dich fertig«, zischte Denise bedrohlich. Dann schien sie nachzudenken, wie genau sie das anstellen würde. Grübelfalten zogen sich über ihre Stirn und ein mulmiges Gefühl überkam mich. Ich überlegte kurz, mich loszureißen und zu fliehen, aber meine Sachen lagen auf dem Boden. Wieder rüttelte sie heftig und schmerzhaft an meinem Arm. Vielleicht überlegte sie, ihn mir zur Strafe auszureißen? Manche Leute kommen ja auf die erstaunlichsten Ideen …

»Hört auf«, erklang plötzlich ein helles Stimmchen. Ein kurzhaariges bebrilltes Mädchen in einem grasgrünen Pulli teilte die Passanten wie Moses das Rote Meer. Endlich schritt jemand ein. Mit entschlossenem Gesicht baute sie sich vor uns auf.

»Denise! Was ist denn hier los?«, fragte sie streng.

»Die hat was mit meinem Freund«, erklang es zum wohl fünfzigsten Mal an diesem Nachmittag. Das alles war so beschämend! Ich würde die Stadt wechseln, das Land, den Kontinent. Sobald ich hier rauskam.

»Es war ein Ausrutscher! Ich wusste nicht, dass er eine Freundin hat, er hat gesagt, er sei Single!«

Statt einer Antwort schnaubte Denise und schubste mich, doch das grillenhafte Mädchen ging dazwischen.

»Lass sie los! Gewalt ist keine Lösung!« Genau, da hatte sie recht. Wie auch immer sie das anstellte, sie schien Einfluss auf Denise zu haben, zähneknirschend ließ diese mich los. Vielleicht war die Grille ihre Sozialarbeiterin. Ich hoffte, sie würde Denise umgehend in ein Heim für jugendliche Straftäter einweisen. Das Mädchen war eine Gefahr. Ich begann meinen Arm zu massieren und erklärte, an die Kurzhaarige gewandt:

»Es tut mir leid. Es war entsetzlich, ich war betrunken, sonst hätte ich mich niemals mit ihm eingelassen.« Mit einem wie ihm zu sagen, verkniff ich mir. Das Mädchen nickte verständig.

»Also Denise, sie hat einen Fehler gemacht, aber ich finde auch, die Hauptschuld trägt dein Freund. Er hat gelogen, so etwas geht nicht. Man darf nicht lügen.« Ein Satz wie aus der Sesamstraße, fast hätte ich gekichert. So einfach war das. Dann konnte ich jetzt ja wohl endlich gehen?

»Ich geh dann mal«, sagte ich, doch da erklang ein grollendes Schluchzen tief aus Denise' Kehle. Animalisch. Mir blieb aber auch nichts erspart. Wie konnte man sich so wenig unter Kontrolle haben? Wie alt war dieses Mädchen eigentlich? Zwölf?

»Es tut mir sehr leid, Denise!«, sagte ich gequält.

»Okay«, schluchzte Denise, »mir tut es auch sehr leid.«

Während Denise an der Schulter meiner Retterin wimmerte, sammelte ich schnell meine Sachen vom Boden. Ich wollte nur noch weg.

»Der kann was erleben!«, hörte ich sie noch in den tränenfeuchten grünen Pullover grummeln. Sollten die beiden sich an die Gurgel gehen, von mir aus ihre Querelen in einer Talkshow austragen, ganz egal, Hauptsache ohne mich.

Der Lumpensammler

Lollo (50), Richterin, Düsseldorf,
über
Pit (51), Unternehmer, Düsseldorf

Meinen Mann habe ich während unseres Jurastudiums kennengelernt, damals in den achtziger Jahren in Köln. Er ist nicht besonders groß, kahlköpfig, und seinen Bauchansatz versucht er tapfer, aber mit nur mäßigem Erfolg zu bekämpfen. Sie kennen Dany de Vito? Nun er sieht nicht ganz so aus wie der, doch in die Richtung geht es schon. Aber ich liebe ihn, vor allem wegen seiner Klugheit, seines Humors und nicht zuletzt auch wegen seiner schönen dunklen Augen. Ich muss mir allerdings eingestehen, dass auch ich mit Sicherheit nie einen Schönheitswettbewerb gewinnen würde. Dazu bin ich leider zu lang und zu dünn. Mein Kinn ist etwas zu klein, was zu einem nicht sonderlich attraktiven Überbiss führt. Und die lange, schmale Nase steht überflüssigerweise etwas schief in meinem Gesicht, seitdem ich mir als junge Frau einen Bruch des Nasenbeins eingehandelt habe. Aber davon später.

Seit unserem gemeinsamen Studium waren mein Mann und ich nie für längere Zeit getrennt, außer in dem halben Jahr, als ich in Berlin als Referendarin bei einem Anwalt und Notar gearbeitet habe. Das war vor gut fünfundzwanzig Jahren. Heute leben wir in der Nähe von Düsseldorf, haben zwei fast erwachsene Söhne, zwei Mittelklasseautos, ein hübsches, frei stehendes Einfamilienhaus mit Blick über flaches Ackerland, in der Ferne ist ein Wäldchen zu sehen. Es geht uns gut, ich denke, wir sind richtig privilegiert. Mein Mann arbeitet im Justizministerium, und ich bin Richterin am Amtsgericht.

Heute ist Dienstag, mein Sitzungstag am Schöffengericht. Das besteht aus zwei ehrenamtlichen Schöffen und mir als Vorsitzender. Gestern Nachmittag habe ich mir die Akten angesehen, genau genommen habe ich sie nur überflogen. Nichts Besonderes: Zwei Trunkenheitsfahrten, ein Autodiebstahl, ein Wohnungseinbruch und ein Scheckbetrug im Wiederholungsfall. Alles Routine. Wir würden das rasch durchziehen, auch die Sache mit dem Betrüger, immerhin ein Wiederholungstäter, einschlägig vorbestraft. Sein Name ist Peter Weber. Jemanden mit diesem Namen kannte ich einmal, vor langer Zeit, damals während meiner Referendarzeit in Berlin. Es ist wirklich keine angenehme Erinnerung, die der Name in mir wachruft, aber schließlich ist es ein Allerweltsname, und ich schiebe den Gedanken an diese alte Geschichte beiseite.

Es ist zehn Uhr, der Fall Peter Weber, die zweite Sache an diesem Morgen, wird aufgerufen. Als ich in meiner schwarzen Robe zusammen mit den Schöffen den kahlen, schmucklosen Gerichtssaal betrete, füllt nur eine Handvoll Zuhörer die Bänke, darunter ein paar Dauergäste, die ich vom Sehen kenne; heute gibt es ja nichts Spektakuläres. Alle erheben sich von ihren Sitzen, auch der Staatsanwalt und der Angeklagte mit seinem Anwalt. Der Anwalt ist ein Pflichtverteidiger, ein dürrer, grauer Mensch ohne jeden Glanz, von dessen juristischen Künsten ich nicht viel halte. Offenbar konnte oder wollte der Angeklagte sich nichts Besseres leisten.

Der verfolgt die Verlesung der Anklageschrift mit gesenktem Kopf vor sich hin starrend, ohne erkennbare Regung. Es ist ein alter Mann mit herabhängenden Schultern, grauer, welker Gesichtshaut, geröteten Lidrändern und den blassblauen, wässrizen Augen eines Trinkers. Sein grau meliertes, noch volles Haar steht in ungepflegten Büscheln vom Kopf ab. Er wirkt wie Ende sechzig, aber aus der Akte ersehe ich, dass er einundfünfzig ist, knapp zwei Jahre älter als ich. Als ich ihn zur Vernehmung über seine persönlichen Verhältnisse aufrufe, erhebt er sich schwerfällig, als ob ihm das Aufstehen wehtue. Mit schlurfenden Schritten kommt er nach vorn, wo ein kleiner Tisch und ein Stuhl bereit stehen. Er ist ziemlich groß und schmal und geht leicht gebeugt, seine Stimme ist leise und die Sprache verwaschen und undeutlich.

Doch seine gerade, kurze Nase, das immer noch gut geschnittene Kinn und diesen fein geschnittenen Mund kenne ich. Verstohlen schaue ich nochmals in die Akte, tatsächlich, er stammt aus Hamburg, und sein Geburtstag, an den ich mich bis heute erinnere, ist der 19. April 1959. Kein Zweifel: Es ist Pit, Peter Weber, der Mann, der mich so tief enttäuscht und gedemütigt hat, wie nie wieder jemand in meinem Leben. Die Erinnerung daran ist zwar durch vieles andere überlagert, aber immer noch sitzt sie wie ein Stachel in meiner Seele.

Damals, 1985 in Berlin, wohnte ich mit zwei Freundinnen, Marie und Ella, in einer geräumigen Altbauwohnung in Charlottenburg. Jeden Samstagabend versammelte sich in unserer Wohnung rund ein Dutzend Freunde und Bekannte, um zu feiern. Es wurde gekocht, oft Spaghetti Bolognese, aber nicht nur, auch der Rotwein floss in Strömen, und es wurde wild diskutiert, über Politik, Literatur, Liebe, Sex und was einem sonst so mit Mitte zwanzig durchs Hirn geht. Wir hörten Musik, häufig französische Chansons, am liebsten von Brassens und Moustaki, oder Jazz, viel Miles Davis. Manchmal verschwand einer der Jungen mit Marie oder Ella in deren Zimmer, und dann sah ich sie erst am nächsten Morgen zum Frühstück in der gemeinsamen Küche wieder. Ich selbst hielt mich in dieser Hinsicht zurück; immerhin kannte ich schon meinen jetzigen Mann, und wir wollten nach meiner Rückkehr aus Berlin heiraten. Es war eine wundervoll unbeschwerte Zeit, trotz der vielen Arbeit, die ich damals hatte.

Eines Samstags brachte Marie einen großen, schlaksigen Jungen mit. »Das ist Pit. Pit Weber. Studiert BWL, zwölftes Semester«, stellte sie stolz ihr Mitbringsel vor. Die anwesenden Frauen begannen aufgeregt zu tuscheln, denn er sah ungewöhnlich gut aus. Dunkle halblange Locken umrahmten ein schmales blasses Gesicht mit strahlend blauen Augen unter langen schwarzen Wimpern. Seine Nase war kurz und gerade, Mund und Kinn schön geschnitten. Ich war hingerissen von seinem Anblick, wenn ich mir auch ehrlicherweise sagen musste, dass er in einer anderen Klasse spielte als ich, jedenfalls äußerlich gesehen.

Es stellte sich heraus, dass Pit nicht nur schön war, er war auch intelligent, obgleich es nach allem, was wir über ihn in Erfahrung bringen konnten, mit seinem Studium offenbar nicht recht voranging. Sein Gehabe war leicht maniriert, ich möchte fast sagen aristokratisch. Er war witzig und verstand es, das Gespräch stets auf ein Gebiet zu leiten, auf dem er besonders glänzen konnte. Doch sein Humor hatte etwas Destruktives, Zynisches, das mir Angst machte und mich zugleich anzog, vielleicht wie einen Bergsteiger die Aussicht auf eine besonders gefährliche Tour. Er machte mich neugierig. Ob ich mich in ihn verliebte? Vielleicht. Aber nach dem, was dann passierte, kann ich das heute nicht mehr so genau sagen.

Pit kam an den nächsten Samstagen regelmäßig zu unseren Partys, und ich unterhielt mich oft und gerne mit ihm. Er hatte ein erstaunlich breit gestreutes Wissen, durchaus mehr als eine Halbbildung, vielleicht eine Zweidrittelbildung, aber ein richtiges Wort dafür gibt es wohl nicht. Dann, an einem warmen Sommerabend, Pit war nach meiner Erinnerung zum vierten Mal bei uns, waren nur vier oder fünf Gäste gekommen. Die meisten unserer Freunde waren in den Sommerferien verreist, auch Marie. Die Stimmung war zwar gut, aber gegen ein Uhr morgens verkrümelten sich alle, Ella zog mit einem Freund ab, und ich war allein mit Pit.

»Komm, wir gehen in dein Zimmer«, unterbrach er plötzlich unser Geplauder, abrupt, als sei es ihm gerade mal so eingefallen. Das kam ziemlich überraschend für mich. Seit ich meinen Mann kennengelernt hatte, hatte ich mit keinem anderen mehr geschlafen, und eigentlich hatte ich es auch nicht vor. Aber da waren die laue Nachtluft, die durch das geöffnete Fenster strömte, der leise Jazz, die sanfte Wirkung des Weins und natürlich die Schönheit dieses Mannes, die die Oberhand über meine Grundsätze gewannen.

In meinem Zimmer drückte er mich aufs Bett und begann sofort, mich auszuziehen, ohne nennenswertes Vorspiel, ja er küsste mich nicht einmal, jedenfalls nicht richtig, nicht so wie ich es mir gewünscht hätte. Fast bedauerte ich meine Entscheidung, mit ihm ins Bett zu gehen, aber jetzt traute ich mich nicht mehr, einen Rückzieher zu machen, vielleicht wollte ich es auch nicht. Dann war auch er schon über mir, nackt auch er, und drang in mich ein. Nicht gerade einfühlsam, eher ruppig. Alles ging schnell. Er kam früh, jedenfalls viel zu früh für mich. Ich war enttäuscht, war nicht auf meine Kosten gekommen, schob das aber auch auf mich, meine Aufregung, Unerfahrenheit und meine Verklemmtheit.

Kurz darauf stand er schon wieder angezogen vor dem Bett.

»Ich muss los«, war alles, was er sagte. Seine ganze Erklärung, warum er nicht bei mir blieb.

»Wann sehen wir uns wieder? Morgen?«, fragte ich, vielleicht etwas naiv.

»Nein!«, sagte er entschieden.

»Dann ein anderes Mal?«

»Ich sagte doch: Nein. Überhaupt nicht!«

Ich war wie vor den Kopf geschlagen. »Warum hast du dann überhaupt mit mir geschlafen, wenn dir nichts an mir liegt?«

»Warum? Wie warum? Du warst halt gerade übrig heute Abend. Das nennt man ›Resteficken‹ oder ›Lumpen sammeln‹.«
Er lachte, kurz und böse, lachte mich aus. Mir verschlug es die

Sprache. Nie hatte mich jemand derart beleidigt. Noch immer nackt sprang ich aus dem Bett, stürzte mich in meiner Empörung auf ihn und schlug ihm mit der flachen Hand ins Gesicht. Es klatschte so laut, dass ich selbst erschrak. Ich war überrascht, wie fest ich zuschlagen konnte.

Dass er zurückschlagen würde, hatte ich nicht erwartet. Noch nie zuvor hatte mich ein Mann geschlagen, übrigens auch nie danach. Krachend landete seine Faust in meinem Gesicht. Ein hässliches Knacken ließ keinen Zweifel daran, dass er mein Nasenbein zertrümmert hatte. Sofort setzte ein stechender Schmerz ein, der meinen ganzen Kopf erfasste. Blut strömte über meinen nackten Körper, und ich fiel benommen aufs Bett. Ich bekam noch mit, wie Pit seine Jacke vom Kleiderhaken nahm, irgendetwas wie »blöde Fotze« murmelte und die Tür hinter sich zuknallte. Als Ella kurz darauf zurückkam, brachte sie mich ins Krankenhaus, wo man mich versorgte, aber nicht verhindern konnte, dass man meiner Nase noch heute die üble Behandlung ansieht. Außer Ella habe ich nie jemandem von dem Vorfall erzählt, es wäre mir einfach zu peinlich gewesen.

Gott sei Dank bin ich diesem Kerl nie mehr begegnet – bis heute. Und nun steht er oder das, was von ihm übrig ist, vor mir, in meinem Gerichtssaal, ein armseliger Schatten seiner selbst, angeklagt wegen Betrugs.

Hat er mich wiedererkannt? Bemerkt er meine Verstörung? Ich bin mir nicht sicher. Nur einmal glaube ich zu sehen, wie er mir von unten herauf einen hämischen Blick zuwirft und ein unangenehmes Grinsen über sein zerfurchtes Gesicht huscht, wie um mir ein geheimes, übles Komplott anzubieten.

Falls er mich erkannt hat, könnte er mich zweifellos als befangen ablehnen. Immerhin gibt es Grund genug, Misstrauen gegen meine Unparteilichkeit als Richterin zu rechtfertigen, wie es die Strafprozessordnung so trefflich formuliert. Aber vielleicht verspricht er sich ja paradoxerweise gerade von mir eine Art Vorzugsbehandlung. Natürlich könnte ich mich auch selbst für befangen erklären. Aber dann müsste ich einiges erklären, was besser unerklärt bleibt. Also lasse ich es sein und nehme mir vor, völlig unparteiisch zu urteilen, etwaigen Rachegelüsten nicht nachzugeben. Aber habe ich überhaupt Lust, mich an diesem Wrack zu rächen? Das Leben scheint ihn nicht gerade mit Glacé-handschuhen angefasst zu haben. Sein Anblick löst nichts in mir aus, keinen Hass, höchstens ein wenig Mitleid, und auch die anfangs kurz aufgekeimte Schadenfreude ist wieder verflogen.

Der Sachverhalt ist einfach und der Angeklagte geständig. Er hat mehrfach Darlehen aufgenommen, obwohl er wusste, dass er sie nicht zurückzahlen konnte, und ungedeckte Schecks ausgestellt. Dass er auch die Unterschrift unter einem Scheck gefälscht hat, ist zu vermuten, aber nicht nachzuweisen.

In der anschließenden Beratung im Richterzimmer frage ich die Schöffen, welches Strafmaß sie für angemessen halten. Es sind erfahrene Beisitzer. Mit Rücksicht auf die Vorstrafen des Angeklagten halten sie eine Freiheitsstrafe von sechs Monaten, ausgesetzt zur Bewährung, für richtig. Ich schließe mich ihrer Meinung an, ohne Diskussion. Dann gehen wir wieder hinaus in den Gerichtssaal, und ich verkünde das Urteil. Der Angeklagte nimmt es regungslos entgegen, und sein Anwalt erklärt, man werde auf Rechtsmittel verzichten. Die Sitzung ist geschlossen.

Der 16. Seitensprung

Auf dem Zauberberg

Liese (33), Kundenberaterin, Bonn,
über
Sven (34), Kundenberater, Bonn

Seit Langem war es mir klar. So konnte es mit Paolo nicht weitergehen, so nicht und auch nicht anders, überhaupt nicht! Aber es fiel mir so schwer, mich von ihm zu trennen, wie eine Klette aus einem verfilzten Mohairpullover zu pulen. Wir waren seit sechs Jahren zusammen, und ich glaube, ich liebte ihn wirklich. Und eigentlich war ich ihm bisher auch treu, na ja, sagen wir fast, also bis auf das eine Mal, aber das war ein karnevalsbedingter One-Night-Stand, den vergesse ich lieber.

Ich war dreiunddreißg und arbeitete als Kundenberaterin bei der Sparkasse, ein ätzender Job, jetzt in der Wirtschaftskrise. Früher war ich stolz auf meine Karriere, aber in letzter Zeit traute ich mich kaum noch, jemandem zu erzählen, dass ich bei einer Bank arbeite. Jedes Mal musste ich mir dann diesen Mist von den gierigen Bankern anhören, die ihren Kunden die falschen Papiere aufschwätzen und wenn es schiefgeht, vom Steuerzahler gerettet werden. Aber ich bin nicht Josef Ackermann. Mit meinem Gehalt kam ich gerade so über die Runden, und meine Boni waren auch nicht toll. Eigentlich hätte ich überhaupt etwas anderes machen sollen, Lehrerin werden oder so was. Vorbei die Zeiten, als die Kunden zu Weihnachten oder wenn sie einen fetten Gewinn eingestrichen hatten, riesige Pralinenschachteln oder Weinkisten anschleppten. Nicht dass ich für solche Geschenke unbedingt Verwendung gehabt hätte, aber die Anerkennung tat gut. Jetzt hieß es: »Nun, Sie können ja nichts dafür. Konnte man alles nicht so voraussehen, ist aber doch ziemlicher Schrott, was da in meinem Depot liegt.« Die Vorwürfe waren unüberhörbar. Manchmal hatte ich das alles total satt wie eine chronische Bronchitis im Winter. Ich wollte unbedingt einen Gang zurückschalten, und oft, wenn ich schlaflos in meinem Bett lag, glaubte ich, statt des Weckers die berühmte biologische Uhr zu hören. Kurz, ich wollte eine Familie gründen und Kinder haben, zwei oder drei.

Paolo war Jurastudent und gut drei Jahre jünger als ich, und mit ihm waren die Aussichten für solche Pläne wirklich nicht gut. Seine Liebe gehörte eher der Musik als der Juristerei. Er spielte in einer Band Saxofon, und zwar gar nicht schlecht. Manchmal gingen sie mit der Band auf kleine Tourneen und spielten für wenig Geld in Clubs oder Hotels. Das machte ihm leider mehr Spaß als die Arbeit für sein Studium. Seine Leichtigkeit und Sorglosigkeit waren mir fremd wie die erdabgewandte Seite des Mondes. Diese Unbekümmertheit ging mir fürchterlich gegen den Strich.

Nach einem abgebrochenen Germanistikstudium studierte er mittlerweile im vierzehnten Semester in Köln Jura. Sein Vater war früh verstorben und hatte seiner Mutter ein kleines Vermögen hinterlassen, von dem sie und Paolo lebten. Die Mutter vergötterte ihr einziges Kind; sie hat Paolo von Anfang an verwöhnt und war von Anfang an der Meinung, ihr Söhnchen habe etwas Besseres verdient als mich. An den Wochenenden und während der Semesterferien übernachtete er zwar ab und zu bei mir, aber eigentlich wohnte er noch immer bei seiner Mutter. Er hatte offenbar auch nicht die Absicht, das in absehbarer Zeit zu ändern, obwohl ich ihm immer wieder vorgeschlagen hatte, mit mir zusammenzuziehen.

Schon ein paar Mal hatte ich versucht, mich von ihm zu lösen. Leider endete es jedes Mal mit einer tränenreichen Versöhnung und schluchzendem Sex.

Dann, vor gut einem Jahr, hatte er sich zum Ersten Staatsexamen gemeldet. In dieser Zeit wollte ich ihn nicht mit dem Problem einer Trennung belasten, also schob ich die Sache hinaus und wartete auf den Tag seiner mündlichen Abschlussprüfung. Am Tag seines bestandenen Examens wollte ich endgültig Schluss machen. Ich wollte ihn am Bahnhof abholen, wenn er aus Köln ankam, und schon dort wollte ich ihm erklären, dass es mit uns zu Ende sei. In seiner Hochstimmung würde er die Nachricht sicher besser verkraften.

Beklommen erwartete ich den Augenblick seiner Ankunft. Sein Zug sollte um 17.30 Uhr ankommen, und mit einer langstieligen, lachsfarbenen Rose in der Hand – so ganz prosaisch sollte es doch nicht ablaufen – stand ich da. Ich wunderte mich, dass er noch nicht angerufen hatte. Das schien mir kein gutes Zeichen. Aber vielleicht hatte er ja seine Mutter angerufen und erwartete, dass sie mich über das Examensergebnis informieren würde, was bei ihrem Verhältnis zu mir aber eher unwahrscheinlich gewesen wäre. Oder er hatte in der Aufregung einfach vergessen zu telefonieren. Dann aber entdeckte ich ihn in der aus dem Bahnhof strömenden Menge, ohne Gepäck, mit hängenden Schultern und seltsam verspanntem Gesicht. Mir war klar: Er war durchgefallen. Ich versank in Tränen – und später mit ihm in meinem Bett. Von Trennung war an diesem Tag keine Rede, auch nicht in den Tagen danach.

Mein Verstand sagte mir, dass etwas geschehen müsse, und langsam wuchs in mir ein Plan heran, dessen Ausführung mir allerdings ziemlich aus dem Ruder laufen sollte.

Paolo war ein relativ friedfertiger Mensch, und es war ihm ziemlich gleichgültig, was ich ohne ihn tat, nur Spaß haben durfte ich dabei nicht. Er konnte richtig eifersüchtig werden, und sei es auch nur aus Eitelkeit. Der Gedanke, jemand könnte ihm etwas vorenthalten oder wegnehmen, das ihm gebührte, erschien ihm unerträglich. Und darauf baute ich meine Strategie auf. Ich wollte ihn richtig eifersüchtig machen, grundlos, ohne ihn wirklich zu hintergehen. Dann würde er vielleicht schon von sich aus Schluss machen. Oder, so spekulierte ich, er würde mir, natürlich zu Unrecht, eine solche Szene machen, dass ich ihm – scheinbar tief verletzt – den Laufpass geben konnte. Das war die Lösung!

In meiner Abteilung in der Bank arbeitete zwei Türen weiter Sven, den ich seit rund fünfzehn Jahren kannte. Er war groß, fast hager, graue Augen und Hakennase, eigentlich nicht unattraktiv, nur wirkte er manchmal etwas hölzern und unbeholfen. Wir hatten zusammen bei der hiesigen Sparkasse unsere Ausbildung absolviert und hatten nebeneinander in der Abschlussprüfung gesessen. Er hatte mit »Sehr gut« bestanden, ich weniger glänzend. Immer wenn ich fachlich nicht weiter wusste, konnte ich ihn anrufen oder ich ging mit einer Tasse Kaffee und meinem Problem zu ihm rüber. Er wusste fast immer eine Lösung und hatte mir schon aus mancher verzwickten Situation herausgeholfen, und das schien ihm sogar Spaß zu machen. Man könnte sagen, wir waren seit Langem gute Freunde, mehr aber auch nicht.

Paolo konnte Sven nicht leiden, er hielt ihn für einen pedantischen Langweiler, einen Dünnbrettbohrer, wie er sich ausdrückte. Dabei hatten sich die beiden nur zwei oder drei Mal bei Veranstaltungen der Bank getroffen, aber beide waren so verschieden wie die Grille und die Ameise in der berühmten Fabel. Was Sven über Paolo dachte, war mir übrigens weniger klar, es passte nicht zu Sven, negativ über andere zu sprechen. Positiv hat er sich allerdings auch nicht geäußert.

Seit Jahren war ich in einem Ski-Club, in dem auch Sven Mitglied war und der jedes Jahr Anfang März eine Reise nach Österreich veranstaltete. Es war kurz vor Weihnachten, als ich Sven beim Skitraining in der Halle des Vereins traf.

»Was hältst du davon, mit nach Österreich zu fahren? Wir könnten zusammen mit dem Auto runterfahren.« Er schien von meinem Vorschlag überrascht, wahrscheinlich dachte er an Paolo. Ich wusste, dass er mich mochte, aber eben nur als Kollegin und Freundin. Um keine falsche Vermutung aufkommen zu lassen, fügte ich hinzu: »Paolo kann nicht mit, er muss fürs Examen büffeln.«

Sven grinste skeptisch. »Na ja, mal sehen, wenn ich Urlaub bekomme. Gute Idee aber!« Ich wusste, er würde Urlaub bekommen.

Als ich Paolo von meinen Reiseplänen erzählte, schien ihn das zunächst gleichgültig zu lassen. Dann aber, nach einigen Minuten, fragte er: »Ist dein Sven nicht auch in eurem Club? Fährt der etwa auch mit?«

»Erstens ist das nicht mein Sven und zweitens ja, er fährt auch mit. Warum auch nicht? Du weißt doch genau, dass zwischen uns rein gar nichts läuft.«

»Na klar, wie du meinst, du musst ja wissen, was du tust.« Er gab sich cool, aber sein hübsches, rundes Jungengesicht wurde blass und sah plötzlich aus wie ein ausgerollter Pizzateig, noch ohne Belag. Ich merkte ihm an, dass das Gift der Eifersucht zu wirken begann. Vielleicht war es aber auch nur gekränkte Eitelkeit, denn eitel war er jedenfalls. Für meine Absichten spielte das allerdings keine Rolle.

Bis zu der Fahrt waren es noch sechs Wochen. Paolo und ich sprachen zwar nicht mehr darüber, aber die Sache mit der Reise lag zwischen uns wie eine wurmstichige Stelle in einem Apfel, um die man sich herumbeißt. Unser Verhältnis hatte sich bereits um einige Grad abgekühlt.

Am Morgen der Abreise holte mich Sven in seinem alten Volvo-Kombi ab. Paolo hätte nie ein solches Auto gefahren, aber es war geräumig, und man konnte Skier und all den Kram, den man im Winterurlaub braucht, zur Heckklappe hineinwerfen. Unterwegs plauderten wir über Kollegen, unseren Job und die Krankheiten anderer Leute, unverbindliches Zeug eben. Die fünfstündige Fahrt erschien mir kürzer, als sie tatsächlich war.

Das Hotel, eine durch mehrere Anbauten verunstaltete, überdimensionierte Almhütte und etwas in die Jahre gekommen, lag auf einem Hochplateau, das im Winter nur über einen Sessellift zu erreichen war. Auch das Gepäck wurde über eine kleine Seilbahn transportiert. Dort oben gab es ansonsten nur eine Pension mit einer Kneipe, finster wie ein Rauchfang, und vielleicht zwei Dutzend kleiner Ferienhäuser, die wie zufällig hingewürfelt in der Gegend herumstanden. Von Weitem sah es aus wie ein gewachsenes Dorf, was es aber absolut nicht war. Da der Sessellift, mit dem wir gekommen waren, um fünf seinen Betrieb einstellte, war man hier oben ziemlich gefangen. Man konnte eigentlich nur Ski laufen – vorausgesetzt, das Wetter spielte mit, aber die Prognosen waren miserabel.

Von der Bergstation des Sessellifts mussten wir noch einige hundert Meter bis zu unserem Hotel durch den nur wenig festgefahrenen Schnee stapfen, und um nicht auszurutschen, nahmen wir uns bei der Hand. Hinter uns lag jenseits des Tals eine mächtige schneebedeckte Bergkette von atemberaubender Schönheit im Sonnenlicht des Spätnachmittags. Ich hätte sie mir besser anschauen sollen, denn in der folgenden Nacht sollte das Wetter umschlagen und alles in Wolken und Nebel hüllen.

Zum Abendessen versammelte sich die Reisegruppe, ein grauhaariger Verein, sechzig plus, überwiegend Frauen, von denen ich offensichtlich die einzige noch menstruierende war. Der Reiseleiter war ein knorriger Mittsechziger aus dem Rheinland mit Trachtenjanker und gestutztem weißen Bart, der ihm aus Nase und Ohren zu wachsen schien. Er hielt in einer Art Dialekt, den er vermutlich für Bairisch oder Österreichisch hielt, eine kurze Begrüßungsansprache, in der er den weiblichen Teil der Gruppe als Madeln bezeichnete und die er mit einem dreifachen lauten Ski-Heil beendete. Die wenigen anderen Hotelgäste, zwei Ehepaare mittleren Alters und drei Familien mit quengelnden

Kindern, schauten erschrocken zu uns herüber. Ich hätte mich am liebsten unsichtbar gemacht. Ich war enttäuscht und bereute schon, überhaupt mitgefahren zu sein.

Am nächsten Morgen schneite es. Es schneite in dieser Woche nur einmal, und zwar sechs Tage lang. Dicht und pausenlos fielen die schweren Flocken senkrecht durch die windstille Luft. Die Landschaft war in flaumiges Weiß gehüllt, nur der nahe Tannenwald ließ sich manchmal als hellgrauer Schemen erahnen. Das Skifahren machte keinen Spaß, meine Brille beschlug, ich fühlte mich unsicher, hatte Angst und musste mich mehrere Male aus dem Tiefschnee graben. Gott sei Dank kannte wenigstens der weißbärtige Knorrige das Gelände und konnte uns einigermaßen unbeschadet zurückbringen.

Gegen Mittag war die ganze Truppe durchnässt und entmutigt wieder im Hotel. Ich zog mich mit einem Buch in mein winziges Einzelzimmer zurück, holzgetäfelt und butzengemütlich, mit dickem rot-weiß karierten Federbett.

Aber den ganzen Tag lesen wird auch langweilig, und mir fiel ein, dass es im Haus eine kleine Sauna gab. Also schlurfte ich in Flipflops und Bademantel hinunter. Ich war allein in der Sauna, aber gerade als ich meinen Bademantel hatte fallen lassen, öffnete sich die Tür und herein kam Sven, der mich im ersten Moment gar nicht sah, weil er etwas kurzsichtig ist und seine Brille abgesetzt hatte. Dann, als er mich erkannte, wurde er sichtlich verlegen. Wir hatten uns bisher noch nie nackt gesehen, nicht einmal in Badekleidung.

»Huch, entschuldige«, stotterte er etwas dümmlich und schaute krampfhaft über meine linke Schulter hinweg, als gäbe es in der Ecke dieser bescheidenen Wellnesshütte wer weiß was zu sehen.

»Red keinen Quatsch, zieh dich aus und komm mit rein«, versuchte ich die Situation zu entkrampfen. Er zog sich umständlich aus, obwohl er nur Jeans, T-Shirt und eine Unterhose trug. Verstohlen und belustigt beobachtete ich ihn. Zum ersten Mal fühlte ich mich ihm überlegen.

Sein Körper war schmal, aber dennoch muskulös und sein Ding von angenehmer Größe. Er war weder tätowiert, noch am Körper rasiert, auch nicht unten herum wie Paolo; es hätte auch irgendwie nicht zu ihm gepasst, finde ich.

In der Sauna schloss ich meine Augen, jedenfalls tat ich so. Ich saß seitlich zu ihm, sodass ich ihn aus den Augenwinkeln beobachten und meinen rechten großen Zeh wie absichtslos unter seine linke Pobacke schieben konnte. Er tat, als bemerke er es nicht, aber in dem Dämmerlicht erschien es mir, als richte sich sein ansehnliches Teil leicht auf, doch dann beugte er sich verschämt nach vorn, um mir die Sicht auf seine Erektion zu versperren.

In diesem Moment drängten sich laut lachend und schwätzend zwei ältere Ehepaare aus unserer Gruppe in die winzige Schwitzkammer. Mit jovialen Sprüchen wie »Platz ist in der kleinsten Hütte« und ähnlichem Schwachsinn machten sie sich auf den drei kleinen Bänken breit. Überall waren plötzlich Bäuche, Brüste und Ärsche. Es roch nach Schweiß. Fluchtartig verließen Sven und ich den Raum, wobei er schamhaft seine Blöße mit einem großen dunkelblauen Handtuch bedeckte. Leicht ernüchtert trennten wir uns und gingen jeder in sein Zimmer. Er wohnte mit einem älteren Mann in einem Doppelzimmer.

Nach dem Abendessen standen wir an der Theke der einzigen Kneipe am Ort. Sie spielten an diesem Abend Musik aus den Siebzigern und Achtzigern, eigentlich Sachen aus der Zeit meiner Eltern, aber nicht übel, jedenfalls besser als die landesübliche, meist plump anzügliche Pseudovolksmusik. Manche der Songs summten wir leise mit. Ich weiß nicht mehr, worüber wir sprachen, aber während der Unterhaltung berührten sich mehrmals, vielleicht unbeabsichtigt, eher aber absichtlich unsere Köpfe, jedenfalls schien es uns beiden zu gefallen. Dann standen wir plötzlich auf der Tanzfläche und bewegten uns eng umschlungen zum Rhythmus der Musik, bevor wir, uns an den Händen haltend, durch den tiefen Schnee zu unserem leicht heruntergekommenen Zauberberg zurückstapften.

Um unseren neuen Status vor dem Rest der Gruppe nicht zu zeigen, ging ich sofort in mein Zimmer. Einige der Mitreisenden kannte ich von zu Hause, und einige kannten auch Paolo. Noch hatte ich in dieser Hinsicht eine gewisse Scheu, die sich allerdings bald legen sollte. Was Sven seinem Zimmergenossen erzählte, weiß ich nicht. Jedenfalls erwartete ich ihn nackt unter dem plumpsschweren karierten Federbett in meiner holzgetäfelten Kammer.

Vielleicht eine Viertelstunde später senkte sich langsam die Türklinke, und Sven schob sich lautlos ins Zimmer. Wortlos zog er sich vor meinem Bett stehend aus bis auf seine Boxershorts und schlüpfte zu mir ins Bett; die Shorts waren dann ganz plötzlich auch verschwunden.

»Ich glaube, es ist nicht richtig, was wir hier tun«, konnte ich gerade noch hauchen. »Nein, das ist es sicher nicht – aber wunderschön!« Und da hatte er recht. Es war wirklich traumhaft schön. Sven war alles andere als ein routinierter Liebhaber, aber zärtlich, einfühlsam und ausdauernd. Er blieb bis zum Morgen.

Von da an waren wir unzertrennlich, und um die Meinung der anderen kümmerten wir uns auch nicht mehr. Es schneite unaufhörlich. Nach kurzen Ausflügen auf die unwirtlichen, kaum noch zu erkennenden Pisten hockten wir in der Sauna, lasen unsere mitgebrachten Bücher oder lagen in meinem Bett vor dem Fernseher, und jeden Tag schliefen wir miteinander.

Nur nachts beschlich mich manchmal ein bohrender Gedanke an Paolo und lag wie ein bleierner Panzer auf meiner Brust. Ich sollte ihn anrufen oder ihm wenigstens eine SMS schicken. Paolo würde sich Sorgen um mich machen, das erwartete ich doch immerhin von ihm! Aber ich brachte es nicht übers Herz, mich zu melden. Mein Handy hatte ich längst abgeschaltet. Zweimal klingelte das Hoteltelefon in meinem Zimmer, ich ging nicht dran. In meinem Innern hatte ich mich bereits von ihm gelöst.

Dann kam der Abreisetag. Die Wolkendecke war endlich aufgerissen, und ein fast schmerzhaft heller Sonnenschein ließ die tief verschneite Berglandschaft in unwirklicher Schönheit erstrahlen, als wir auf dem Sessellift saßen, der uns hinunter ins Tal und zum Auto bringen sollte.

Trotz dieser Pracht war mir plötzlich wieder bewusst, dass der Moment näherrückte, da ich Paolo reinen Wein einschenken musste. Wie sollte ich es anfangen? Die Sache am Telefon zu beenden oder gar nur eine SMS oder E-Mail zu schicken, war keine Lösung. Es wäre unserer langen, engen Verbindung nicht würdig gewesen. Was dann? Mich gleich nach meiner Rückkehr mit ihm zu treffen, würde mich vermutlich überfordern. Zwar hatte ich keine Angst, dass er mich mit seinem Charme noch einmal umstimmen könnte, aber ich mochte mich einer – vermutlich quälenden – Aussprache einfach nicht aussetzen, jedenfalls noch nicht. Mit Sicherheit würden wir uns sowieso bei irgendeiner Gelegenheit zufällig begegnen und miteinander reden, aber darauf konnte ich nicht warten. Meine Mutter hätte in dieser Lage sicher einen Brief geschrieben, meine Großmutter auch und viele Frauen der Generationen vor mir. Als der Lift sich dem Parkplatz näherte, stand mein Entschluss fest: Ich würde Paolo einen Brief schreiben, mit der Hand und altmodisch mit blauer Tinte. Ich würde schreiben: »Lieber Paolo, ich habe eine Neuigkeit: Ich werde heiraten, allerdings nicht dich ...« Nein, am Text musste ich noch gewaltig feilen, aber so ähnlich würde es werden.

Gucken darf man

Franzi (25), Veranstaltungskauffrau, Köln,
über
»Vampir« (28), Beruf unbekannt, Köln

Da war sie wieder, die närrische Zeit, auch bekannt als Fasching oder Karneval, die im Ursprung dazu diente, den harten Winter aus dem Land zu treiben und den lang ersehnten Frühling herbeizulocken. Wie ich als Rheinländerin alljährlich feststellte, war neben dem »Treiben« wenig Ursprüngliches vom Fasching übrig geblieben. Obwohl ich weder dem neckischen Verkleiden, der Prinzengarde, dem Funkenmariechen und den klebrigen Bonbons, die großzügig von den Faschingswagen gepfeffert wurden, etwas abgewinnen konnte, beschloss ich dieses Jahr dennoch, Neune grade sein zu lassen und mitzufeiern. Klar, man könnte auch zu Hause bleiben und mit seinem Partner Erdnussflips essend eine DVD gucken, aber mein Freund hatte Dienst.

Sympathisch an den Faschingstagen war mir, dass man unverblümt und gesellschaftsfähig bereits morgens anfangen konnte, Alkohol in rauen Mengen in sich hineinzukippen – meist musste man nur mit einem schäbigen Plastikbecher am Straßenrand oder vor den Kneipen stehen, und schon schüttete irgendein verkleideter Clown, Sheriff oder Indianer klebrige Hochprozentige in dein Becherchen. So auch dieses Jahr: Ich stand in meinem lieblos zusammengestellten Katzenkostüm vor der üblichen Spelunke und schlürfte einen »Sauren Apfel« nach dem anderen. Um mich herum schwirrten kreischende Mädels, als Teufelchen, Krankenschwestern, Nutten oder Cheerleader verkleidet, deren großer Auftritt im sexy Kostüm nun endlich wieder eingeläutet war. Mussten sie sich doch das ganze Jahr über im biederen Bankoutfit verstecken, so war nun wieder die Gelegenheit gekommen, sich in eine aufreizende Garderobe zu stürzen. Den mich umgebenen Männern stand die Geilheit in den schlecht maskierten Gesichtern geschrieben. Es wurde gegrapscht, gesoffen, gelacht, geprügelt, gekotzt, geflirtet und gelacht ... Für mich kam nur der Suff in Frage, mehr konnte ich dem Fasching nicht abgewinnen. Das dachte ich zumindest.

Als ich schwankend in einer Ecke stand, griff mir plötzlich ein Vampir an den Hintern. Ich tat pikiert, rief ihm empört hinterher, er solle seine Grapschehände bei sich behalten, mein Freund würde ihm was erzählen! Bereits während ich mich lautstark beschwerte, kam ich mir auch schon dämlich vor. Was machte ich ohne Partner und mit aufgemalten Schnurrhaaren an einem Ort wie diesem, wo es nur darum ging, abzuschleppen und abgeschleppt zu werden? Ein betrunkener Arbeitskollege stand – wenn man das noch so bezeichnen konnte – plötzlich vor mir und schien meine leichte Beklommenheit zu wittern. Er wollte mich aufmuntern und lallte: »Gucken darf man, aber gegessen wird zu Hause ...«, schüttete Schnaps nach und lief grapschend hinter einer leicht bekleideten Prinzessin her.

Als ich mich umdrehte, stand der Vampir wieder vor mir und entschuldigte sich charmant. Mein Po hätte so einladend ausgesehen. Irgendwie gefiel er mir, ich vermutete einen stattlichen Kerl unter der Kostümierung. Ich durfte ja schließlich gucken ...

Da drängte sich ein aufgeregter Frankenstein zwischen uns: »Die Franzi! Ja hallo! Wir kennen uns! Das ist ja nicht zu glauben!«

Der Vampir wandte sich zum Gehen.

»Ja?«, fragte ich verärgert, und Frankenstein nahm seine Maske ab. Überrascht starrte ich ihn an: »Lenny!« Lenny war mein allererster Freund, schon damals eher eine Notlösung und ich hatte es sehr bereut. Drei Mal hatte ich ihn betrogen und verlassen, und war immer wieder kurzzeitig zurückgekehrt, nicht weil ich ihn vermisst, sondern weil er so penetrant gebettelt hatte. Ich hätte sein Leben zerstört, ich sei seine einzige große Liebe ... Er hatte sich höchst psychotisch verhalten und mir war irgendwann nur die Flucht geblieben, damit er endlich aufhörte, zu jammern und mir diese Jugendsünde vorzuwerfen. Eine neue Telefonnummer und ein neues WG-Zimmer. Seit fünf Jahren hatte ich ihn nun nicht mehr gesehen.

»Wie geht's dir so?«, fragte ich vorsichtig.

»Super!«, sagte er. »Ich bin jetzt Vater. Komm mal mit!« Bevor ich protestieren konnte, zog er mich an der Hand nach draußen, auf die Straße, wo eine dicke Frau mit Kinderwagen und riesigen Kamellentüten inmitten der Rosenmontagszugreste stand.

»Das ist Rosi. Meine Exfrau«, stellte er sie vor und mürrisch erwiderte sie meinen Gruß. Rosi hatte eine Haut wie ein Hefekloß, teigig, weiß und verquollen und einen aggressiven Zug um den Mund. Lenny tat mir leid.

»Und das ist der kleine Frank«, flötete Lenny und pflichtschuldig beugte ich mich über den Kinderwagen, um den Sprössling zu beäugen. »Wie süß«, wollte ich sagen, wich dann aber unwillkürlich einen Schritt zurück und starrte den Gnom mit ungläubigem Schaudern an. Das Kind sah aus, als wäre es in einer Bahnhofstoilette gezeugt worden. Die knopfartigen Augen erinnerten an Rosinen, die man lieblos in das Wesen hineingedrückt hatte. Frühzeitig vergreist starrte es mich stumpfsinnig an, während ihm blasiger Speichel aus dem offenen Mund sickerte.

»Niedlich ...«, brachte ich hervor.

»Ja, süß, nicht wahr!«, freute sich der Vater, während die Mutter mich verbiestert anstierte.

»Franky und ich gehen jetzt nach Hause«, wandte sie sich dann bissig an ihren Exmann. »Und du – übertreib es bloß nicht! Morgen um neun Uhr stehst du auf der Matte! Wehe, du bist auch nur eine Sekunde zu spät, dann kannst du was erleben!«

»Jaja, keine Sorge«, versicherte Lenny mit eingezogenem Kopf.

»Ich geh dann auch mal«, sagte ich schnell, nichts wie weg von diesem Familienidyll.

»Nein, auf keinen Fall!«, protestierte Lenny und hakte mich unter. »Wir trinken jetzt ordentlich einen!«

Er ließ meinen Arm nicht mehr los, hing wie eine Klette an mir, trank und erzählte mir von seinem Elend. Womit hatte ich das bloß verdient? »Mein Job ist scheiße«, überbrüllte er die Schlagermusik. »Ich glaub, die feuern mich bald. Aber ich räche mich, die werden noch sehen, was sie davon haben, mich so zu behandeln!« Lenny arbeitete bei einer Tageszeitung. Er schrieb kleine Artikel, hauptsächlich aber die Leserbriefe. Subversiv hatte er es sich zur Aufgabe gemacht, die vorgegebenen Themen auf eine Weise abzuhandeln, die die Moral der Leserschaft immer weiter untergraben sollte.

»Eine schöne Idee«, nickte ich höflich, löste seinen Klammergriff und versuchte mich unauffällig wegzubewegen. Doch Lenny wich mir nicht vom Ohr. Jetzt war Rosi dran, seine Exfrau. Sie hätte ihm mutwillig das Kind untergejubelt, sauge ihn nun finanziell aus, sei eine schlechte Mutter und ein schlechter Mensch. Lennys Geschichte wurde immer deprimierender!

»Ich muss mal«, unternahm ich einen weiteren Fluchtversuch, doch er begleitete mich ungefragt, stand sogar in der Toilettenschlange neben mir und erzählte. Er hatte schon immer zu diesen Menschen gehört, die jeden nach fünf gewechselten Sätzen als ihren neuen besten Freund ansehen. Und ich hatte den Absprung verpasst.

»Ich geh nach Hause«, sagte ich verzweifelt, doch Lenny bestand darauf, mich zu bringen. »Es gibt doch noch so viel zu erzählen«, drohte er. Nach Hause gehen war demnach keine Option, also blieb ich und trank noch mehr. Wie gern hätte ich ihn zur Hölle geschickt, aber ich konnte nicht, er tat mir zu leid. Und irgendwie fühlte ich mich noch immer ein bisschen schuldig – das war natürlich Unsinn. Sogar Lenny hatte das mittlerweile verstanden. Doch nein, ich irrte mich, jetzt fing er tatsächlich wieder mit der alten Leier an:

»Irgendwie ist alles nicht so gut gelaufen ... ich bin eben nie richtig über dich hinweggekommen.«

»Was? Jetzt hör aber auf! Wir waren sechzehn!«, sagte ich entrüstet.

»Ja trotzdem ... die erste große Liebe ... die vergeht einfach nicht«, lispelte er feuchtäugig. Oh nein, bitte nicht! War ich schuld an seinem Elend? Dachte er das wirklich? Nein!

»Aber du bist doch ganz allein verantwortlich für dein Leben!«

»Ja, aber weißt du noch, damals hast du immer gesagt ...«, setzte Lenny an, doch in diesem Moment stand der Vampir plötzlich wieder neben mir.

»Tanzen?«, fragte er und zog mich am Arm ins Gewühl. Gerettet! Protestierend wollte Lenny uns folgen, doch der Vampir drehte ihm beim Tanzen immer wieder so geschickt den Rücken zu, dass der schwankende Lenny bald aufgab. Er winkte und rief, doch ich ignorierte ihn eisern. Der Vampir und ich tanzten und tanzten und berührten einander wie zufällig. Erst als ich sah, dass Lenny ein neues Opfer gefunden hatte – er hing über einer halb bewusstlosen Krake, hielt sie an den Tentakeln fest und erzählte –, wagte ich mich von der Tanzfläche. Der Vampir blieb bei mir, er sprach zwar kaum, doch genau das machte ihn mir so sympathisch. Und so kam es, wie es manchmal kommt: Auf einmal lagen wir uns in den Armen, knutschten und fummelten wild. Und das in aller Öffentlichkeit, hätte ich doch eine Gesichtsmaske mitgenommen! Nun war ohnehin alles zu spät, also verließen wir die Lokalität, gingen zu ihm und stürzten dort ab. Wie Tiere fielen wir übereinander her. Es wurde eine wilde Nacht ohne viele Worte, stattdessen mit viel Verkehr.

Morgens wachte ich verkatert auf, froh, dass er weiterschlief. Erst jetzt fiel mir auf, dass ich seinen Namen vergessen hatte. Er hatte ihn mir anfangs genannt, danach hatte ich mich nicht mehr getraut zu fragen. Ich sah mich kurz in seiner Wohnung um, nach einem Brief oder Ähnlichem, beschloss dann aber schnell, dass es mir eigentlich egal war. Harald, Micha, Franz – Namen waren Schall und Rauch, lieber keine Spuren hinterlassen. Peinlich berührt zog ich mein Katzenkostüm über und schleppte mich nach Hause.

Zum Glück schaffte ich es vor der Rückkehr meines Freundes. Mir war speiübel, sowohl vom Billigfusel als auch vor schlechtem Gewissen und ich stellte mich erst mal lange unter die Dusche. Anschließend vergaß ich, was passiert war, so gut das eben ging, und bereitete für meinen Freund, der nun jeden Moment zur Tür hereinkommen musste, ein opulentes Mittagessen zu. Denn »gegessen wird schließlich zu Hause«.

Großer Feigling

Madita (31), Historikerin, Berlin,
über
Jens (31), Grafiker, Berlin

Es war Frühsommer in Berlin, seit April fast täglich über zwanzig Grad, überall Grün und Blüten. Ich arbeitete täglich von morgens um acht bis mittags um zwei an meiner Magisterarbeit, dann warf ich mich in ein enges T-Shirt, natürlich ohne BH, und zog mit der Tischtenniskelle in der Hand und Kleingeld in der Jeans los in den Park. An einer der vier Platten dort war immer was los, ich lernte jeden Tag neue Leute kennen, arbeitete an meiner Rückhand und wurde dazu auf eine Art und Weise braungebrannt, wie es nur tatsächlicher Aufenthalt im Freien vermag.

Natürlich gab's eine ganze Menge hübscher Jungs im Park, und wenn man als Mädchen auch nur leidlich Tischtennis spielt und auch mal schmettert, sind die meisten schon ziemlich beeindruckt – echt billig eigentlich. Und dann ging man noch einen Kaffee trinken, und dann ein Bier, wenn's dunkel wurde, der Rest ergab sich von selbst. Ich ließ mich durch die Tage und Nächte treiben, entwickelte langsam einen Tischtennisarm und genoss den letzten Sommer vor Studienende ohne Gedanken an die Zukunft.

Ich war nicht auf der Suche nach einem festen Freund, die letzte Liebe hatte mir emotional das Genick gebrochen, die

Wunde war noch ziemlich frisch. Ich war das erste Mal überhaupt verlassen worden, und das für eine andere Frau – klarer Fall von fehlgeleiteten Frühlingsgefühlen. Dabei war mein Plan ganz klar gewesen: Kinder mit diesem Mann! Und zwar eher früher als später! Und dann: Haus an der Ostsee, Kapuzinerkresse im Garten, noch mehr Kinder. Stattdessen saß ich morgens um fünf heulend in der Notaufnahme, mit so starken Schmerzen in der Brust, dass ich trotz meiner jungen Jahre einen Herzinfarkt befürchtete. Der Arzt untersuchte mich erschöpft und diagnostizierte Sodbrennen.

Jetzt, ein paar Monate später, hatte ich mich körperlich aufgerafft, aber beäugte die Männer misstrauisch. Mir erschien es rätselhaft, wie so viele Männer so viele wunderschöne Liebeslieder schreiben konnten, solch tiefe Gefühle traute ich ihnen nicht mehr zu. Nachts saß ich mit Freundinnen auf dem Bordstein, um stundenlang die Unmöglichkeit einer glücklichen Liebesbeziehung zu umkreisen.

Und dann stand eines Tages Jens an der Platte, mit tiefen blauen Augen, dunkelblonden Haaren, die sich im Nacken lockten, und einer Vorhand, die eiskalt an mir vorbeizischte – er hatte jahrelang Tennis gespielt. Ich gab mein Bestes, hüpfte durch die Luft wie ein Derwisch und genoss seinen überraschten Blick, wenn ich ihm seine niederträchtig angeschnippelten Angaben zurückservierte. Wir verabschiedeten uns cool, aber mein Herz schlug ziemlich schnell, dieses Match wollte ich gern wiederholen.

Siehe da, am nächsten Tag um dieselbe Zeit stand er wieder an der Platte, mit einem kleinen Lächeln. Wir spielten stundenlang, die meiste Zeit schweigend bis auf den Spielstand, beinahe verbissen. Es wurde langsam dunkel; als wir den Ball nicht mehr sehen konnten, gingen wir auseinander. Am dritten Tag brachte ich den Mut auf, ihn noch auf ein Bier einzuladen. Mir war sehr klamm ums Herz, aber er kam mit, wir redeten ein bisschen, und ich fiel vor Aufregung von der Bank ins Beet.

Am nächsten Tag traf ich ihn schon auf dem Weg zum Park, wir waren offenbar gleichzeitig losgegangen, ohne uns zu verabreden. So ging es weiter, ganz ohne Dates, einfach losgehen, aufeinandertreffen und zusammen sein. Ich war verknallt, fassungslos, so hatte ich mir das immer vorgestellt, so mühelos und unangestrengt. Wir lagen auf Blumenwiesen, fotografierten einander endlos, lasen uns Geschichten vor. Ich fuhr an einem regnerischen Tag mit ihm an meinen Lieblingssee, wir saßen am Wasser und schauten den Fischen zu, ganz ruhig, ohne viele Worte. Ich hatte das Gefühl, endlich angekommen zu sein.

Jens war aufmerksam und zärtlich, er drängte sich nicht auf. Ich hatte ihm von meinem letzten Liebesdesaster erzählt, und er wollte mir offenbar Zeit lassen, bevor es ernst mit uns wurde – wir hatten schließlich noch alle Zeit der Welt. Ich schätzte seine Zurückhaltung, das war ich von Männern nicht gewohnt. Nach mehreren Wochen war außer vielen liebevollen Berührungen zwischen uns noch nichts passiert, doch diese Berührungen waren natürlich aufgeladen mit tiefem Verlangen – logisch. Er war eben kein oberflächlicher Aufreißer, von denen es in Berlin nur so wimmelte, sondern ein Gentleman, der die Dinge langsam anging, so, wie Männer es tun, wenn sie es wirklich ernst meinen.

Meine Freundinnen waren überrascht und neidisch, in unseren nächtlichen Bordsteingesprächen schwärmte ich nun von Jens, von den Locken in seinem Nacken, er war mein Grund, wieder an die Männer zu glauben. Eines Nachts fuhr er mich nach Hause, wir parkten stundenlang vor meiner Tür und blieben bei geöffneten Fenstern im Auto sitzen, hörten meinen dicken Nachbarn beim Sex zu und redeten. Am nächsten Morgen schrieb er mir eine E-Mail: »Hättest du mich gefragt, ich wäre mit dir auf der Stelle an die Ostsee gefahren«. Ich war platt. Mann, Liebe, Ostsee – das war beinahe zu viel des Guten. Ich begann mich zu fragen, wann denn eigentlich die Gelegenheit kommen würde, meine Verehrung auch auf körperlicher Ebene auszudrücken, denn jede seiner zufälligen Berührungen ließ mich tief erschaudern, ich hatte so viel zu geben!

Dann kam die perfekte Gelegenheit – ein gemeinsames Festivalwochenende auf dem Melt! in Dessau. Mein Lieblingssänger hatte sich dort angekündigt, und auch noch ein paar andere Artists, die wir uns schon längst gegenseitig auf Mixtapes gespielt hatten. Wir durchwühlten gemeinsam den Keller auf der Suche nach Zelt und Schlafsack, klar würden wir zusammen übernachten, gar keine Frage. In meiner Fantasie sah ich uns auf einer blühenden Wiese zelten, fernab vom Festivalgelände, mit äsenden Rehen im Morgentau, weit und breit keine Menschenseele, womöglich sogar unter den Sternen schlafen? Das Festival konnte man ja am Rande noch mitnehmen, nur die Highlights, den Rest der Zeit würden wir ohnehin knutschen.

Wenige Tage später fand ich mich auf einer belebten Wiese in Parkplatznähe auf dem Festivalgelände, die Bässe tuckerten nah und fern, und neun junge Magdeburgerinnen mussten uns helfen, unser Zelt aufzubauen, wir hatten vier linke Hände. Im Festivalgewühl blieben wir nah beieinander, wortlos strebten wir von Highlight zu Highlight, war ja alles klar. Tanzen, lächeln, Vorfreude auf die gemeinsame Nacht.

Wir liegen endlich im Zelt, er öffnet seinen Schlafsack, ich meinen, er zieht mich zu sich rüber, dreht mich um, schmiegt sich an meinen Rücken, mit dem Arm um mich, ein Kuss aufs Haar. Und Schluss. Ich wollte nicht meckern – so ganzkörpernah waren wir uns noch nicht gekommen, es war auch wirklich sehr innig und ich fühlte mich geborgen. Das ganze Wochenende lag ja noch vor uns.

Den nächsten Tag verbrachten wir auf der Suche nach einer Badegelegenheit, es war warm, aber trüb. Wir kletterten über einen Zaun ins Freibad, zogen uns beide schweigend nackt aus, schwammen raus auf eine im See treibende Plattform und stellten uns darauf. Und guckten runter. Und nach oben. Und eigentlich überallhin, nur nicht einander in die Augen. Dann kletterte Jens zurück ins Wasser, und mir wurde klar: Hier ist was faul. Ein verliebter nackter Mann mit einer verliebten nackten Frau, ziemlich allein im Freibad, und nix passiert. Das ergab keinen Sinn. Mir war schlecht. Ich sprang ins Wasser, wir zogen uns schweigend wieder an und fuhren zurück zum Festival. Ich wusste nicht, welche Fragen ich stellen sollte, ich wollte schließlich die Antworten gar nicht wissen. Wir verbrachten die Nacht eng umschlungen im Zelt, aber diesmal war mir nicht ganz wohl dabei.

Zurück in Berlin lud er mich noch in seine Wohnung ein, zum allerersten Mal. Auf dem Schreibtisch stand ein Foto von Jens mit einer hübschen brünetten Frau im Arm. Ich fragte ihn, wer das sei, und er antwortete ziemlich distanziert: »Das ist meine Freundin Sophie. Sie lebt noch in Bremen, zieht jetzt aber auch bald nach Berlin.« Ich setzte mich hin und starrte ihn nur an, bis er weitersprach: »Ich hab sie doch schon mal erwähnt, oder? Gleich als wir uns beim Tischtennisspielen getroffen haben?« Ich konnte mich nicht erinnern. Nicht mal ein bisschen. Ich stand auf und ging nach Hause, mit Zelt und Schlafsack. Dort sank ich in mich zusammen.

In den nächsten Tagen lief immer wieder ein Film in meinem Kopf ab, von all den Momenten, die wir miteinander erlebt hatten, in denen er die ganze Zeit eine Freundin hatte. Und was diese Momente dann für ihn bedeutet hatten. Und was diese Momente mir dann noch wert sein konnten. Nicht viel. Ich konnte einfach nicht verstehen, wie mein Jens, der klare, ruhige, ehrliche Jens, überhaupt einen einzigen Tag dieses Doppelleben durchhalten konnte, er fing beinahe an, mir leid zu tun. Ich musste mit ihm reden.

Wir standen in seiner Tür, nach einer Weile bat er mich in die Wohnung, dann landeten wir in seinem Bett. Nach alldem, was passiert war, landeten wir ausgerechnet jetzt im Bett. Wir küssten uns mit einer Mischung aus Verzweiflung und Gier, zwischendurch heulten wir beide, aber ich hatte zu lange auf diese Küsse gewartet, um jetzt eine Grundsatzdiskussion zu führen. Ich fing an, seine Hose aufzuknöpfen, und wanderte mit dem Kopf nach Süden, als er mich stoppte. »Nein, das nicht. Das geht nicht.« Offenbar war die Grenze zum Freundin-Betrügen an dieser Stelle überschritten, alles davor ging wohl klar. Ich rannte aus der Wohnung und warf die Tür hinter mir ins Schloss, dass das Haus wackelte.

Ich würde gern behaupten, dass das unsere letzte Begegnung war, aber natürlich warf ich mich mit Inbrunst in einen zähen Kampf um diesen Typen, immer wieder fest überzeugt, dass er ganz, ganz kurz davor war, seine Freundin für mich in den Wind zu schießen. Ich fuhr das ganze Programm auf, Konzerte, Kochen, Koketterie. Doch dann kam der Abend, an dem mich Jens davon in Kenntnis setzte, dass wir uns jetzt nicht mehr so oft sehen könnten. Seine Freundin würde am nächsten Tag bei ihm einziehen.

Ein Jahr später steckte ich ihm einen Brief in den Kasten, mit all den Fragen, die mich immer noch die ganze Zeit begleiteten. Warum das alles? Warum ich? Was war das für ihn? Was ist denn da bloß schiefgelaufen? Ich warf noch eine leere Flasche »Kleiner Feigling« hinterher, die ich auf dem Weg zu Jens auf der Straße gefunden hatte. Das erschien mir treffend.

Lust zu tanzen

Carmen (26), Grafikerin, Wien,
über
Holger (28), Promoter, Wien

Endlich ist Freitagabend. Ich habe ewig darauf gewartet, dass endlich Freitagabend ist. Die Woche war mies, aber jetzt ist sie vorbei, es ist Wochenende und Dom kommt zu mir. Ich habe gekocht, liege nun entspannt auf dem Sofa und warte auf ihn. Wir werden essen, Rotwein trinken, vielleicht fernsehen, auf jeden Fall zu Hause bleiben und nicht ausgehen, das haben wir uns vorgenommen, morgen schön ausschlafen und dann gehen wir frühstücken … da piept mein Handy.

»Engel, sei nicht böse, ich will heute doch noch ausgehen. Habe Lust zu tanzen. Gehe ins Fish. Können's uns ja morgen vielleicht gemütlich machen, okay?«

Das ist hart. Wir hatten doch gesagt, dass wir heute zu Hause bleiben. Also zumindest hatten wir gesagt, lass uns am Freitag mal zu Hause bleiben – für mich zählt das, für Dom offenbar nicht. Morgen *vielleicht* gemütlich machen? Wieso vielleicht? Ich habe Lust zu tanzen? Dominik tanzt so gut wie nie … Und mit wem geht er ins Fish? Aber egal, ich sollte mich nicht so anstellen, ich kann ihm vertrauen. Also antworte ich nett: »Okay, Baby. Dann bis morgen! Viel Spaß und pass schön auf dich auf.«

Fünf Minuten, nachdem ich diese Nachricht gesendet hab, ärgere ich mich bereits. Warum hab ich so cool getan, so als würde es mir gar nichts ausmachen? Nicht mal »Schade« hab ich geschrieben. Und warum hab ich vor allen Dingen nicht gefragt, mit wem er ausgeht? Was hab ich mir denn dabei nur gedacht? Die Frage jetzt noch hinterherzuschicken geht auch nicht, das käme sagenhaft uncool. Na ja, zu spät, nicht zu ändern, soll Dom doch tanzen gehen, ich mach es mir hier allein gemütlich. Ist doch viel schöner, als in diesem blöden Schicki-Laden rum-zuzappeln …

Eine Stunde später hab ich meine Pasta noch kaum angerührt, aber die Rotweinflasche ausgetrunken. Mir ist bemerkenswert übel und ich zappe nervös durch die Programme. Dom ist doch sonst immer der Erste, der nach Hause will, warum hüpft er denn plötzlich freitagnachts durch die Läden? Und mit wem, verdammt noch mal? Ich hatte mich wirklich auf heute Abend gefreut, und jetzt sitz ich hier und mir ist übel. Im Fernsehen kommt auch nur Schrott. Ich versuche, mich auf *Titanic* zu kon-zentrieren. Denen geht es immerhin auch schlecht.

Vor Mitternacht schrecke ich aus dem Schlaf hoch. Ich habe ein Gefühl, als wäre etwas Schlimmes passiert, dabei habe ich bloß geträumt. Nur langsam lässt es sich abschütteln, aber auch nicht ganz. Im Traum hab ich mich mit Dominik gestritten wegen eines Mädchens. Ich hab dieses schlimme Bild aus meinem Traum im Kopf, wie er im Fish steht und ein anderes Mädchen küsst.

»Mit wem bist du unterwegs?«, schicke ich nun doch hin-terher, stecke den Kopf unter kaltes Wasser und ziehe mich an, während ich auf die Antwort warte. Vergeblich.

Im Taxi zum Fish halte ich mein Handy umkrallt. Das ist ja wie bei den Assis. Ich traue meinem Freund nicht, ich fahre ihm hinterher, um ihn zu suchen, ihn zu entlarven. Zustände sind das! Ich schäme mich vor mir selbst, aber ich kann nicht anders. Nenn mir einen plausiblen Grund, nicht zu antworten, Dom! Jetzt hab ich auch Lust zu tanzen. Riesenlust! Zumindest werde ich das sagen, wenn Dom vor mir steht, wenn das Bild in meinem Kopf endlich ausgeschaltet ist ... oder sich bestätigt hat ... Sei doch vernünftig, sage ich mir, du benimmst dich wie ein Psycho! Fahr lieber wieder nach Hause, er wird sich schon melden. Aber ich höre nicht auf mich.

Das Fish ist übertrieben voll, ich muss ewig in der Schlange vorm Eingang stehen. Demütigend ist das, hätte ich gute Laune, wäre die jetzt weg. Warum gehen Dom und seine Freunde bloß immer in diesen abgespackten Wichtigtuer-Laden? Der Mädchen wegen?

Ich zappele nervös auf und ab und der Türsteher fragt, ob ich Drogen genommen habe.

»Nein«, sag ich und versuche, all die Verachtung, die ich für dieses Ansinnen empfinde, in meine Stimme zu legen. Er durchwühlt trotzdem meine Tasche.

»Okay, zisch ab«, sagt er dann, als wären wir im Kindergarten, und ich darf in das feuchtwarme wummernde Dunkel eintauchen. Meine Güte, ist das unübersichtlich, überall Menschen. Alle Typen sehen aus wie Dominik, kurze Haare, schwarzes Hemd. Oder Kapuzenjacke? Jetzt sehen noch mehr aus wie er. Ich drehe eine Runde durch den Laden, er ist riesengroß und verwinkelt, am liebsten würde ich das Licht anschalten und meinen Freund ausrufen lassen. Aber dafür wird kaum jemand Verständnis zeigen. Erst mal zur Bar, für die Nerven. Die liegen nämlich ziemlich blank. Wenn Dom mich jetzt sieht, wie ich schubsend durch die Leute haste, wird er die Lust-zu-tanzen-Geschichte kaum mehr glauben. Besser ich entspann mich ein bisschen, ich werde ihn schon gleich finden und dann ist alles wieder gut. Ich stell mich an die Bar, kippe in großen Schlucken meinen Drink, ich atme ein, ich atme aus ...

Da vorn ist er! Und er ist nicht allein! Ich wusste es. Dom steht an der Tanzfläche, lässig kopfwackelnd, die Arme verschränkt, während eine blonde Göre im Glitzerfummel einen Fruchtbarkeitstanz um ihn vollführt. Ich kann mich nicht halten, dränge mich durch die Tanzenden auf die beiden zu, ich ziehe das Mädchen von Dom weg, nur ganz leicht, doch in ihren Giraffenschuhen knickst sie sofort ein und fällt zu Boden. Mit schreckgeweiteten Augen guckt sie zu mir hoch, während Dom auf mich zuspringt, mich festhält ... es ist gar nicht Dom!

»Das war keine Absicht«, rufe ich laut und das stimmt auch, das Ganze tut mir schrecklich leid, das wollte ich nicht. Da schubst sich auch schon ein Türsteher auf uns zu, um zu sehen, wer da randaliert. Auf mich kommt er nicht, ich bin ja ein Mädchen, er starrt uns ratlos an und verschwindet dann unverrichteter Dinge.

»Kann ich euch was zu trinken ausgeben?«, frage ich die beiden kleinlaut, doch sie wenden sich angewidert von mir ab. Schlägerbraut! Ich gehe schnell, bin beschämt, ich konnte doch nicht wissen, dass die Göre sofort umfällt. Schnell weg hier, ich muss jetzt Dominik finden! Wo kann er nur sein, der Laden wird immer voller, wo ist Dominik? Verzweifelt schiebe ich mich über die Tanzfläche, dann suche ich die Theken ab. Es gibt drei. An der letzten bestelle ich noch ein Getränk. Ob Dominik nach Hause gegangen ist? Mit wem denn nur? Psychotisch schaue ich mich um, noch immer sehe ich ihn überall, sehen alle aus wie er. Was machen die nur alle hier?

»Wo bist du?«, tippe ich in mein Handy, etwas grobmotorisch bereits, und drücke auf Senden. »Suchst du jemanden?«, fragt mich plötzlich ein Typ. »Trink doch erst mal was mit mir.«

Er sieht gut aus. Na ja, so gut auch nicht, unter normalen Umständen wäre er mir nicht aufgefallen, aber es ist sicherlich besser, wenn ich mich unterhalte, es so aussieht, als hätte ich Spaß, wenn Dominik mich sieht. Früher oder später kommt er bestimmt an der Theke vorbei, also setze ich mich mit dem Jungen an den Tresen und trinke. Er ist recht einfältig, das merkt man sofort, aber er mag mich. Er macht mir ein Kompliment nach dem anderen, das hatte ich schon lange nicht mehr, und je mehr ich trinke, desto besser gefällt mir das alles. Er kommt immer näher, hängt schon halb über meinem Barhocker, seine Lippen berühren mein Ohr, während er nette Sachen sagt, dann meinen Hals. Und weil ich absolut nicht mehr nachdenke und weil mein Freund mit irgendwelchen anderen Mädchen unterwegs ist, oder schlimmer noch, mit irgendeinem Mädchen nach Hause gegangen ist, entziehe ich ihm meine Lippen nicht. Wir knutschen, erst zaghaft, dann immer heftiger. Sollen doch alle blöd gucken, mir ist das egal! Seine Hände sind überall, grabschen in meinen Ausschnitt, tasten meine Beine entlang. Seine Zunge wühlt in meinem Mund.

»Ich bin voll verliebt«, sagt er plötzlich in mein Ohr und das bringt mich wieder in die Realität zurück. Voll verliebt? So etwas sagt man doch nicht. Wir kennen uns doch gar nicht! Mein schlechtes Gewissen meldet sich unsanft und aufdringlich, hier bin ich und hier bleib ich, sagt es.

»Ich muss los!«, rufe ich und springe auch schon vom Barhocker, während der Junge protestiert und darauf besteht, dass ich ihm eine falsche Nummer diktiere, die er in sein Telefon tippt. Na toll, er wählt auch sofort, um die Nummer zu überprüfen. Was für ein Kontrollfreak!

»Schade, kein Netz«, sagt er und lässt das Handy sinken. »Dann muss ich dir wohl vertrauen.«

Er lächelt dümmlich und ich möchte ganz schnell weg. Wie konnte ich nur!? Er will mich zur Tür bringen, doch ich sprinte davon, verstecke mich zwischen den Tanzenden. Kurz beobachte ich ihn, wie er mich sucht, mit leicht geöffnetem Mund, dann wende ich mich ab und haste zum Ausgang. Es ist schon sieben Uhr und bereits hell. Mir ist schrecklich übel, ich schäme mich. Ich hoffe nur, ich schaff es noch nach Hause, bevor ich mich übergeben muss. Mein Handy blinkt. Meine SMS ist nicht rausgegangen, auch ich hatte kein Netz in dem Laden. Dafür kriege ich jetzt eine Nachricht. Sie ist von Dominik:

»Süße, bin bei *Titanic* eingeschlafen, haha. Dafür bin ich jetzt auch fit. Ich hoffe, du hattest einen schönen Abend. Gehen wir frühstücken? Hole dich gegen zehn Uhr ab, bis dann, Dominik.«

Der Nebel des Grauens

Cornelia (29), Fremdsprachensekretärin, Freiburg,
über
Janek (32), Journalist, Freiburg

Judith kenne ich seit Kindertagen, doch war sie nie meine Freundin, eher würde ich sie als Plage, als Nemesis bezeichnen. Unsere Mütter waren befreundet, sodass ich den kleinen Quälgeist, ob ich wollte oder nicht, am Halse hatte, denn da ich älter war, kam mir die Aufgabe zu, auf sie aufzupassen. Schon im Kindergarten hätte ich sie am liebsten den ganzen Tag verprügelt, doch war Judith kein wirklicher Gegner. Ein Jahr jünger und einen ganzen Kopf kleiner als ich, war sie von graziler Elfenhaftigkeit, sodass ich beim Raufen immerzu darauf achten musste, sie bloß nicht zu verletzen. Sah man sie nur böse an, fing sie an zu kreischen und zu greinen, sodass man sich im Umgang mit ihr schnell jede Menge Ärger einhandelte. Sie dagegen kratzte, biss und kniff aus Leibeskräften und gänzlich ohne Schamgefühl. Einmal stach sie mir mit ihrer spitzen Fingernagelklaue fast das Auge aus. Das war natürlich keine Absicht – behauptete sie zumindest.

Schmächtig und unsportlich, was sie durch Vorlautheit und Angeberei zu kompensieren suchte, war Judith eine wahre Strafe, ein anstrengender Zeitgenosse, der nicht nur meinen Unmut, sondern auch den der anderen Kinder auf sich zog. Doch sahen unsere Mütter es als meine Aufgabe an, sie vor fremdem Zugriff zu bewahren.

Als ich in der siebten Klasse war, folgte Judith mir bösartig auf meine Schule und das Spiel begann von vorne. In den Pausen stellte sie sich neben mich, mitten in den Kreis meiner Freundinnen, beharrlich und hartnäckig störte sie uns und ließ sich nicht mehr verscheuchen. Bald schon hatte sich mein unfreiwilliger Schützling den Spitznamen »Nebel des Grauens« oder auch kurz »The Fog« erworben. Das war ein damals recht populärer Gruselfilm, in dem eine Horde von Zombies in einer Nebelwolke ihr Unwesen treibt. Die Zumutung von Judiths Gesellschaft stand dem kaum nach.

Am ihrem ersten Schultag sah ich mich gezwungen, sie nach dem Unterricht in einer der großen Schulmülltonnen zu versenken, doch konnte sie sich leider wieder befreien, veranstaltete ein furchtbares Spektakel, und ich erhielt zwei Wochen Hausarrest.

Je älter wir wurden, desto weniger sahen wir uns, und allmählich entspannte sich unsere Beziehung. Nach der Schule verloren wir uns aus den Augen. So freute ich mich beinahe ein wenig, als ich »The Fog« vor einem Jahr zufällig abends in einem Restaurant traf. Es war vor allem Neugier, die mich zu ihrem Tisch gehen ließ. Judith war schon immer auffallend schön gewesen, zart, blass mit großen Rehaugen, die eine Schutzbedürftigkeit ausstrahlten, die jeder vernünftige Mensch, nachdem er zwei Sätze mit ihr gewechselt hatte, als Mimikry entlarven musste. Doch beschränkte sich die Tarnung rein aufs Äußerliche, ihr Benehmen war noch immer schlecht und so plapperte sie in einem fort von sich, ohne auch nur einmal nach meinem Ergehen zu fragen.

Wir hatten uns seit fast drei Jahren nicht gesehen, ich wusste nur, dass sie irgendwo im Ausland studiert hatte. Ich bat sie an meinen Tisch, damit sie mir alle Neuigkeiten berichten konnte. Was sie bereitwillig tat. Judith hatte eine künstlerische Laufbahn eingeschlagen, sie habe ja schon immer viel Talent gehabt. Sie beschrieb ihren Werdegang wortreich und in alter Gewohnheit in den leuchtendsten Farben. Sie sei nun wieder hierher zurückgekommen und habe vor, bald eine Ausstellung ihrer Kunst zu eröffnen. Mein alter Schützling lud mich fürs Wochenende ein, sie würde eine Willkommensparty für sich selbst veranstalten. Da ich keine anderen Pläne hatte, folgte ich dieser Einladung, ohne große Erwartungen zu hegen.

Dort sah ich Janek zum ersten Mal. Er kam mit einem albern geformten Fingerfood-Tablett, auf dem ebenso albern angerichtete Häppchen thronten, aus der Küche, lief durch den Raum und stellte es etwas ungeschickt auf einem Tisch ab, wobei ein paar Häppchen über die roséfarbene Tischdecke kullerten. Ich starrte ihn an. Zum Glück bemerkte er es nicht, denn ich muss dabei recht debil ausgesehen haben. Seine grünen, weit auseinander stehenden Augen fixierten das Tablett. Es war – wie man so sagt – Liebe auf den ersten Blick. Das wusste ich sofort, obgleich ich nie an so etwas geglaubt habe. Während mir diese Neuentdeckung noch mit aller Heftigkeit den Atem nahm, glitt auch Judith aus der Tür, schwebte wie eine helle Lichtgestalt durch den Raum und hinter ihm her. Um Haar und Kleid hatte sich offenbar ein Hollywood-Stylist gekümmert, vielleicht auch mehrere, wer weiß, jedenfalls zog sie alle Blicke auf sich. Die Männer verstummten mitten im Satz und die Frauen folgten ihren Blicken, um den »Nebel des Grauens« neidvoll anzuschauen, der jetzt die Arme in die Hüften stemmte und sich vor Janek in Positur brachte.

»Bist du bescheuert?«, giftete sie ihn an. »Kannst du denn nicht aufpassen? Weißt du, was diese Platten kosten?«

Es war eine lächerliche und peinliche Szene. Staunend beobachtete ich, wie Janek sich zerknirscht entschuldigte. Judith aber packte ihn am Arm und zog ihn durch den Raum in die Küche, wie die Lausbuben bei Wilhelm Busch, die an den Ohren gepackt und weggeschleift werden. Der Mann war eine Memme! Eigentlich hätte ich sofort entliebt sein müssen. Doch das erwies sich leider als nicht so einfach.

An diesem Abend unterhielt ich mich ein wenig mit Janek. Judith stellte ihn mir vor, offenbar hatte sie ihn an der Londoner Universität kennengelernt und hierher importiert. Ein kleines Lächeln des Besitzerstolzes umspielte ihre Lippen, als sie mir seine Vorzüge aufzählte, Stammbaum und Karrierepläne, als stünde er nicht daneben. Als ich andeutete, dass ich Judith schon seit Kindertagen kannte, fragte er neugierig, was wir so erlebt hätten. Er wollte wohl nette Anekdoten von früher hören. Ich wand mich. Was hätte ich auch erzählen sollen? Wie Judith auf meinem Kindergeburtstag versehentlich meinen Gabentisch in Brand gesetzt hatte? Herzerwärmend. Oder wie sie mein Lieblingskleid zerschnitten hatte, um es modischer zu gestalten? Ihre Mutter hatte nicht etwa geschimpft, sondern die Kreativität ihres Sprösslings bewundert, während ich entrüstet schluchzend daneben stand. Doch das war vorbei, darüber war ich hinweg. Mir fiel trotzdem keine nette Anekdote ein, also erkundigte sich Janek nach einem guten Sportclub, und da wusste ich immerhin Rat.

Ein paar Tage später traf ich ihn wieder. »Ganz zufällig« im Fitnessstudio, das ich ihm empfohlen hatte und welchem ich umgehend selbst beigetreten war. Er stieg gerade vom Laufband, verschwitzte Strähnen hingen in seine grünen Augen.

»Tut wirklich gut, wieder was zu machen«, sagte er oder irgendetwas in dieser Art, ich hörte es kaum, sah nur auf seinen Mund, die Bewegung seiner Lippen. Das Blut rauschte in meinen Ohren, obwohl ich noch gar nicht mit dem Sport begonnen hatte.

»Für heute bin ich fertig, noch schnell saunieren, dann muss ich wieder ins Büro.«

»Oh«, erwiderte ich, und dann aufgeregt: »Ich auch! Ich bin auch fertig für heute. In die Sauna wollte ich auch.« Im Gehen rief er: »Na dann, viel Spaß. Man sieht sich!«

Damit ließ er mich stehen. Offenbar hatte er diesen elektrisierenden Augenblick, diesen Funken, der gerade so heftig zwischen uns geglüht hatte, nicht mitbekommen. Schnell lief ich durch die Frauenumkleide in den Saunabereich. In dem Teil, der für Männer und Frauen gleichsam gedacht war, konnte ich Janek nicht entdecken, offenbar hatte er sich für eine der Saunen entschieden, die nur jeweils einem Geschlecht vorbehalten waren. Wieso nur? Betrübt schlich ich davon. Janek nackt und schwitzend neben mir, ausgestreckt im rötlichen Saunalicht ... es hätte doch so schön sein können.

Immer öfter versuchte ich, ihm »zufällig« zu begegnen. Es war wie eine Sucht, und ich schäme mich ein bisschen, davon zu erzählen, doch ich konnte einfach nicht aufhören. Zu meinem Entzücken folgte Janek einem strikten Tagesplan, akribisch hielt er sich an feste Termine, die nur durch die Unberechenbarkeit und Unzuverlässigkeit seiner Freundin Störungen ausgesetzt waren. Immer öfter gelang es mir, ihm um irgendwelche Ecken in den Weg zu springen oder zufällig am Kiosk zu stehen und ihn in ein Gespräch über die Dinge zu verwickeln, die ihn meinen Nachforschungen zufolge interessierten. Wenn er sich darüber wunderte, zeigte er es nicht.

Ich war verliebt, fand alles hinreißend, was er sagte, seine grünen, schmalen, unergründlichen Augen verwirrten mich. Einmal konnte ich ihn überreden, mit mir in ein Café zu gehen. Wir sprachen über Literatur, Musik und Reisen. Janek war klug, gelassen und ironisch, und ich bewunderte seine Weitsicht. Am liebsten hätte ich ihn gepackt und fortgetragen, egal wohin, nur fort und ihn nie wieder gehen lassen. Gut, dass ich keine Knarre einstecken hatte, ich hätte sie bestimmt gezückt, um ihn von der gemeinsamen Flucht zu überzeugen. Doch auch so schien ich ihn zu beunruhigen, vielleicht konnte er in meinen Augen lesen, und er verabschiedete sich hastig.

Ich traf mich auch mit »The Fog«, um sie über Janek auszufragen. Um dabei kein Misstrauen zu erregen, erfand ich einen Freund in Norwegen, eine Fernbeziehung. Doch waren ihre Antworten und Auskünfte über Janek erschreckend unergiebig. Janek sei »so wie alle Männer«, sagte sie und brachte ein paar geistlose Floskeln an, die sie offenkundig in Frauenzeitschriften gelesen hatte, in denen es vor allem darum ging, wie man aussah, was man anzog und was man alles tun, kaufen oder auftragen konnte, um besser auszusehen.

Ich hatte nie gedacht, dass ich jemals einer anderen Frau den Mann wegnehmen würde. Doch Judith war so kalt und egozentrisch, sie hatte einen Mann wie Janek einfach nicht verdient! Natürlich hatte ich trotzdem ein schlechtes Gewissen. Vielleicht habe ich daher nie aufgehört, Judith heimlich »den Nebel« zu nennen. Eine amorphe seelenlose Masse – als solche wollte ich sie sehen, damit ich weniger Skrupel haben brauchte.

Meine Avancen wurden immer offensichtlicher. Ich lauerte auf Janek und wenn ich ihn endlich sah, berührte ich ihn auffällig unauffällig. Ich ließ zweideutige Aussagen fallen, lud ihn ein, schrieb ihm E-Mails. Nichts half, Janek reagierte nicht, wies mich aber auch nicht in meine Grenzen. Er verhielt sich, als würde er meine inneren Qualen gar nicht bemerken.

Irgendwann ertrug ich diese Unklarheit nicht mehr. Ich lud »den Nebel« und Janek zu einem Abendessen bei mir zu Hause ein. Judith gegenüber hatte ich die vage Andeutung fallen lassen, es würden wichtige Leute kommen, daher sagte sie zu. Eine Stunde vorher rief ich in ihrer Galerie an, gab mich als Sekretärin eines betuchten Kaufinteressenten aus, der heute Abend einen Termin verlange. Die Anwesenheit der Künstlerin war natürlich wichtig. Ein ganz billiger Trick, doch er funktionierte. Ich war mit Janek allein.

Der saß an meinem Tisch wie ein Bibelschüler. So schön und schlau er auch war, so verklemmt war er offenbar auch. Er hatte sogar die Beine übereinandergeschlagen.

»Sind wir denn ganz allein?«, fragte er bereits zum dritten Mal. Langsam wurde ich ärgerlich.

»Ja, kann sein, aber ist das denn so schlimm?«, gab ich zurück.

»Nein, nein«, antwortete er kläglich und wenig überzeugend. Während ich das Essen auftrug, plapperte ich bemüht fröhlich und ungezwungen und schenkte die Gläser bis zum Rand mit Rotwein voll, was nicht sonderlich fein ist, meinen Gast aber zum Trinken animieren sollte. Doch Janek schien sich unbehaglich zu fühlen, sah immer wieder auf seine Armbanduhr. Ich hoffte, Judith würde nicht mehr erscheinen. Sie hatte sich bei ihrem Freund noch nicht einmal abgemeldet, nur mir eine prahlerische SMS geschrieben.

Ich hatte große Hoffnungen in diesen Abend gesetzt, mir ausgemalt, wie ich Janek meine Liebe gestehen würde, offen und ehrlich. Wie Schuppen sollte es ihm von den Augen fallen. Ich wusste, ich war die Richtige für ihn, mit mir würde er viel glücklicher sein als mit Judith. Doch dann lief alles schief. Janek zappelte nervös, er kam mir vor wie ein Junge mit Hausarrest. Er wollte nicht in meiner Nähe sein, das war offensichtlich, trotzdem konnte ich nicht anders, ich musste mein Herz erleichtern, ihm meine Liebe gestehen. Wenn ich dann alle Hoffnungen begraben musste, war das immer noch besser, als weiter zu hoffen und mich selbst zu belügen. Nach dem Essen würde ich ihm meine Gefühle offenbaren.

»Ich muss jetzt los«, sagte Janek unvermittelt schon beim Nachtisch.

»Ich liebe dich«, antwortete ich und legte meinen Kompottlöffel zur Seite.

»Oje«, sagte Janek – irgendwie unpassend.

»Du liebst mich also nicht?«, fragte ich trotzdem noch mal nach. Manchmal will man es einfach nicht wahrhaben.

»Nein, tut mir leid«, sagte Janek. Das hatte ich mir alles ganz anders vorgestellt.

»Wir könnten ja trotzdem vielleicht mal ...«, hörte ich mich fragen.

»Nein!« Entschieden lehnte Janek mein Angebot ab. Nicht einmal das.

Jetzt war eigentlich alles gesagt. »Liebst du Judith?«, fragte ich trotzdem noch.

»Ja«, sagte Janek voller Inbrunst. »Sie ist die aufregendste Frau, der ich je begegnet bin!«

In diesem Moment beschloss ich, dass ich mich geirrt haben musste. Schlau, gebildet und ironisch? Nur ein Geisteskranker konnte sich für eine Frau wie Judith begeistern. Aufregend? Sollten die beiden doch aneinander ersticken! Wäre Janek nur annähernd so großartig, wie ich ihn mir ausgemalt hatte, hätte er sich sofort für mich entschieden. Ich hätte alles für ihn getan, ihn ein Leben lang geliebt, wie konnte er nur!

»Dann mach es gut«, sagte Janek und zog seine Jacke über zum Gehen. »Ich erzähl Judith besser nichts, okay?«

Mir doch egal, wollte ich trotzig antworten, sagte dann aber einfach: »Okay.« Die Demütigung war so schon schlimm genug, »der Nebel« sollte nicht auch noch davon erfahren.

Von diesem Abend an ging ich den beiden aus dem Weg.

Gerade noch rechtzeitig

Marion (32), Sachbearbeiterin, Würzburg,
über
Stefan (30), Medizinstudent, Würzburg

Im Gegensatz zu Stefan hatte ich alles sorgfältig geplant. Mein Freund Mirko war mit zwei Freunden nach Thailand gereist, sie waren drei Wochen mit Rucksäcken unterwegs und hatten mich nicht einmal gefragt, ob ich sie begleiten wollte. Selbst schuld, Mirko! In der ersten Woche hatte ich ihn sehr vermisst, ihm lange sehnsüchtige Mails geschrieben. Als diese unbeantwortet blieben und ich immer nur vergeblich vor dem Computer saß und auf Antwort wartete, hatte ich angefangen zu chatten. Mit Stefan, einem Freund von Mirko, den ich lange nicht gesehen hatte und der mir zufällig über den virtuellen Weg gelaufen war. Sowohl rhetorisch als auch optisch (soweit ich das durch die Laptopkamera beurteilen konnte) tat er sich positiv hervor und ich klagte ihm mein Leid. Denn ich fühlte mich von meinem Freund vernachlässigt und langweilte mich. Stefan zeigte sich verständnisvoll und schlug ein baldiges Treffen vor.

Ich zierte mich erst, um keinen schlechten Eindruck zu erwecken, doch nach vier Tagen intensiven Mailkontakts stimmte ich zu und wir verabredeten uns für den heutigen Tag. Ich hatte mich wirklich auf dieses Treffen gefreut. Vorfreude ist doch die schönste Freude – das hat sich ja in diesem Fall als bittere Wahrheit erwiesen! Seit Tagen hatte ich mich auf unsere Begegnung vorbereitet, meine Wohnung geputzt, Blumen gekauft, die dummen Bücher im Regal nach hinten und die schlauen nach vorne geräumt, ein paar vorteilhafte Fotos von mir lässig herumliegen lassen, Mirkos Bilder umgedreht und alles Hässliche, was meinen Blick störte, unter Sofa und Schränke gestopft. Mich selbst hatte ich mit neuer Wäsche ausstaffiert, Selbstbräuner fast fleckenlos auf die gepeelte Haut gesprüht, sogar meine Intimbehaarung hatte ich waxen lassen, statt sie nur zu rasieren. Nun fühlte sich alles wunderbar glatt an, doch währenddessen war ich tausend Tode gestorben.

Anschließend hatte ich teuren Wein gekauft, das Bett neu bezogen, mich in ein aufregendes Kleidchen gehüllt, sanftes indirektes Licht und Kerzenschein arrangiert und befunden, dass man sich in die Bewohnerin dieses Appartements sofort beim Eintritt verlieben musste. Natürlich tat ich das mehr für mich als für Stefan, denn wenn ich mich schön und sexy fühlte, war das die beste Voraussetzung für einen gelungenen Abend. Und den wünschte ich mir, den brauchte ich, ich war, um ehrlich zu sein, erschreckend ausgehungert. Da rief dieser dumme Stefan an und schlug vor, dass wir uns lieber bei ihm treffen sollten.

»Nein!«, erwiderte ich. Ganz entschieden, nein. Tja, da gäbe es aber ein kleines Problem, er hätte Verpflichtungen, druckste er, kam aber nicht zum Punkt. Da hätte ich schon gewarnt sein müssen. Doch ich wollte mir diesen Abend nicht verderben lassen. Manchmal bin ich ein Trottel, und wie um das unter Beweis zu stellen, stimmte ich zähneknirschend zu, packte den Wein in eine Tüte und zog einen Mantel über mein Kleid, um zu ihm zu fahren.

Als ich Stefans Wohnung betrat, wäre ich am liebsten sofort in Tränen ausgebrochen. Grelles Neonlicht erhellte eine schmuddelig abgeschabte Sofalandschaft, leere Chipstüten, Socken und Pizzakartons lagen darauf herum, auch ein paar leere Bierflaschen zierten das Ensemble. Einzig ein überdimensionaler Flachbildfernseher blitzte gepflegt aus dem Moloch hervor. Wie können nen Menschen nur so leben? Im Gegensatz zu mir hatte Stefan sich offenbar gar keine Mühe gegeben. Ein einsamer Goldfisch in einem mit bräunlichem Wasser gefüllten Glas blubberte mir hinter seiner Plastikpflanze trübsinnig zu. Er schien zu wissen, wie ich mich fühlte.

»Setz dich«, sagte mein Gastgeber fröhlich und klopfte auf das Sofa, sodass eine kleine Staubwolke in die Luft flog. Sofort juckte es mich am ganzen Körper. Immerhin sah Stefan sehr gut aus, in meiner Wohnung hätte er sich gut gemacht. Innerlich seufzend versuchte ich, die unwürdige Umgebung weitgehend auszublenden und mein Augenmerk auf ihn zu richten.

An der Tür hatte ich meine hohen Schuhe ausziehen müssen. Eine Zumutung, denn die Schuhe gehörten doch zu meinem Outfit. Und dreckig machen konnte ich hier sicher nichts.

»Ich zieh meine Schuhe wieder an«, sagte ich und ging erst mal wieder in den Flur, um zu überlegen, ob ich nicht doch besser wieder nach Hause gehen sollte. Unschlüssig stand ich herum, als Stefan gefolgt kam:

»Ach was, ohne Schuhe ist doch viel gemütlicher. Kannst dicke Socken von mir haben, wenn du kalte Füße kriegst! Ihr Mädchen seid doch alle so Friermäuse!«

Hatte er mich gerade Friermaus genannt? Ich wollte eine Femme fatale sein, eine Diva! Empört schnappte ich nach Luft, doch ohne meinen Protest abzuwarten, zog er mich an der Hand zurück ins Wohnzimmer, gab mir einen beherzten Schubs, sodass ich auf der Sofalandschaft zu sitzen kam, und lief aus dem Zimmer. Als er wiederkam, hielt er in der einen Hand zwei Bierflaschen, in der anderen dicke Wollsocken, die er mir stolz entgegenhielt.

»Die hat Mama gestrickt!«

Ich nickte hilflos und legte sie weit weg von mir auf die Sofalehne. Stefan setzte sich nah an mich ran, legte eine Hand auf mein Knie und streichelte mein Bein. Dabei sah er auf seine Uhr. Er wirkte irgendwie nervös, als habe er es eilig.

Ich blickte mich nach einem Gesprächsthema suchend im Zimmer um. »Hier hast du aber auch schon ne Weile nicht mehr feucht durchgefeudelt, oder?«, bemerkte ich dann, ohne nachzudenken. Oh nein. Doch Stefan lachte nur, als hätte ich einen guten Witz gemacht und rückte noch etwas näher an mich ran.

»Schöner Fisch!«, versuchte ich ein Gespräch in Gang zu halten und blinzelte zu dem armen Geschöpf, das sich mittlerweile von uns abgewendet hatte und stumpf gegen die gelbliche Tapete glotzte.

»Ja, das ist ein echter Racker!«, nickte Stefan. Während ich noch überlegte, ob das als Scherz gemeint war, fügte er hinzu: »Den hab ich von meiner Mutter. Soll ein bisschen Leben in die Bude bringen.« Entgeistert sah ich ihn an. Er scherzte nicht.

»Na ja, nervt auch!«

»Wirklich?«, seufzte ich hilflos. Er nickte bestätigend, offenbar wollte er das Thema noch ausweiten. Ich schwieg und musterte gequält meine Fingernägel.

»Hätte ihn schon längst weggeschmissen oder runtergespült«, machte er dann alles noch schlimmer. »Aber ist ja ein Geschenk von meiner Mutter…«

»Ja.« Wieder nickte ich. Wenn er jetzt noch einmal seine Mutter erwähnte … Warum hatte er sie nicht auch gleich eingeladen? Sie hätte mit Sicherheit das Bett frisch bezogen, vorher noch mal feucht gefeudelt, uns Chips und Schnittchen serviert. Oder ihrem Sohn bei der Gesprächsführung beigestanden. Der seufzte jetzt theatralisch, ein Seufzer der Gemütlichkeit, rückte noch etwas näher an mich ran, gleich würde er mir auf den Schoß kriechen. Ich versteifte mich und verschränkte abwehrend meine Arme.

Offensichtlich bemüht, die Situation zu retten, sagte Stefan: »Du bist sehr schön.«

Meine Güte, dies würde auf jeden Fall ein One-Night-Stand bleiben, da war ich mir hundertprozentig sicher. Doch ich würde das jetzt durchziehen, ich hatte mich auf diesen Abend gefreut, es war eine einmalige Gelegenheit, ich würde mir das nicht verderben lassen. Nur reden sollten wir nicht mehr, sonst würde hier nichts Relevantes mehr passieren, so viel stand fest.

Also übernahm ich das Kommando, küsste ihn, wir zogen uns recht schnell aus. Auf ein langes Vorspiel war ich nicht erpicht, lieber erst mal alle Hemmungen fallen lassen und dann weitersehen. Stefan schien mehr als einverstanden. Er robbte auf mich, sah noch mal kurz auf seine Armbanduhr. Warum tat er das? Wollte er die Zeit stoppen? Vielleicht wollte er seine persönliche Bestzeit übertreffen, oder etwas in dieser Art? Ich verschob das Fragen auf später.

Wenig später, nach schätzungsweise sechs Minuten, sollte sich meine Frage erübrigen. Stefan rollte von mir runter, stieß noch einen wohligen Seufzer aus und blieb mit geschlossenen Augen liegen. Na gut, kurz erholen konnte er sich ruhig, aber dann sollte es endlich losgehen, das war ja wohl noch gar nichts gewesen. Zwei Minuten blieb er liegen, dann piepste seine Armbanduhr. Stefan sprang auf, zog seine Boxershorts an und rannte aus dem Zimmer. Als er wiederkam, hielt er tatsächlich eine Chipstüte in der Hand. Er griff nach der Fernbedienung, die auf einem Müllhaufen auf dem Tisch lag und schaltete den Fernseher ein. Ein Boxkampf flimmerte über den Bildschirm.

»Ah, gerade noch rechtzeitig«, sagte er erfreut und fläzte sich neben mich auf das Sofa. Noch immer nackt saß ich da und starrte ihn mit offenem Mund an.

»Chips?«, fragte er aufgeräumt und hielt mir die Tüte unter die Nase, ohne den Blick vom Bildschirm zu lösen.

Ich schrie nicht. Ich wurde nicht handgreiflich und ich begann auch keine Grundsatzdiskussion über das Thema Zwischenmenschlichkeit und Sexualität. Ich griff einfach nur mein Kleid, zog mich an, verneinte die erstaunte Frage, ob ich denn nicht mitschauen wollte, sachlich und höflich. Dann ging ich nach Hause.

Das nächste Mal, wenn ich meinen Freund betrügen möchte, ruf ich einen Callboy an.

Ich bin der Heinz

Maja (18), Azubi, Hamburg,
über
Heinz (22), Fitnesslehrer, Pinneberg

Eigentlich hätte das ein großartiger Urlaub werden können, vorigen Sommer auf Sylt, wenn ich nicht diesen Mist veranstaltet hätte. Schließlich bin ich ja selber schuld, dass alles so schiefgelaufen ist. Aber ich fange mal von vorn an.

Ich wohne in Hamburg und bin Azubi in einer Autowerkstatt. Ist für Mädchen zwar immer noch nicht so ganz das Übliche, aber heute auch gar nicht mehr so selten. Mir im Büro meinen hübschen Hintern breit zu sitzen oder zickigen alten Tanten in den Haaren rumzufummeln wäre nicht mein Ding. Außerdem bin ich Motorradfan. Als ich im vergangenen Frühjahr achtzehn geworden bin, habe ich den Motorradführerschein gemacht, also den Stufenführerschein, weil ich noch nicht einundzwanzig bin. Und von meinem Ersparten habe ich dann gleich eine gebrauchte Ducati Monster gekauft. Die ist zwar gedrosselt, wegen dem Stufenführerschein, geht aber trotzdem ziemlich ab.

Und jetzt zu meiner besten Freundin. Die heißt Manuela, nennt sich aber Nele. Sie meint, ihr richtiger Name ist schlecht für ihre Karriere. Dabei arbeitet sie bei einem Rechtsanwalt und schreibt den ganzen Tag nur irgendwelches Zeug, das ihr Chef ihr diktiert. Und bezahlen tut er auch miserabel, richtig knickrig ist der. Ich frage mich, was soll das für eine Karriere werden? Trotzdem hat sie sich auch ein Motorrad gekauft, eine Honda Shadow, einen Chopper wie in dem alten Film *Easy Rider*. Na ja, wir müssen beide unsere Bikes noch abstottern, ich noch ungefähr ein Jahr. Ansonsten ist Nele nicht gerade eine Schönheit, eher ein robustes Mädchen, ein bisschen Cindy-aus-Marzahn-mäßig, aber richtig lieb und ein wirklich guter Kumpel.

Seit zwei Jahren war ich damals, also im vorigen Sommer, schon mit Benni zusammen. Er ist zwei Jahre älter als ich, hat sein Abi gemacht und arbeitet seitdem in einer Werbeagentur als ... keine Ahnung. Ich bin, das heißt, ich war sehr verliebt in ihn, mindestens bis zu der Geschichte voriges Jahr. Immerhin war er der erste Typ, mit dem ich geschlafen habe.

Leider ist Benni ziemlich eifersüchtig, und dann kann er auch mal ausrasten. Deshalb gefiel es ihm überhaupt nicht, als ich ihm erzählt hab, dass ich mit Nele für zwei Wochen nach Sylt fahre, zum Camping. Aber ich hatte mich schon so lange drauf gefreut, Bennis Gemaule war mir ziemlich egal.

Also düsen wir Anfang Juli auf unseren Bikes los, Richtung Sylt. Ist von Hamburg ja nicht so sehr weit, und das Wetter ist prima. Auf dem Campingplatz in Westerland bauen wir unser Zelt auf, ein ziemlich kleines Hauszelt mit einem einfachen Sonnendach drüber. Eigentlich ist Camping ja nicht so mein Traum, aber Hotels und Pensionen sind auf Sylt unverschämt teuer.

In den ersten Tagen aalen Nele und ich uns fast den ganzen Tag am Strand, am Anfang am Nacktstrand, aber da sind fast nur alte Leute. Mittlerweile gehen wir nur noch an den Textil-strand, da sind die meisten Jungen, auch richtig niedliche. Und das Wetter ist immer noch traumhaft. Zwischendurch brutzeln wir uns was auf unserem Gaskocher vor dem Zelt oder wir gehen in eins der Strandrestaurants. Die sind für uns eigentlich zu teuer, deshalb bestellen wir nur eine Apfelschorle oder einen Kaffee und warten, bis uns einer zum Essen einlädt. Das klappt auch gut, leider laden einen da meistens nur so alte Säcke ein, die auf jugendlich machen. Aber besser als hungrig bleiben.

Am Ende der ersten Woche fahren wir beide Samstagabend auf meiner Ducati nach Kampen in die Disco. Als wir ankommen, ist da schon echt was los. Gerammelt voll ist es auch. Also setzen wir uns an die Bar und bestellen jede ein Tonicwater – ist nicht so teuer. Vielleicht drei Meter von uns sitzt ein Typ, der mir schon beim Reinkommen aufgefallen ist. Er sieht aus wie der kleine Bruder von Brad Pit. Ich habe zwar keine Ahnung, ob der kleine Brüder hat, aber wenn, dann könnten die so aussehen. Um es kurzzumachen, der Junge sieht super aus, blondes Haar, muskulös, groß. Eben wie man sich so was wünscht. Er guckt ein paar Mal und grinst, ein bisschen einfältig zwar, aber das tut meiner Begeisterung keinen Abbruch, und deshalb gucke ich zurück.

Dann kommt er zu mir und fragt, was wir trinken wollen. Wir bestellen jede einen richtig fetten Cocktail und fangen an, mit ihm zu quatschen. Besonders helle scheint er nicht zu sein. Er heißt Heinz, sagt er. Das finden Nele und ich witzig, aber nicht besonders cool, doch dafür kann er ja schließlich nichts. Wir tanzen also ein bisschen und trinken auf seine Rechnung. Mit dem Alkohol da halte ich mich jedoch lieber bisschen zurück; mein neuer Führerschein ist mir nämlich heilig.

Gegen halb fünf, als es hell wird, will Heinz mit uns nach Hause fahren, aber ich lehne ab. Wohin auch? In unser Zweipersonenzelt? Er selbst wohnt mit seinen Eltern in einer Familienpension, hat er uns erzählt. Das muss man sich mal vorstellen, der Typ ist mindestens zweiundzwanzig! Nele würde schon gern mit ihm, das sehe ich ihr an, aber er hat es nun mal auf mich abgesehen. Das Leben ist halt ungerecht. Nele hat sowieso meist Pech mit Männern, liegt wohl an ihrer Figur. Wir verabreden uns für elf an seinem Strandkorb am Hauptstrand von Westerland. Einen Strandkorb haben Nele und ich uns verkniffen, aus Kostengründen.

Gegen halb eins trudeln wir am Strand ein. Heinz wartet schon in seinem Korb. Sogar eine feine Sandburg hat er drumherum gebaut, wie ein Kleinkind. Aber in seiner minimalistischen Badehose macht er eine gute Figur, muss ich schon sagen. Braun und glänzend eingeölt, mit vielen Muskeln, nicht zu viel, gerade richtig, wahrscheinlich im Sportstudio erarbeitet.

Nele und ich machen es uns auf unseren Handtüchern in der Sandburg bequem. So richtig toll ist die Unterhaltung mit Heinz nicht. Er erzählt vom Skiurlaub (jetzt im Juli!) und von Segeltörns, die er gemacht hat. Ich höre nicht zu, interessiert mich einfach nicht. Dafür bin ich echt hin und weg vom Anblick seines Körpers.

In meiner Versunkenheit habe ich gar nicht gemerkt, dass hinter uns eine dunkle Wolkenwand heraufgezogen ist. Plötzlich verschwindet die Sonne, und ein paar erste Regentropfen fallen. Wir raffen schnell unsere Klamotten zusammen und rennen alle drei, noch im Badezeug, Richtung Campingplatz. Unterwegs flüstere ich Nele zu, sie soll in die Stadt gehen, was einkaufen oder sonst irgendwie verschwinden und ja nicht vor fünf zurückkommen. Sie schnallt das sofort und bleibt zurück, obwohl sie den Typ sicher auch gern für sich gehabt hätte. Ich sagte ja schon, sie ist ein richtig toller Kumpel.

Inzwischen schüttet es wie aus Eimern, und Heinz und ich schlüpfen völlig durchnässt ins Zelt. Stehen kann man da drin nicht richtig, höchstens mit eingezogenem Kopf, also legen wir uns hin. Und natürlich können wir auch das nasse Zeug nicht anlassen, also ziehen wir es aus. Und wo wir schon mal so nackt nebeneinanderliegen, passiert das, was eben in so einer Situation passiert. Aber ich hab es ja auch gewollt.

Wie wir so richtig zugange sind, höre ich plötzlich von draußen eine Stimme, die mir unangenehm bekannt vorkommt. Es hat aufgehört, auf das Zeltdach zu prasseln, und deshalb höre ich jetzt ganz deutlich, wie jemand meinen Namen ruft: Maja. Richtig heiße ich Magdalena, was ziemlich out ist. Maja klingt zwar irgendwie ein bisschen bienenmäßig, ist aber immerhin besser.

Also, ich höre meinen Namen, und ich weiß natürlich auch, wer mich da ruft. Verdammte Scheiße! Es ist Benni! Er ist uns nachgereist. Ich Hundehirn hab ihm eine Postkarte von unserem Campingplatz geschrieben. Daher weiß er, wo wir sind. Das Zelt kennt er auch. Ich hab's ihm vor unserer Abreise gezeigt, aber es ist ein Allerweltszelt, und davon gibt es jede Menge hier. Aber dann fällt mir ein, dass mein Fuck-the-Army-T-Shirt noch auf der Leine vorm Zelt hängt, wie eine Kapitulationsfahne. Und die Schuhe von Heinz und mir stehen fein säuberlich nebeneinander vor dem Zelt, wie bei einem alten Ehepaar. Auweia, die Stimme kommt näher. Dann scheint der Rufer vor dem Zelt stehen zu bleiben. Inzwischen bin ich unter Heinz hervorgekrabbelt. Der hat natürlich überhaupt nichts kapiert und ich halte ihm den Mund zu.

»Was ist denn los?«, kann er aber noch unter meinen Fingern murmeln.

Und das muss Benni draußen gehört haben. »Maja, ich weiß, dass du da drin bist. Mach auf, und komm sofort raus!«, brüllt er. Ich höre, wie wütend er ist und zwänge mich in meine Jeans und ein Sweatshirt, das ich gerade fassen kann. BH und Slip lasse ich in der Eile weg.

»Ich komm gleich. Da vorn ist ein Biergarten. Geh doch schon mal vor. Wir treffen uns da«, rufe ich raus. Das ist ziemlich bescheuert, denn es ist klar, dass er sich so nicht abwimmeln lässt.

»Maja, komm raus, sofort, oder ich komme rein. Ich weiß, dass du nicht allein bist.« Dann macht er sich auch schon am Reißverschluss des Zelteingangs zu schaffen, aber den habe ich schlauerweise mit einem kleinen Vorhängeschloss gesichert, für den Fall, dass Nele doch früher zurückkommt. Leider ist es nicht Nele, die draußen Rabatz macht. Ich habe keine Ahnung, was ich tun oder sagen soll, und Heinz hat's ja sowieso nicht so mit dem Reden.

Draußen höre ich jetzt ein Klicken, so als ob jemand ein Taschenmesser aufklappt. Und dann passiert's. Eine Messerklinge fährt durchs Zeltdach, einmal senkrecht und einmal quer, und macht ein Riesenloch. Und das Sonnendach ist auch nicht mehr da, sondern nur noch Benni, der sich über das Loch beugt und uns anglotzt. Seine Augen funkeln vor Zorn. Wenigstens hat er das Messer wieder eingesteckt.

Heinz hat sich inzwischen in seine nasse Unterwäsche gequält, weiter ist er nicht gekommen. In Unterhemd und Unterhose steht er auf und guckt aus dem Loch im Zeltdach. Jetzt sieht er gar nicht mehr so toll aus, finde ich.

»Wer ist das?«, schreit Benni.

»Ich bin der …«, sagt Heinz und dann landet Bennis Faust mit voller Wucht in seinem Gesicht. Es klingt echt hässlich. Klatsch – hat er mit einer linken Geraden Bennis Nase erwischt. Und schon wälzen sich beide im Sand vor dem Zelt und hauen sich, was das Zeug hält. Dabei kriegt Benni ganz klar mehr ab. Seine Ray-Ban-Brille rutscht ihm aus der Tasche und ist, knirsch, in mehrere Stücke gebrochen.

Prügelnde Männer finde ich überhaupt nicht cool. Ich zerre mal an dem einen, mal an dem anderen, schaffe es aber nicht, die beiden auseinanderzubringen. Mein Geschrei scheint sie überhaupt nicht zu beeindrucken. Sie sind ganz verbissen und konzentriert auf ihre Tätigkeit. Zum Glück kommt schließlich Nele den Sandweg zwischen den Zelten herauf. Sie checkt kurz die Situation. Dann packt sie Heinz, der gerade auf Benni drauf sitzt und ihm was auf die Ohren gibt, mit ihrem dicken Arm von hinten um den Hals. Sie ist ziemlich stark und drückt ihm die Luft ab. Deshalb kann Benni aufstehen.

Er sieht echt schlimm aus, ganz verquollen im Gesicht und voller Blut. Vom Prügeln scheint er genug zu haben. Er wischt sich mit einem Tempo ein bisschen Blut aus dem Gesicht, aber er sieht immer noch aus, als hätte er gegen beide Klitschko-Brüder gleichzeitig geboxt. Dann dreht er sich um und trabt den Weg runter, Richtung Ausgang. Die Show ist vorbei. Heinz hat inzwischen seine nassen Klamotten aus der Zeltruine zusammengeklaubt und sich in Richtung der Dünen verdrückt.

Weder Benni noch Heinz habe ich bis heute wiedergesehen. Aber vor drei Wochen rief mich Benni an und fragte doch tatsächlich nach der Adresse von Heinz. Er will ihn verklagen, wegen der Ray-Ban-Brille und auf Schmerzensgeld und so. Dabei hat er doch angefangen mit der Schlägerei. Es ist nicht zu fassen. Ich sagte ihm, dass ich die Adresse nicht weiß, und das ist nicht einmal richtig gelogen, denn ich kenne nur die Telefonnummer, in Pinneberg, aber nicht die Straße und die Hausnummer.

Tag der offenen Tür

Doro (33), Gastronomin, Berlin,
über
Carlita (29), Künstlerin, Berlin

Die Konzertkarten waren mein Geburtstagsgeschenk, Morcheeba in der Hasenheide. Kim ist auf dem Nachhauseweg vom Versicherungsbüro noch schnell beim Ticketladen vorbeigefahren und hat die angekündigten Bandnamen durchgesehen. Morcheeba kam ihm bekannt vor, ich besitze drei CDs, also hat er zwei Karten gekauft.

Kein schlechtes Geschenk, ich habe mich gefreut, etwas pflichtschuldig vielleicht, da ich nicht sonderlich gerne zu Konzerten gehe, aber ich habe mich gefreut, weil es sein Geschenk war, und auf den Abend mit ihm.

Drei Wochen später stehe ich in der Tür seines Büros, ich habe mich schön gemacht, will ihn abholen, damit er gar nicht erst zu spät kommen kann. Ich trage ein rotes Seidenkleid und habe meine Haare zu Locken gedreht. Den halben Tag war ich mit meiner Erscheinung beschäftigt, um Kim zu gefallen. Stielaugen sollte er bekommen, weil ich so schön aussehe. Stattdessen schaut er mich an, als wäre ich ein Alien.

»Was machst du denn hier?«, fragt er, in einem Ton, als hätte ich in seiner Welt auch wirklich gar nichts zu suchen. Er hat es vergessen. Die Konzertkarten waren sein Geburtstagsgeschenk für mich und er hat es einfach vergessen! Mit bebender Unterlippe stehe ich in der Tür und weiß nicht, was ich sagen soll.

»Ich hab jetzt wirklich gar keine Zeit, gleich ist ein wichtiges Meeting. Morgen ist Tag der offenen Tür, ich muss noch ganz viel vorbereiten«, sagt er zu allem Überfluss, bevor ich etwas erwidern kann, es klingt vorwurfsvoll und genervt, gar nicht schuldbewusst.

»D... das Konzert, heute ist das Konzert. In einer halben Stunde ...«, bringe ich mit brüchiger Stimme hervor. Mein Gott, ich Lappen! Warum nur bin ich immer so leicht zu verunsichern? »Ach, verdammt!«, ruft er verärgert. »So ein Mist! Das tut mir leid, aber nee, das schaff ich nicht pünktlich. Du hättest ja auch mal vorher was sagen können!« Er lächelt milde. Ist es jetzt meine Schuld, dass er es vergessen hat?

»Weißt du was«, fährt er fort, »geh du doch schon mal vor, ich komm nach. Ich mach mich nach dem Meeting auf den Weg, ich ruf dich an, wenn ich draußen bin, okay?« Damit schiebt er mich aus der Tür, es ist ja jetzt alles geklärt, ich geh schon mal vor, er kommt nach.

»Ich will nicht allein gehen, überhaupt nichts ist okay!«, rufe ich empört.

»Das hat doch jetzt keinen Sinn«, sagt er gequält und schaut sich im Flur um. Neugierig stecken die Versicherungskollegen ihre Nasen aus den Türen. Doch das stört mich nicht, ich kann mir eh nie einen einzigen ihrer Namen merken.

»Ich geh nicht allein!«, wiederhole ich widerborstig. Und als Kim die Augen verdreht, setze ich hinzu: »Scheiß Tag der offenen Tür!«

Kim seufzt genervt. »Für solche Kindereien hab ich jetzt keine Zeit. Es tut mir ja leid, hab ich doch schon gesagt. Geh doch einfach vor. Was soll denn das? Ich weiß wirklich nicht, was dein Problem ist!«

Ich weiß genau, was mein Problem ist! Mein Problem steht vor mir im Büroflur, hat angeblich keine Zeit und tut so, als wäre ich verhaltensgestört. Wann hat das eigentlich angefangen? Wann hat Kim angefangen, so mit mir umzugehen? Heiße Wut steigt in mir hoch, Enttäuschung, am liebsten würde ich mich auf den Boden werfen und mit den Fäusten auf den graubraunen Teppich trommeln. Nur meine gute Erziehung und die neugierigen Blicke seiner Kollegen halten mich davon ab. Da klingelt Kims Telefon. Kommt ja gelegen. Er lächelt entschuldigend, geht zum Schreibtisch und nimmt den Anruf entgegen.

»Sorry, ist wichtig, bis später«, flüstert er mir zu, bevor er sich meldet. Dann winkt er verabschiedend und wendet sich ab, um zu telefonieren. Weggewedelt wie eine Fliege stehe ich noch kurz in der Tür und betrachte den Rücken des Mannes, mit dem ich die letzten zwei Jahre meines Lebens verbracht habe. Habe ich das wirklich? Es fühlt sich irgendwie nicht so an. Mit klappernden Absätzen und tränenfeuchtem Blick laufe ich die Bürotreppen hinunter. Bevor ich das Gebäude verlasse, suche ich noch die Toiletten auf und schaue in den Spiegel. Die schwarze Schminke um meine Augen ist nur ein wenig verlaufen, es sieht gewagt aus, so als wäre es Absicht. Gar nicht schlecht, vor allem zu dem roten Kleid. Ich ziehe schniefend die Nase hoch, straffe die Schultern. Soll Kim doch sein ach-so-wichtiges Meeting durchziehen. Ich gehe zum Konzert und werde den Abend genießen, egal wann er kommt.

Draußen winke ich mir ein Taxi heran. Der Fahrer will mit mir anbandeln. Er macht gleich Feierabend, sagt er und fragt ganz anzüglich, was ich denn noch so vorhabe. »Ich weiß noch nicht«, antworte ich geheimnisvoll. Ich flirte sonst nie, aber heute ist alles anders, ich gebe mich verwegen. Ich übe die Rache der Harmlosen, das ist mir bewusst und dennoch möchte ich sie genießen. Der Taxifahrer sieht nett aus, in der Mittelkonsole liegt eine Taschenbuchausgabe von *Gullivers Reisen*, und so überlege ich einen Moment, ihm die zweite Karte anzubieten. So schnell hätte ich einen Begleiter und Kim würde sich wundern. Er hasst Überraschungen! Bei diesem Gedanken lächle ich vor mich hin. Der Fahrer sieht es, grinst mich an und stiert dann so unverhohlen auf meinen Ausschnitt, dass ich den Gedanken, ihn mitzunehmen, sofort wieder verwerfe. Doch als ich bezahle und ihm noch einen schönen Abend wünsche, hat sich die Idee in meinem Kopf eingenistet: Ich werde nicht auf Kim warten. Es ist meine Karte und die gebe ich, wem ich will. Soll er doch vor der Tür stehen und sich wundern, ich mach einfach mein Handy aus.

Vor der Konzerthalle warten die Besucher schon, viele halten bemalte Schilder hoch, suchen oder verkaufen Karten. Ich blicke mich um, möchte die meine möglichst schnell loswerden, bevor ich es mir anders überlege und doch auf Kim warte. Manchmal staune ich nämlich selbst, was ich für eine Memme bin. Kurzentschlossen steuere ich auf eine junge Frau zu, die gerade ihr Gesuchsschild zusammenknüllt und entmutigt in ihre Tasche stopft.

»Willst du meine Karte haben? Ich hab zwei, wenn du magst, schenk ich dir eine?« Sie hat dunkle Haare und helle blaue Augen, die mich einen Moment argwöhnisch betrachten. »Mein Freund hat mich vergessen«, füge ich hinzu, »also hab ich seine Karte übrig.«

»Cool, herzlichen Dank«, sagt sie und lächelt mich an, »dann lass uns am besten schnell reingehen.« Wir zeigen unsere Karten und drängeln uns einvernehmlich nach vorne. Sie ist ebenso klein wie ich, weshalb wir gut durchkommen. Direkt vor der Bühne lächeln wir einander stolz an. Kim drängelt nie. Er bleibt immer ganz hinten stehen und beschwert sich den Rest des Abends über die schlechte Organisation und die schlechte Sicht. Ich bin nie sonderlich gern zu Konzerten gegangen, das Anstehen, das Stehen, das Gedrängel, die Menschenmassen haben stets ein unwohles Gefühl in mir ausgelöst. Das ist heute anders, ich bin nur für mich verantwortlich und ich fühle mich gut. Und besonders.

»Ich heiße Carlita«, ruft mir meine Begleiterin zu, als die Vorband einsetzt. Sie ist schön, so schön, dass ich lieber wegschaue. Sie wird bestimmt oft genug angestarrt.

Carlita tanzt das ganze Konzert über, exaltiert, aber schön. Kim würde sich bestimmt über sie lustig machen, doch ich nicht, mir gefällt sie, so wie mir heute alles gefällt. Als sie mir einen Joint hinhält, ziehe ich begierig. Wie angenehm, eine Begleitung zu haben, die derart gut ausgerüstet ist. Die meiste Zeit halte ich meine Augen geschlossen, wiege mich sacht, durch meine geschlossenen Lider zucken Lichtblitze, dann wieder Dunkelheit, ich lausche dem tröstlichen Schmerz in der Stimme der Sängerin, höre einfach zu, denke an nichts und genieße ein mir neues Gefühl der Schwerelosigkeit.

Nach dem Konzert greift Carlita meine Hand, gemeinsam steuern wir dem Ausgang zu, ganz langsam, wir haben es nicht eilig. Erst jetzt, während ich mich gemächlich mit der Menge zu den Türen treiben lasse, fällt mir Kim wieder ein und ich freue mich, dass ich nicht ein Mal an ihn gedacht habe. In letzter Zeit war der Gedanke an ihn stets mit Enttäuschung, Erwartungen, Verletztheit verbunden, heute mit Wut und Rachegelüsten ... was ist bloß aus unserer Liebe geworden? Nicht zum ersten Mal, seit ich Kim kenne, spüre ich, dass es besser wäre, loszulassen, allein zu sein, sich nicht über den anderen zu definieren, so wie ich das allzu lange getan habe.

Doch zum ersten Mal fühlt es sich so an, als könne ich das überstehen. Ich lasse mein Handy wieder in die Tasche fallen, schalte es nicht an.

»Lass uns etwas trinken gehen«, schlage ich Carlita vor und kurz darauf sitzen wir im schummrigen Licht einer kleinen Bar, bestellen Tapas, Rotwein und trinken Wasser aus einer großen Glaskaraffe. Mir ist etwas schwindlig, auch meine Gedanken sind wirr, vernebelt, doch es ist angenehm, da ich mich nicht dagegen wehre, ich möchte gar nicht klar sein.

»Wollt ihr Mädels etwas mit uns trinken?«, übertönt plötzlich eine Stimme neben uns die sphärische Musik.

»Nein danke«, sagt Carlita, dann greift sie über dem Tisch nach meiner Hand, hält sie fest. Sie vollführt eine Kopfbewegung in den hinteren Teil der Bar. Ich folge ihrem Blick. Ein paar Männer am Nebentisch, die vorher wie ein Rudel hungriger Wölfe um uns herumgestrichen sind, erschlaffen, wenden ihre Blicke ab, nehmen eine andere Witterung auf.

»So, jetzt haben wir Ruhe«, sagt sie gelassen und lässt meine Hand los. Sie kann solche Dinge sagen, ganz ohne arrogant zu wirken.

»Dein Freund hat dich also vergessen?«, fragt sie dann und lacht, als wäre ihr etwas sehr Witziges wieder eingefallen. Sie fragt mich nicht nach Einzelheiten, das ist gut, denn ich möchte nicht erzählen, das Ganze scheint mir so weit weg. Stattdessen beginnt sie einen Monolog über Frauen und Männer, die Liebe, das Glück, über Schwierigkeiten und Missverständnisse.

Ihre Stimme ist sanft und melodiös, ihre Lippen sehr rot, ihre blauen Augen flackern bedeutungsvoll. Ob man ihr wohl oft sagt, dass sie aussieht wie Schneewittchen? Ob sie das gerne hört?

Ich nicke ab und an, nippe an meinem Rotweinglas, bis Carlita mit der These schließt, dass es eigentlich egal ist, wen man liebt. Erwartungsvoll schaut sie mich an und jetzt muss ich lachen, da ich die Herleitung nicht verfolgt habe und nicht weiß, was ich sagen soll.

»Das ist mir zu esoterisch«, sag ich deshalb einfach, und bereue es sofort, aber sie nimmt es mir nicht übel, lacht schon wieder. Wir lachen überhaupt sehr viel, ein bisschen wie Teenager, nur leiser und weniger verzweifelt.

Ich bin froh, dass ich die Karte keinem Mann gegeben habe, sonst hätte ich jetzt vielleicht ein schlechtes Gewissen, denke ich gerade, als Carlita sich unversehens zu mir vorbeugt und mich küsst. Überrascht und reglos verharre ich, spüre ihre roten Lippen auf meinen. Ihr Kuss ist zart und verspielt, schmeckt nach Olivenöl, Zigaretten und Paraffin. Und einer fremden Welt.

»Kommst du mit zu mir?«, fragt sie lächelnd, und ich nicke, nichts möchte ich lieber.

»Tust du mir einen Gefallen?«, frage ich sie beim Gehen. »Kommst du morgen mit mir ins Versicherungsbüro? Da ist Tag der offenen Tür.«

»Wie spannend«, sagt Carlita. »Aber klar, wenn du möchtest.« Dann verlassen wir Hand in Hand die Bar.

Das Spiel

*Hannah (28), Verlagskauffrau, Berlin,
über
Merle (27), Architekturstudentin, Bern*

Merle hatte ich vor vier Jahren in Thailand kennengelernt, wo ich mit meiner Freundin Urlaub machte. Wir verstanden uns so gut, dass wir zu dritt weiterreisten. Ich konnte kaum glauben, dass Merle alleine dort unterwegs war.

Doch ihr Freund hatte sie kurz vor Reisebeginn verlassen, und da sie die Flüge nicht verfallen lassen wollte, war sie alleine aufgebrochen. Als wir uns nach drei Wochen trennen mussten, Merle flog nach Bern, Tanja und ich nach Berlin, war ich richtig traurig.

Seither hatten wir uns ab und an Mails geschrieben, und Merle schickte mir treu und regelmäßig Postkarten aus den verschiedensten Ländern, die mich ein bisschen neidisch werden ließen.

Nach meinem Thailandurlaub hatte ich meinen Job angefangen und seitdem waren längere Reisen gar nicht mehr vorstellbar. Zwei Wochen Teneriffa im Jahr, mit viel Glück noch Mallorca, das war alles, was Jonas und ich gerade so hinbekamen. Der Urlaub musste Ewigkeiten vorher im Büro angekündigt werden, länger als zwei Wochen waren ausgeschlossen, aber danach waren wir sowieso pleite.

Vor zwei Monaten schrieb Merle mir, dass sie für vier Tage nach Berlin kommen werde. Ich freute mich und bestand darauf, dass sie bei mir und Jonas wohnte.

Ich holte sie Donnerstagabend am Flughafen Tegel ab. Es war Juli und sommerlich heiß, zumindest draußen, die Flughafenhalle war derart überklimatisiert, dass ich fröstelte und meine Arme um mich selbst schlang, während ich auf Merle wartete. Es war mal wieder irgendein ödes Mode-Event in Berlin und der Flughafen wimmelte von Models, perfekt geschminkt und zurechtgezupft in halsbrecherischen Schuhen. Zumindest kam mir das so vor, und ich fühlte mich ein wenig unwohl in meiner Röhrenjeans, die an den Knien leicht ausgebeult war und am Oberschenkel von einem bräunlichen Obstfleck verziert wurde, der beim Waschen nicht rausgegangen war und den ich heute Morgen beim Anziehen übersehen hatte. Ich musste jeden Tag um acht Uhr morgens im Verlag sein und stand um sieben Uhr durch das frühe Aufstehen so unter Schock, dass es mir ziemlich schwerfiel, mich adrett zu kleiden. Einmal hatte ich sogar zwei verschiedene Stiefel angehabt, das war mir aber zum Glück schon im Treppenhaus aufgefallen. Na ja, jetzt im Sommer war zum Glück alles einfacher, keine Stiefel und keine kaputten Strumpfhosen.

Gut, dass Merle zu Besuch kam, sie würde mich bestimmt aufheitern. Sie war ein auffallend positiver Mensch, voller Energie und Lebensfreude, zumindest vor vier Jahren.

Man sah gleich, dass sich daran nicht viel verändert haben konnte, Merle sprang mir jubelnd entgegen, umarmte mich wild, und versuchte mich zu schwenken, was ihr aber nicht gelang, da sie viel kleiner und leichter war als ich. Ich bin ein zurückhaltender Mensch, bewahre stets die Contenance, wie ich es nenne, Jonas sagt, ich sei ein kalter Fisch. Merle war laut und quirlig. Vielleicht verstehen wir uns deshalb so gut, dachte ich bei der Begrüßung.

Merle sah toll aus. Ihr feingliedriger Körper war gebräunt und sommersprossig, ihre Haare waren dunkler als früher, natürlicher, und glänzten seidig. Sie trug ein rotes Sommerkleid und sah aus, als wäre sie einer Fernsehwerbung für Fernreisen oder Kreditkarten entsprungen.

Wir fuhren zu mir, Merle war begeistern von unserer Berliner Altbauwohnung. Stolz zeigte ich ihr Stuck und Flügeltüren und die bunten Fotowände im Flur, die unser Leben dokumentierten. Jonas und ich fügten jede Woche mindestens ein neues Foto hinzu. Stets wir beide, doch immer an verschiedenen Orten, mit neuen Personen oder zumindest verschiedenen Hintergründen. Ein Ritual, mit dem wir eine Woche nach dem Kennenlernen begonnen hatten. In den ersten Monaten kamen ständig tolle neue Schnappschüsse dazu, leider hatte sich die Motivspanne mittlerweile erschöpft.

»Dein Freund sieht sehr nett aus«, sagte Merle, »ich freu mich schon, ihn kennenzulernen.«

Später gingen wir etwas essen und danach kurz in eine Cocktailbar, aber ich war ziemlich erschöpft von der Woche und wollte bald ins Bett.

Am nächsten Tag schlief Merle noch, als ich zur Arbeit aufbrach. Abends standen bunte Tüten im Wohnzimmer neben ihrer Schlafcouch, sie hatte den Tag mit Shoppen verbracht.

Jonas kam nach mir von der Arbeit, er kannte meine Freundin ja noch nicht, wir wollten zu dritt kochen. Die beiden mochten sich sofort, das hatte ich nicht anders erwartet, und es wurde ein netter Abend mit viel Rotwein in unserer Küche. Als Jonas und ich irgendwann nebeneinander im Bett lagen, kuschelte ich mich geschwisterlich an ihn und spürte seine Erektion, bevor er einschlief. An mir konnte das nicht liegen, wir hatten seit Wochen nicht mehr miteinander geschlafen. Als ich ihn einmal darauf angesprochen hatte, schob Jonas alles auf die Arbeit, er hätte zu viel Stress, aber in Teneriffa würden wir den ganzen Tag bumsen, haha. Ich fand das nicht allzu tröstlich, denn bis dahin waren es noch zwei Monate. Ich lag noch eine Weile wach und machte mir Gedanken.

Mittags frühstückten wir zu dritt und Jonas entschied, uns auf eine Foto-Ausstellung zu begleiten, die Merle im Stadtmagazin ausgesucht hatte. Bevor wir aufbrachen, zeigte sie uns ihre Einkäufe. Ich räumte den Küchentisch ab, Jonas blätterte in einem Magazin und meine Freundin lief zwischen Wohnzimmer und Küche hin und her und präsentierte Kleider, Röcke und Schuhe, die sie am Hackeschen Markt erstanden hatte.

»Sieht toll aus«, sagte ich ehrlich und das fand auch Jonas. Er nickte beifällig und bedachte sie mit Blicken, die mir als Freundin keinesfalls behagen konnten.

»Fahr doch heute lieber zu Ikea«, schlug ich ihm vor.

»Ach nee, das erledigen wir nächste Woche mal abends zusammen«, wehrte er ab.

Nach der Ausstellung übernahm Jonas die Rolle des Stadtführers. Kenntnisreich las er uns aus Merles Buch über Berlin vor.

»Merle kennt Berlin doch schon«, sagte ich ein wenig gequält. Mir taten die Füße weh.

»Ach, mein letzter Besuch ist ewig her, ich freu mich, wenn ihr mir die Stadt zeigt!«, widersprach sie strahlend, also fügte ich mich, was blieb mir übrig.

Abends gingen Merle und ich essen. Sie wollte danach tanzen und ich zeigte ihr einen Club, in dem ich früher oft war. Dort hatte ich vor zwei Jahren auch Jonas kennengelernt.

»Endlich mal wieder richtig ausgehen«, freute der sich gut gelaunt am Telefon. »Ich komm nach.«

»Cool, bis gleich«, sagte ich. Ich spürte, dass ich mein Unbehagen nicht zeigen durfte, sonst würde ich mich als eifersüchtige Freundin nur noch weiter ins Aus katapultieren. Es gelang mir, wir tanzten, tranken und zwischendurch küsste mich Jonas, wie er mich seit langem nicht geküsst hatte. Viel zu lange, das wurde mir auf einmal schmerzhaft bewusst.

»Du warst in den letzten Tage ein bisschen verbiestert, schön, dass du wieder normal bist«, sagte er und ich widersprach nicht. Er hatte ja recht.

Gegen drei Uhr kamen wir nach Hause, setzten uns in die Küche und tranken Rotwein. Es war eine warme Sommernacht, wir hatten Kerzen angezündet und die Fenster standen offen. Merle kuschelte sich an mich und ich legte meinen Arm um sie.

»Ich hab mich sehr über deine Einladung gefreut«, sagte sie. »Ich wollte dich immer wiedersehen, ich treffe so viele Menschen, aber du warst immer etwas ganz Besonderes.« Ihre Worte freuten mich. Auch genoss ich ihre Berührung und ihre Aufmerksamkeit. Doch dann stand sie unvermittelt auf und ging zur Stereoanlage.

»Mein Lieblingslied.« Merle drehte die Lautstärke auf und begann zu tanzen. Sie schloss die Augen und wiegte sich sacht in den Hüften, in unserer Wohnküche, vor Jonas und mir. Wir starrten sie an. Das Flackern der Kerzen, ihre sanften Bewegungen ... Meine Lippen wurden schmal, meine Augen verengten sich zu Schlitzen. Jonas konnte seinen Blick nicht von ihr lösen.

»Komm zu mir, Hannah!« Sie streckte die Hand nach mir aus, lächelte unbeschwert. Ich hatte keine Chance gegen sie. Ich konnte sie nicht einfach aus dem Fenster werfen, ich konnte nicht einmal mehr eine Szene machen und sie vor die Tür setzen, ohne mich zu blamieren. Merle wirkte so frei und lebensfroh, ich fühlte mich verklemmt und langweilig. Ich wünschte sie ganz weit weg, doch jetzt war es zu spät. Also stand ich auf und spielte ihr Spiel mit. Merle und ich tanzten in der Küche, Jonas sah uns zu. Ich schloss meine Augen, versuchte mich darauf einzulassen. Ich hatte bereits verloren, das hatte ich seit Tagen in Jonas' Augen gelesen, aber nicht wahrhaben wollen, schon vor Merles Erscheinen, wenn ich ehrlich zu mir war. Doch vielleicht war es noch nicht zu spät? Ich betrachtete meinen Freund, meine große Liebe, an der ich nie gezweifelt hatte und die sich doch so weit von mir entfernt hatte.

Merle kam mir immer näher. Ich wich ein wenig zurück, da umfasste sie meine Hüften, schob ihre Hände unter mein T-Shirt und ließ sie über meinen Rücken gleiten. Ihre Berührung war zart, ich versuchte, die quälende Eifersucht hinunterzuschlucken, unterdrückte den Impuls, sie wegzuschubsen. Jonas riss die Augen auf, als sie ihr Oberteil auszog, ihre kleinen spitzen Brüste zeigte. Sie nahm meine Hand und legte sie auf ihre Brust, näherte sich langsam meinem Gesicht und küsste mich. Ihre Zunge strich über meine Lippen, schob sie sanft auseinander und drängte sich hinein. Ich ließ mich von ihr an die Wand schieben, dort drückte sie ihren feingliedrigen Körper gegen meinen, zog mir mein T-Shirt aus. Ich stand ganz still, während ihre Hände meinen Körper entlangstrichen, sich in meinen BH schoben. Sie öffnete geschickt den Verschluss, streifte die Träger über meine Schultern, beugte sich dann vor und leckte über meine Brustwarzen. Auch Jonas rührte sich nicht, er hielt den Atem an, als könne die leiseste Bewegung unser Spiel unterbrechen. Und es war ein Spiel, denn jetzt lachte Merle, ließ unvermittelt von mir ab, küsste mich noch einmal liebevoll auf den Mund, wie zum Abschied.

»Ich bin müde, ich muss schlafen gehen«, sagte sie. »Gute Nacht!« Dann hob sie ihr Oberteil vom Boden auf und ging aus der Küche, war einfach verschwunden und ließ Jonas und mich allein im Kerzenschein zurück. Eine Weile waren wir stumm, versuchten zu verstehen, was da gerade geschehen war. Dann stand Jonas auf und kam zu mir.

»Ich liebe dich«, sagte er und schloss mich fest in seine Arme. Mit einemmal fiel eine ungeheure Spannung von mir ab, mein Hals war wie zugeschnürt und ich spürte, dass mir Tränen in die Augen schossen. Doch anstatt zu weinen, erwiderte ich Jonas' gierigen Kuss, schlang meine Arme um ihn und zog ihn gegen meinen nackten Oberkörper. Er hob mich hoch und trug mich ins Schlafzimmer, wo wir übereinander herfielen, uns endlich wieder liebten, so wie früher, nur noch intensiver, im Wissen, dass wir uns fast verloren hätten. Nie wieder würde ich zulassen, dass wir wie Geschwister lebten.

Am nächsten Tag frühstückten wir recht schweigsam, noch erschöpft von der Nacht. Ich fühlte mich ein wenig benommen. Mittags fuhren wir Merle zum Flughafen. Zum Abschied umarmte ich sie lange, denn auch wenn ich es bedaure, glaube ich nicht, dass wir uns noch einmal wiedersehen werden.

Claire Klobig

Claire (30), Hausfrau, Mainz,
über
Bernd (35), Architekt, Mainz

Warum ich Franz Klobig geheiratet habe? Nicht wegen seines Geldes – na ja, natürlich auch deswegen, aber bestimmt nicht nur. Kennengelernt habe ich ihn in meiner Heimatstadt im Rheinland bei der Eröffnung eines großen Autohauses, wo ich mir ein paar Euro als Hostess dazuverdiente, als schmückendes Beiwerk zu den Edelkarossen sozusagen. Er war unter den geladenen Gästen, zusammen mit einigen Freunden oder Bekannten, die ihn Fränkie nannten, und er machte sich sofort an mich heran.

Sein großer und massiger Körper steckte in einem eleganten Maßanzug. Hemd, Manschettenknöpfe, Krawatte, Lackschuhe, alles machte einen gediegenen und teuren Eindruck. Ein Kranz rötlicher Haare säumte seinen mächtigen kahlen Schädel. Sein wulstiges Gesicht mit den wasserblauen Augen, den hellen Wimpern und Brauen und der rot-blau geäderten Haut, all das prädestinierte ihn nicht gerade zum Kandidaten für einen Schönheitswettbewerb. Aber dieses Gesicht wirkte freundlich und zugleich selbstbewusst. Seine ganze Person strahlte eine erfolgsgewohnte Sicherheit aus, die ich bis dahin nicht kannte und die mich neugierig machte. Er mochte gut zehn Jahre älter sein als ich.

Franz – oder Fränkie – entpuppte sich als geschickter, witziger Unterhalter, vielleicht etwas zu sehr von sich selbst überzeugt, aber da ich mich bis dahin ziemlich gelangweilt hatte, unterhielt ich mich lange mit ihm. Er war belesen und interessierte sich für klassische Musik und Malerei, was in einem merkwürdigen Gegensatz zu seinem grobschlächtigen Äußeren stand, jedenfalls schien mir beides irgendwie nicht zusammenzupassen.

Ich studierte damals Ethnologie und Afrikanistik, eigentlich ohne zu wissen, was ich damit einmal anfangen würde. Nach immerhin zwölf irgendwie vertanen Semestern wurde es Zeit, mich zum Abschlussexamen zu melden. Meine Eltern hatten mir von dem Studium abgeraten, nach ihrer Meinung wäre ich besser Lehrerin geworden. Wahrscheinlich hatten sie recht, aber ich hatte ihnen nicht geglaubt. Ich habe eine gute Figur und, wie ich glaube, ein hübsches Gesicht, jedenfalls weiß ich, dass ich anziehend wirke, zumindest auf Männer. Das, so hatte ich gemeint, reiche aus, um leichten Fußes durchs Leben zu tanzen.

Dann waren meine Eltern früh verstorben, erst mein Vater und zwei Jahre später meine Mutter, und außer einer halbwegs brauchbaren Allgemeinbildung und zwei jüngeren Geschwistern hatten sie mir nicht viel hinterlassen, jedenfalls materiell gesehen. Ich lebte von BAföG und ein paar Gelegenheitsjobs als Kellnerin, Hostess oder Model, und die schönen Dinge, die ich gern gehabt hätte, konnte ich nur durch die Schaufensterscheiben bewundern. Langsam musste ich begreifen, dass feste Anstellungen in meinen Studienfächern so selten waren wie Hunderteuroscheine im Hut eines Bettlers, und wenn etwas angeboten wurde, etwa in einem Museum oder im Entwicklungsdienst, war es jämmerlich unterbezahlt oder zu gefährlich für mich Angsthasen. Zum ersten Mal in meinem Leben bekam ich Angst vor der Zukunft, Angst, dass mein Leben anders verlaufen würde, als ich mir das vorgestellt hatte.

So war es für mich eine neue Welt, zu der Franz mir Zugang verschaffte, luxuriös und unbelastet von den alltäglichen Sorgen, die zu meinem Leben gehört hatten. Es ging darum, das Leben zu genießen. Wir verbrachten einen Winterurlaub in seinem Appartement in St. Moritz – er war übrigens ein miserabler Skifahrer – und einen Sommerurlaub auf seiner Segelyacht in der Türkei – beim Segeln war er etwas geschickter. Und ein Jahr nach unserer ersten Begegnung standen wir vor dem Standesbeamten.

Franz war charmant und großzügig, aber womit er eigentlich das viele Geld verdiente, habe ich nie genau begriffen. Angeblich exportierte er Maschinenteile in arabische Länder und den Iran. Meine Fragen, was genau er wohin verkaufte, beantwortete er ausweichend mit komplizierten Erklärungen, die ich nicht verstand und wohl auch nicht verstehen sollte. Meistens arbeitete er in seinem winzigen Büro in einem luxuriösen Neubau in der Innenstadt, wo er alle Unterlagen in stets verschlossenen Stahlschränken verwahrte, zu denen ich keinen Schlüssel hatte. Manchmal erhielt er mysteriöse Anrufe, und dann bekam ich mit, wie er in seinem Englisch mit starkem deutschen Akzent erregte Gespräche führte, in denen er sich offenbar gegen irgendwelche wütenden Vorwürfe oder Drohungen zur Wehr setzte. Wenn ich ihn fragte, was los sei, antwortete er beschwichtigend: »Ach, nichts Besonderes, nur wieder so ein Idiot, der etwas falsch verstanden hat.«

Franz hatte eigentlich nur zwei, höchstens drei Freunde, die aber auch eher Geschäftspartner waren. Wenn wir mit ihnen und ihren Frauen zusammen waren, unterhielten sich die Männer meist über Geschäfte. Von Paletten, Kies, Riesen, Leim oder Großformaten war die Rede, ein merkwürdiger Code, der mir verschlossen blieb. Die Frauen der Freunde waren ansehnliche, hirnlose, missgünstige Wesen, mit denen ich nichts anzufangen wusste. Ich fühlte mich unwohl in dieser Gesellschaft, hatte eine diffuse Angst und den Verdacht, dass unser Wohlstand auf dunklen und kaum legalen Geschäften beruhte. Ich wollte nicht mit ihm untergehen, wenn sein Kartenhaus eines Tages zusammenbrechen würde.

Am Anfang unserer Beziehung hatte der Sex mit diesem massigen Mann, wie ich zugeben muss, für mich einen ungewohnten Reiz, ja fast etwas Exotisches, aber schon bald stieß mich die schwitzige Fülle seines weißen, rötlich behaarten Körpers mehr und mehr ab. Da er sich jedoch alle Mühe gab, mir jeden Wunsch zu erfüllen und mich zu verwöhnen, versuchte ich, mir nichts anmerken zu lassen. Und ich hatte auch keine Affären mit anderen Männern. Ich hatte zwar nicht wirklich Angst vor ihm, aber ich konnte mir vorstellen, dass er richtig eifersüchtig und auch gewalttätig werden könnte.

Vielleicht hatte er trotzdem gemerkt, dass etwas zwischen uns nicht mehr stimmte. Jedenfalls kam er eines Nachmittags strahlend nach Hause und eröffnete mir voller Stolz: »Wir kaufen die alte Villa in der Parkallee. Nächste Woche ist der Notartermin, und einen Architekten für die Renovierung habe ich auch schon.« Zweifellos wollte er mir damit eine Freude machen und unserem Gefühlsleben neuen Schwung geben.

Oft waren wir auf unseren Spaziergängen an dem verschnörkelten Gitter des halb verfallenen Hauses vorbeigegangen. Es lag wie ein verwunschenes kleines Märchenschloss in einem verwilderten Park mit Blick auf den Rhein. Wir hatten darüber gesprochen, was man aus diesem Anwesen machen könnte, und Franz wusste, dass ich davon geträumt hatte, es wiederherzustellen und dort zu leben. In meiner jetzigen Gemütsverfassung war mir der Gedanke an einen Neubeginn mit ihm in dem alten Haus jedoch merkwürdig fremd, aber die Sache schien bereits entschieden.

Zwei Wochen später hatten wir einen ersten Termin bei dem Architekten, den ihm ein Bekannter empfohlen hatte. Ich hatte mir vorgestellt, dass Architekten ihre Büros in hellen, großzügig gestalteten modernen Räumen betreiben. Dieses aber lag in einem unansehnlichen Haus aus den fünfziger Jahren und war alles andere als repräsentativ. Wie ich dem weißen Emailleschild entnahm, wurde es von zwei Architekten geführt. Ich wunderte mich, warum Franz, der doch stets Wert auf Glamour legt, es ausgesucht hatte, fragte aber nicht danach. Mit mäßiger Begeisterung betrat ich das Vorzimmer, und dann wurden wir von der Sekretärin sofort in das Büro eines der beiden Architekten geführt.

»Bernd Schneider«, stellte er sich vor, ein Mann Mitte dreißig, nicht sehr groß, dunkle glatt zurückgekämmte Haare, ein schmales, intelligentes Gesicht mit dunklen, melancholischen Augen. Er machte einen sympathischen, aber unsicheren Eindruck. Leicht stotternd forderte er uns auf, Platz zu nehmen und bot uns Kaffee und Wasser an. Dabei starrte er mich an, wie ein Architekt oder auch ein Rechtsanwalt oder Steuerberater eine neue Kundin eigentlich nicht anstarren sollte. Als sich unsere Blicke trafen, senkte er die Augen und wirkte noch verwirrter als zuvor. Franz schien von alldem nichts mitzubekommen, jedenfalls ließ er sich nichts anmerken.

Ich breitete die Pläne aus, wobei ich die Krümel und Kaffeeflecken auf dem Zeichentisch wohlwollend übersah, um den armen Herrn Schneider nicht noch mehr in Verlegenheit zu bringen. In dem Moment jedoch, als er sich über die Pläne beugte und nach unseren Wünschen fragte, war seine anfängliche Unsicherheit wie weggewischt; ruhig und sachlich erklärte er uns seine Vorstellungen. Seine Vorschläge waren professionell, fantasievoll und überzeugend. Ich hatte den Eindruck, dass wir mit unserem Vorhaben bei ihm gut aufgehoben waren, und er schien mir das genaue Gegenteil von Franz zu sein. Als er uns für einen Moment allein ließ, gelang es mir flüsternd, den widerstrebenden Franz davon zu überzeugen, dass wir Bernd Schneider den Auftrag erteilten. Mir war klar, dass Franz diesen Architekten als Weichei oder Schlimmeres zutiefst verachtete, aber ich mochte ihn vom ersten Moment an, und ich wollte ihn wiedersehen. Als wir uns verabschiedeten, war sie plötzlich wieder da, seine anrührende Verlegenheit. Die Hand, die er mir reichte, war eiskalt und schien leicht zu zittern.

Bernd! Eigentlich fand ich den Namen unmöglich, aber irgendwie passte er zu ihm, und in meinen Gedanken nannte ich ihn auch schon so. Franz finde ich übrigens nicht viel besser.

Gerne hätte ich meinen Architekten einmal allein aufgesucht. Ich überlegte, ob er wohl eine Familie hätte oder sonst in einer festen Beziehung lebte, doch wenn Franz dabei war, wollte ich das lieber nicht fragen. Irgendwo in einer versteckten Region meines Gehirns geisterte verschwommen ein Traum von einem unaufgeregten Leben mit diesem ruhigen, klugen Mann, einem Leben ganz anders, als ich es mit Franz führte. Ich glaube, ich hatte mich in ihn verliebt, noch ohne es mir selbst einzugestehen.

Fast wöchentlich trafen wir uns auf der Baustelle, aber Franz ließ es sich nicht nehmen, jedes Mal dabei zu sein. Seine leicht angeberische Art war mir manchmal peinlich, aber wenn ich dann zu Bernd hinübersah, glaubte ich in seinen dunklen Augen den Anflug eines spöttisch-nachsichtigen Lächelns zu erkennen. Ob Franz etwas von dem geheimen Einvernehmen zwischen Bernd und mir mitbekommen hatte? Ich glaube es eher nicht.

Mehrmals hatte ich das Telefon in der Hand, um Bernd anzurufen und ihn unter einem Vorwand allein zu treffen, aber dann legte ich es jedes Mal wieder in die Halterung zurück. Eigentlich wäre es an ihm gewesen, die Initiative zu ergreifen. Dass er mich gerne treffen würde, da war ich mir ziemlich sicher, aber vermutlich war er einfach zu schüchtern, um mich anzurufen. Also würde ich die Sache in die Hand nehmen müssen.

Dann aber geschah etwas, das der Geschichte, ja meinem Leben, eine neue Wendung geben sollte. An einem Morgen, es war Ende Mai, und Franz war bereits ins Büro gefahren, klingelte es an der Tür unserer Penthousewohnung. Ich erwartete niemanden und war im Morgenmantel und noch nicht geschminkt, deshalb wollte ich zuerst nicht öffnen. Aber der ungebetene Besucher ließ nicht locker. Beim dritten oder vierten Klingeln ging ich doch zum Eingang.

»Ja bitte, wer ist denn da?«, fragte ich durch die geschlossene Tür.

»Polizei und Steuerfahndung, bitte machen Sie auf!«, war die erschreckende Antwort.

Ich öffnete. Vor mir standen vier Herren, zwei davon in dunklen Anzügen mit Hemd und Krawatte und zwei in Jeans und Pullover, die eher so aussahen wie die Männer von der Müllabfuhr, die in unserer Stadt immer an Silvester kamen, um ein frohes neues Jahr zu wünschen und sich ein Trinkgeld abzuholen, aber Neujahr war lange vorbei.

»Sind Sie Frau Claire Klobig?« Ich bejahte, und einer der Anzugträger stellte sich und seine Begleiter vor, ohne dass ich mir in meiner Aufregung die Namen merken konnte. Er und sein Kollege – er deutete auf den anderen Anzugträger – seien Mitarbeiter der Steuerfahndung und die beiden anderen Herren – er wies auf die Müllmänner – seien von der Polizei. »Dürfen wir hereinkommen?«

»Haben Sie einen Durchsuchungsbefehl?« Die Frage kannte ich aus vielen Fernsehkrimis.

»Es heißt zwar richtig Durchsuchungsbeschluss, aber ja, so was haben wir.« Er hielt mir ein Schreiben hin, das ich ohne Brille nicht lesen konnte, aber ich glaubte ihm sofort, dass es das Richtige war.

»Können Sie nicht wiederkommen, wenn mein Mann zurück ist? Ich kenne mich in seinen Angelegenheiten nicht aus.«

»Das wird nicht möglich sein«, erwiderte einer der Müllmänner, »Ihr Mann wurde heute Morgen festgenommen und befindet sich zur Zeit in Untersuchungshaft. Näheres dürfen wir Ihnen zum jetzigen Zeitpunkt noch nicht sagen.«

Es blieb mir nichts übrig, als die Beamten in die Wohnung zu lassen, wo sie die nächsten zwei Stunden damit beschäftigt waren, ein irres Chaos anzurichten. Als sie abrückten, nahmen sie nicht nur den gesamten Inhalt unserer beiden Schreibtische und den Computer von Franz mit, sondern trotz meiner Bitten und

Proteste auch meinen Laptop, dem ich leider einige Geheimnisse anvertraut hatte, auch bezüglich meiner Gefühle für den Architekten. Zum Abschied erklärten sie mir, dass ich meinen Mann vorerst nicht sprechen könne, wegen Verdunkelungsgefahr.

Jetzt war also das eingetreten, was ich immer gefürchtet hatte. Aber mir war klar, in dieser Situation würde ich es nicht über mich bringen, Franz im Stich zu lassen. Nach den üppigen Zeiten, die ich ihm zu verdanken hatte, wäre es mir schäbig vorkommen, ihn zu verlassen, bevor das derzeitige Schlamassel ausgeräumt war. Ich packte trotzdem zwei Koffer mit meinen Sachen und zog zu meiner allein lebenden Schwester, die in einer geräumigen Mietwohnung in unserer Stadt wohnte.

Ein paar Tage später fuhr ich unangemeldet zu Bernds Büro. Immerhin musste ich angesichts unserer unklaren finanziellen Lage die Arbeiten an der Villa stoppen. Aber das war nicht der einzige Grund. Ich wollte ihn wiedersehen, in meiner Verwirrung und Ratlosigkeit sehnte ich mich nach seiner ausgeglichenen Art, seiner ruhigen, sachlichen Stimme. Seine Sekretärin war nicht an ihrem Platz, und so ging ich gleich zu seinem Büro. Ob ich angeklopft habe, weiß ich nicht mehr, jedenfalls schien er freudig überrascht, mich allein zu sehen. Noch überraschter war er allerdings, als ich ihm eröffnete, dass wir die Villa verkaufen wollten und er uns die Rechnung für seine bisherige Tätigkeit schicken sollte.

»Wir lassen uns scheiden«, entfuhr es mir, als ich sein verblüfftes und ratloses Gesicht sah. Wie konnte ich so etwas sagen? Von Scheidung war bisher nie die Rede gewesen, und ich war auch noch gar nicht dazu entschlossen. Vielleicht wollte ich ihn ermutigen, den nächsten Schritt zu tun, zum Beispiel sich mit mir zu verabreden. Leider tat er nichts dergleichen, sondern murmelte in seiner Verlegenheit hilflos, dass ihm das sehr leid tue, oder etwas in der Art. Und so verabschiedete ich mich, ließ aber meine Karte mit meiner neuen Anschrift und Telefonnummer auf seinem Schreibtisch zurück. Diese Aufforderung musste er doch verstehen! Und dass er sich in mich verguckt hatte, war doch offensichtlich.

Trotzdem dauerte es zwei Wochen, bis er anrief … endlich!

»Ich würde dich, äh, Sie gerne wiedersehen«, stotterte er verlegen. Ein Draufgänger schien er wirklich nicht zu sein, aber das war ja auch nicht das, was ich suchte.

»Du kannst mich ruhig duzen. Du weißt ja, ich heiße Claire.«

»Bernd, ich heiße Bernd«, sagte er zögerlich, so als ob ihm der Name peinlich sei – na ja, das konnte ich nachvollziehen.

Wir verabredeten uns für den kommenden Freitagabend zum Essen ins La Cipolla, ein ziemlich teures Restaurant, wo ich mit Franz einige Male gewesen war. Lieber wäre ich in ein einfacheres Lokal gegangen, vor allem irgendwohin, wo ich sicher gewesen wäre, dass mich niemand kennt. Aber es schien Bernd Freude zu machen, mich gerade in die Cipolla einzuladen, also sagte ich zu. Den Gedanken an Franz, der in seiner Zelle schmorte, verdrängte ich.

Ich war aufgeregt wie ein Schulmädchen und gespannt, wie der Abend verlaufen würde. Immer wieder lief in meinem Kopf undeutlich und wie im Zeitraffer ein Film ab, der mir ein Leben mit Bernd vorgaukelte, vielleicht in einem Haus mit Garten, zwei oder drei Kindern und einem kleinen Hund, eine ziemlich klischeehaft-romantische Vorstellung, aber eben das Gegenteil von meinem bisherigen Dasein. Ich verbannte diese albernen Gedanken aus meinem Hirn und versuchte, meine derzeitige Situation in Ordnung zu bringen, allerdings mit zweifelhaftem Erfolg. Am Telefon eröffnete mir der zuständige Staatsanwalt, dass gegen Franz Ermittlungen liefen, wegen Betrugs, Untreue, Insolvenzverschleppung und noch einiger anderer Dinge, die ich mir nicht merken konnte. Jedenfalls könne ich ihn vorerst nicht besuchen und auch nicht mit ihm telefonieren. Er klang bedrohlich und sehr amtlich.

Dann, am Donnerstag Spätnachmittag, dem Tag vor unserer Verabredung, sah ich Bernd in einem Kaufhaus in der Innenstadt, in Begleitung einer schmalen, etwas verhärmten Frau und zweier Kinder im Vorschulalter. Damit hatte sich meine Frage, ob er eine Familie habe, erübrigt. Er hatte mich nicht bemerkt, ich versteckte mich hinter einer Säule. Das kleinere der beiden Kinder, ein pummeliger Junge, hatte sich wohl den Kopf an einem Regal gestoßen. Es versetzte mir einen schmerzhaften Stich, als ich sah, wie liebevoll Bernd den Kleinen tröstete. Ich überlegte, ob ich unser Rendezvous unter einem Vorwand absagen sollte, aber dann entschied ich mich anders. Ich wollte ihn haben, wenigstens diese eine Nacht mit ihm verbringen, dann würde man weitersehen.

Als Bernd am nächsten Abend an der Tür meiner Schwester klingelte, ging ich hinunter, meiner Schwester wollte ich ihn nicht vorstellen. Da stand er auf dem Bürgersteig vor seinem betagten VW Golf, eine langstielige Rose in der Hand, und starrte mich an wie damals die heilige Bernadette von Lourdes ihre Marienerscheinung, jedenfalls stelle ich mir das so ähnlich vor. Gerührt drückte ich ihn an mich. Er erwiderte die Umarmung vorsichtig, doch ich spürte sein Verlangen. Franz und seine bedrohliche Situation waren in diesem Moment vergessen.

Unser Tisch, den Bernd im Restaurant reserviert hatte, war eigentlich eine Zumutung, direkt neben der Tür zur Küche, und wenn die Bedienungen mit ihren vollen Tabletts an mir vorbeikamen, zog ich jedes Mal instinktiv den Kopf ein. Doch dadurch wollte ich mir nicht den Abend verderben lassen. Bernd wirkte ein wenig verkrampft, doch er entpuppte sich als geistreicher und unerwartet witziger Unterhalter. Unser Gespräch plätscherte leicht dahin, bis er, nach einer plötzlichen Pause, verlegen hervorbrachte: »Glaubst du, du könntest mich noch auf einen Kaffee oder so zu dir einladen?« Ich fand es rührend, wie er dabei errötete.

»Du weißt, ich wohne bei meiner Schwester, und die hat für so etwas keinen Sinn ... und sie ist leider, leider zu Hause. Du musst dir schon etwas anderes einfallen lassen.« Er war sichtlich irritiert.

»Klar, ich hab da schon eine Idee.« Ich sah ihm an, dass er absolut keine Idee hatte, er war ratlos, und es war fast elf Uhr.

Unbeholfen entschuldigte er sich und verschwand in Richtung der Toiletten. Unterwegs hielt er an einem Tisch, an dem ein älteres, verknöchert wirkendes Ehepaar saß, das er anscheinend kannte. Ich sah, wie die drei zu meinem Tisch herübersahen und offensichtlich über mich sprachen. Die Alten sahen allerdings nicht aus wie Leute, die bereit waren, uns ihr Schlafzimmer für diese Nacht zu überlassen.

Als Bernd nach ziemlich langer Zeit von der Toilette zurückkam, hielt er sein Handy in der Hand, was ihm selbst offenbar noch gar nicht aufgefallen war. Als ich zu ihm hinsah, ließ er es hastig in seine Hosentasche gleiten. Es war klar, dass er von der Toilette aus jemanden angerufen hatte. Aber wen? Hatte er ein Hotelzimmer bestellt? Hoffentlich kein Hotel, in dem man mich kannte. Nun, ich musste mich überraschen lassen.

Dann standen wir vor der Tür des Restaurants. »Und wohin jetzt?«, fragte ich und bemühte mich, meiner eigentlich etwas schrillen Stimme einen dunklen, verführerischen Ton zu verleihen, als aus seiner Hose eine seltsam pathetische Melodie erklang, ich glaube, es war die US-Nationalhymne. Sein Handy! Er meldete sich, und da der Ton sehr laut gestellt war, konnte ich hören, wie der Anrufer, ein Mann, sich in fragendem Ton meldete:

»Ich sollte dich in fünf Minuten zurückrufen?« Bernd drehte sich ruckartig von mir weg, sodass ich den anderen nicht mehr hören konnte, und murmelte aufgeregt und so laut, dass ich es wohl mitbekommen sollte, in sein Telefon. Er schien sich gegen irgendetwas, das von ihm verlangt wurde, zu wehren. Schließlich erklärte er in scheinbar resignierendem Ton: »Okay, in einer halben Stunde bin ich bei dir.«

Er wandte sich mir wieder zu, steckte das Telefon in die Tasche und stammelte: »Es ist verrückt, und es tut mir fürchterlich leid, aber ich muss noch einmal ins Büro. Das ist schrecklich, aber mein Partner ...« Ich hörte nicht mehr zu. Mit einem Schlag war mir klar, dass dies eine Schau war, ein abgekartetes Spiel. Sein Bedauern war wahrscheinlich sogar echt, aber er war ein elend schlechter Lügner. Er machte einen feigen Rückzieher, hatte kalte Füße bekommen, wollte plötzlich nach Hause zu seiner Familie, nachdem er nicht einfach mit zu mir kommen konnte und die Sache komplizierter oder auch gefährlicher für ihn geworden war. Wahrscheinlich war es ihm zu riskant, mit mir in ein Hotel zu gehen. Und was er seiner Frau erzählt hatte, wusste ich auch nicht.

Meine erste Regung war, ihm eine Ohrfeige zu verpassen, mich umzudrehen und mit einem Taxi nach Hause zu fahren. Ich war tief getroffen, fühlte mich zurückgestoßen und gedemütigt. Dann aber, als ich seine lächerlich verzweifelte Miene sah, tat er mir fast leid. Aller Nimbus, den ich ihm angedichtet hatte, war plötzlich von ihm abgefallen. Er wirkte irgendwie lächerlich, wenn mir auch nach Lachen im Moment nicht so richtig zumute war. Also stieg ich in seine Klapperkiste und ließ mich von ihm nach Hause fahren.

Vor der Haustür, noch im Auto, umarmte er mich, legte seine linke Hand auf meine Brust und versuchte mich zu küssen, aber ich machte mich von ihm los, hauchte einen angedeuteten Kuss auf seine Wange, und ehe er noch etwas sagen konnte, war ich ausgestiegen. Er sollte nicht sehen, dass ich weinte, es waren Tränen der Wut und der Enttäuschung.

Mittlerweile sind fast zwei Jahre vergangen, und ich bin immer noch mit Franz verheiratet. Er wurde zu einer Bewährungsstrafe verurteilt, und unser Lebensstil ist seither deutlich bescheidener. Auch Franz ist bescheidener geworden, was ihn übrigens wesentlich sympathischer macht.

Das Sexdate

Esther (30), Friseurin, Hagen,
über
Jens (29), Lehrer, Hagen

Ich sitze in einer Autobahnraststätte. Es ist zwei Uhr nachts, mitten in der Woche, also nicht gerade Hochbetrieb, doch es riecht nach Bratfett, so sehr, dass der Geruch sich in meinen Kleidern festgesetzt hat. Mein Pullover fühlt sich speckig an, fettvollgesogen, aber das bilde ich mir wahrscheinlich nur ein. Auf dem Tisch krusten verschiedenfarbige Flecken vor sich hin, hübsch bestrahlt vom grellen Neonlicht. Kein besonders schönes Ambiente für ein Date. Das dachte ich bereits vorher, als Jens es vorgeschlagen hat, aber es klang so plausibel – eine Autobahnraststätte, nicht allzu weit weg, und doch ist die Gefahr, dass uns Bekannte über den Weg laufen, sehr gering; wir treffen uns im Restaurant und falls wir uns mögen, gehen wir zu einem unserer Autos und fahren zum hinteren Teil des Parkplatzes, wo es dunkel ist und wir allein sein können – ein guter Plan! Aber jetzt ist es doch ein wenig ernüchternd. Und Jens kommt auch noch zu spät!

Vielleicht kommt er ja gar nicht? Obwohl ich unserem Treffen seit Tagen aufgeregt entgegenfiebere, finde ich diese Möglichkeit auf einmal gar nicht mehr so schlecht. Ich beschließe, noch fünf Minuten zu warten und dann zu gehen. Nach vier Minuten ziehe ich gerade meine Jacke an, als sich eilige Schritte nähern.

»Esther?«

Ich schaue hoch und setze mich sofort wieder hin. Er gefällt mir auf den ersten Blick, kurze dunkelblonde Haare, blaue Augen, ein schön geschnittenes, jungenhaftes Gesicht. Und er ist groß, mit auffallend breiten Schultern. Ganz anders als mein Freund, den ich über alles liebe, dessen leptosome Hühnerbrust trotzdem eher mütterliche Gefühle in mir weckt. Gut, dass ich noch nicht gegangen bin!

»Jens?«, erwidere ich. Eine dumme Frage, doch er nickt ernsthaft.

»Ich hol mir einen Kaffee, magst du auch noch etwas?«, fragt er und verschwindet, als ich bejahe und auf mein leeres Colaglas deute. Beim Wiederkommen hat er zwei Schälchen mit runzeligem Obstsalat dabei, eins stellt er vor mir ab. Die Sprühsahne wellt sich mir entgegen. Das wäre doch nicht nötig gewesen. Mir ist ohnehin mehr nach etwas Alkoholischem, aber bei Rastplatzsex schließt sich das ja leider aus ... Rastplatzsex! Ich habe das noch nie vorher gemacht, und ich fühle mich seit Tagen herrlich verrucht bei dem Gedanken. Jens' Annonce, die ich vor ein paar Wochen bei einem Seitensprungportal gefunden habe, klang verwegen und erfahren, wir haben uns zwei Wochen lang Mails geschrieben und dann dieses Treffen vereinbart.

Bist du auf der Suche nach etwas Unbekanntem, nach Abenteuern und nach jemandem, mit dem du sie diskret und ohne gegenseitige Verpflichtungen ausleben kannst? Suchst du jemanden, dem du dich hingeben kannst? Da wäre Jens der Richtige.

Obwohl er mir Bilder geschickt hat, habe ich ihn mir anders vorgestellt, weniger jungenhaft, weniger flaumig, aber die breiten Schultern stimmen immerhin. Er löffelt seinen Obstsalat mit unverhohlener Gier und sagt dann kauend: »Ich war so aufgeregt, ich konnte gar nichts essen heute!« Na dann, schön, dass sein Appetit jetzt wieder da ist. Ich schiebe ihm auch mein Schälchen hin, über das er ohne aufzublicken herfällt. Erst dann richtet er sich auf, strahlt mich an und sagt: »Ich freu mich, dass du hier bist, Esther! War es schwierig, dir den Abend frei-zumachen?«

»Nein«, sage ich einfach. Mein Freund ist bei seinen Eltern zu Besuch, das hab ich Jens doch schon per Mail geschrieben, schließlich planen wir dieses Sexdate ja nicht erst seit gestern. Aber ich möchte jetzt hier im grellen Raststättenlicht nicht von meinem Freund anfangen. Ich weiß zwar gerade auch nicht, was das richtige Thema wäre, um so etwas wie Stimmung aufkom-men zu lassen, doch meine Partnerschaft sicherlich nicht. Findet Jens aber offenbar schon.

»Das freut mich«. sagt er munter. »Es soll ja auch keine Pro-bleme geben. Wir wollen ja niemandem wehtun, dafür sind wir ja auch 'ne halbe Stunde gefahren. Halbe Stunde ist ja auch nicht zu viel verlangt, haha. Meine Freundin hat gar keinen Verdacht geschöpft, sie denkt, ich mach einen Videoabend mit den Jungs. Sie ist eh etwas in Sorge, der Kleine brütet irgendetwas aus und da ist sie immer übertrieben nervös ...«

Halt!, denke ich, lächele höflich und unterbreche ihn: »Hast du schon andere Frauen hier getroffen? Auf diesem Rastplatz, meine ich?«

»Ja«, nickt er, plötzlich deutlich weniger auskunftsfreudig.

»Und? Hattet ihr dann Sex auf dem Parkplatz?«, frage ich weiter.

»Ja«, er schaut sich suchend im Lokal um, weicht meinem Blick aus.

»Und? Ich meine, wie war das so?«, bohre ich nach.

»Schön«, sagt er, und als ich ungläubig blinzele: »Na ja, um ehrlich zu sein, stimmt das nicht ganz. Ich hatte noch kein Date hier und auch nicht auf einem anderen Parkplatz, aber du hast ja ausdrücklich einen Mann mit viel Erfahrung gesucht, deshalb hab ich das einfach behauptet. Ist ja auch nur 'ne klitzekleine Notlüge, denn – Erfahrung hab ich! En masse! Und ob jetzt Park-platz oder nicht, das spielt doch eigentlich keine Rolle, oder?« Treuherzig lächelt er mich an. Jetzt ist es eh zu spät, also sag ich nichts mehr dazu. Aber ich beschließe, dass wir besser nicht mehr allzu viel plaudern sollten. Je mehr Jens erzählt, desto weniger kann ich mir vorstellen, dass wir gleich wilden, heißen und abenteuerlichen Sex in seinem Auto haben werden. Seine Mails waren so geheimnisvoll, ich möchte ihn lieber als fremden Verführer, der verbotene Dinge mit mir anstellt, nicht als freundliche Plaudertasche.

Immerhin sieht er sehr gut aus. Diese Schultern! Früher habe ich nie auf so etwas geachtet, mein Freund, alle meine Freunde waren schmal, unsportlich und ... sagen wir uneitel. Mir ist das noch nicht einmal besonders bewusst gewesen, ich mag Humor, Intelligenz, Männlichkeit, die sich in Selbstbewusstsein zeigt. Erst in letzter Zeit, seitdem ich das Chatten und diese Seitensprungportale entdeckt habe, beobachte ich diese neue, oberflächliche Seite an mir, die auf optische Reize abzielt. Plötzlich versinke ich in Tagträumen, in denen mich kräftige Männerarme greifen, packen, zu Boden drücken ... Auf einmal möchte ich schnell ins Auto.

»Gehen wir?«, frag ich und greife dabei schon nach meiner Jacke. »Wir gehen besser zu deinem Auto, das ist ja größer.« Folgsam steht Jens auf, und wir verlassen die Raststätte.

Als ich sein Auto sehe, schlage ich beschämt die Augen nieder. Ich weiß gar nicht, wo ich zuerst wegsehen soll: Auf der Heckscheibe prangt das mitleiderregende Wort »Turbo«. Mein Freund würde laut lachen, wenn er dieses Auto sehen würde! Allerdings, wenn er mich jetzt sehen würde, wie ich in dieses Auto steige, würde ihm das Lachen wohl im Hals stecken bleiben, also verdränge ich den Gedanken schnell. Nicht an meinen Freund denken, das hatte ich mir doch fest vorgenommen!

Ich bekämpfe das aufkommende schlechte Gewissen, indem ich mir vor Augen halte, wie oft ich in den letzten Wochen versucht habe, etwas Leben in unsere Beziehung zu bringen. Die Gespräche, in denen ich versucht habe, ihm meine Wünsche und Sehnsüchte zu offenbaren, während er sich peinlich berührt auf seinem Stuhl gewunden und dann die Flucht ergriffen hat. Die sexy rote Wäsche, die er missbilligend zwischen den Fingern gerieben hat, um dann das Waschetikett nach außen zu stülpen: »Das färbt doch sicher …« Das war geradezu komödiantisch, doch er meinte es ernst.

Die verführerischen Posen, die ich eingenommen habe, auf allen vieren durchs Wohnzimmer krabbelnd, doch er wollte mir nur suchen helfen. Ich hab ihm Bücher gekauft, *Was Männer wollen* usw., wenn ich seine Sehnsüchte schon nicht herauskitzeln kann, soll er sie selber erspüren, doch er hat sich nur über die schlechte Grammatik amüsiert! Und immer wieder Gespräche, in denen ich immer offener meine Unzufriedenheit offenbart habe. Er hat mich einfach nicht ernst genommen! Nun gut, das ist vielleicht keine hundertprozentige Rechtfertigung, jetzt mit einer Bekanntschaft aus dem Seitensprungportal ins Auto zu steigen, um meine Wünsche auszuleben, aber irgendwie ist er auch ein bisschen selbst dran schuld.

»Wenn du nicht glücklich bist, musst du ihn doch nicht betrügen – mach doch Schluss!«, hat meine beste Freundin gesagt und ich muss zugeben, da hat sie nicht unrecht. Aber ich bin noch nicht so weit, ich hänge an meinem Freund, wir sind schon so lange zusammen, er ist witzig, schlau und er überrascht mich jeden Tag aufs Neue … zumindest mit Worten.

Und daher steige ich jetzt zu Jens mit den breiten Schultern in das peinliche Prollauto.

»Was für Musik soll ich anmachen?«, fragt er, doch ich schüttele nur den Kopf, keine Musik, denn das kann ich jetzt nicht so schnell entscheiden, auch glaub ich nicht, dass Jens das Passende finden würde. Wir fahren ein Stück, bis zum dunklen Ende des Parkplatzes. Hier ist tatsächlich kein Mensch, das ist schon mal gut.

»Ich bin ganz aufgeregt«, sagt Jens, doch das möchte ich nicht hören, also verschließe ich ihm den Mund mit einem Kuss. Er schmeckt nach Odol und regelmäßiger Zahnreinigung und ich ärger mich, dass ich jetzt solche Gedanken habe. Aber Jens küsst gut, seine Hände wandern über meinen Körper. Ich spüre, dass er sofort erregt ist, dass er mich will. Jens zieht mich zu sich, auf seinen Sitz, er keucht, sein Atem geht immer schneller und sein Griff wird fordernder. Endlich fühle ich mich wieder begehrt, begehrenswert, und mit einem Mal ist mir nahezu egal, von wem und wo, Jens, der Parkplatz, der Wagen, alles vergessen, ich will ihn nur noch fühlen.

»Lass uns nach hinten gehen«, sagt er mit rauer Stimme. Ich bin schon halbnackt, mein Kleid liegt zerknittert im Fußraum, also klettere ich zwischen den Vordersitzen hindurch in den hinteren Teil des Wagens, während er die Türen benutzt.

So ein Auto hat auch seine Vorteile, die Rückbank ist umgeklappt, sodass eine richtige Spielwiese entstanden ist. Er packt mich, presst seinen Körper gegen meinen, fest umschließen mich seine kräftigen Arme, genau wie ich mir das gewünscht habe. Schummriges Licht dringt durch die Fensterscheiben, die sofort beschlagen sind.

Jens greift zwischen meine Beine, schiebt seine Hand in meinen Slip, ich presse mich gegen seine Finger. Heiße Wellen durchströmen meinen Unterleib. Doch viel zu schnell streift er mir den Slip runter, zieht gleichzeitig an seiner Hose und hat plötzlich ein Kondom in der Hand.

»Du bist ...«, sagt er, doch ich will nicht reden, bloß nicht, schnell leg ich meine Hand auf seinen Mund, verschließe ihn, während er sich hektisch seiner Kleider entledigt, das Kondom überstreift und sich dann auf mich legt. Er fickt mich, kräftig, hart, gleichmäßig. Ich streiche über seine Schultern, sein Anblick erregt mich, sein großer Körper, unter dem ich mich zart und wehrlos fühle. Ich stöhne jetzt auch, drücke ihm mein Becken entgegen. Endlich! Ich habe schon so lange keinen Sex mehr gehabt! Jens offenbar auch nicht: Er stößt noch dreimal zu, dann zuckt er und kommt mit einem lauten Seufzer. Bitte, das darf doch nicht wahr sein!

»Boah, war das toll«, sagt er dann auch noch, als wäre nicht schon alles schlimm genug! »Lass uns noch einen Moment kuscheln«, fügt er hinzu und schmiegt sich an mich. Er ist ungeheuer schwer, also bleibe ich einfach still liegen, etwas anderes bleibt mir ja kaum übrig. »Bist du gekommen?«, fragt er dann, dicht an meinem Ohr. Herrje. So viel zum Thema Erfahrung. Hätte er die, würde er mir jetzt bestimmt nicht so eine unangenehme Frage stellen. Ob ich lügen soll? Oder ehrlich sein und sagen, dass es zu schnell ging? Viel zu schnell! Besser, ich verstöre ihn nicht, denn vielleicht war das nur der Anfang, vielleicht machen wir ja gleich weiter? Meine Erregung ist noch da, sogar noch stärker, sofort spüre ich ein Kribbeln im Bauch.

»Ja«, lüge ich also und schließe noch einmal fest die Arme um ihn. Jens seufzt wohlig.

»Sehr gut«, sagt er dann, drückt mir einen schmatzenden Kuss auf den Mund und löst sich von mir. Ich will protestieren, doch er kommt mir zuvor, zieht das Kondom ab und wirft es aus dem Fenster, wo es mit einem leisen Platschen im Dunkeln verschwindet. »Leider muss ich auch gleich los. Meine Freundin wartet bestimmt schon. So ein Videoabend geht ja nicht so lange ...«

So ein Sexabend offenbar auch nicht, also suche ich meine Sachen zusammen und ziehe mich ebenfalls an. Jens wirkt aufgeräumt und so fröhlich, dass ich mich immer mehr ärgere, ihm nicht die Wahrheit gesagt zu haben. Vielleicht hätte es ja beim nächsten Mal etwas gebracht? Missmutig lasse ich mich zu meinem Auto fahren.

Er schmatzt mir noch einen Kuss auf die Wange, so ganz anders als die Küsse zuvor. Vielleicht möchte er keine allzu große Vertrautheit aufkommen lassen, schließlich sind wir ja nur Internetbekannte. So verabschieden wir uns auch, drücken uns kurz, wir hören ja per Mail voneinander.

Schon ein paar Tage später schreibt Jens mir wieder und schlägt ein neues Treffen vor. Aber ich bin noch unschlüssig, ob ich ihn wiedersehen möchte.

Wer ist dieser Arne?

Sarah (28), Juristin, Ulm,
über
Markus (26), Sozialarbeiter, Düsseldorf

Vor anderthalb Jahren hatte ich das Studium der Rechtswissenschaften in Ulm abgeschlossen. Die Stadt kenne ich seit meiner Kindheit wie meine Westentasche und ich wollte unbedingt etwas Neues erleben. Darum entschied ich mich, einen Teil meiner Praxiserfahrung für das zweite Staatsexamen in Köln zu sammeln und für vier Monate an den Rhein zu ziehen. Eigentlich wäre ich lieber ins Ausland gegangen, aber ich nahm Rücksicht auf die Beziehung zu meinem Freund. Köln war der Kompromiss zu New York.

Arne war nicht übertrieben eifersüchtig, aber er konnte es sich nicht vorstellen, mit mir über einen so langen Zeitraum nur über das Internet zu kommunizieren. Für mehr Eifersucht blieb ihm allerdings auch keine Zeit.

Seit Anfang letzten Jahres arbeitete er mit großem Erfolg in einer renommierten Kanzlei in Ulm. Seitdem sahen wir uns nur spätabends, um uns einen trockenen Gutenachtkuss zu geben. Wir waren bereits seit sieben Jahren zusammen und die Beziehung verlief, sagen wir mal, recht routiniert. Dennoch liebten wir uns. Aber vielleicht war es auch die Gewohnheit, die uns zusammenhielt.

Übers Internet fand ich ein freies Zimmer in einer WG in Köln-Deutz. Es war ganz niedlich eingerichtet und das Wichtigste, die Miete war bezahlbar. Meine beiden Mitbewohner, Cornelius und Nikolaus, waren zwei merkwürdige Vögel, aber sympathisch, und sie zeigten mir an den Wochenenden, an denen ich mal nicht nach Hause fuhr, das Kölner Nachtleben. Schnell fand ich Anschluss und lernte einige nette Mädchen kennen, mit denen ich mich bald öfter abends traf. Ich war über die kulturelle Vielfalt der Stadt überrascht und empfand es als sehr angenehm, wie offen die Menschen hier waren. In Ulm war es für Auswärtige sicherlich schwieriger, Anschluss zu finden. Schnell lebte ich mich ein und fühlte mich schon bald richtig wohl.

Die Beziehung zu Arne plätscherte vor sich hin. Es erschrak mich etwas, dass ich ihn nicht mehr vermisste und wir uns immer seltener sahen. Inzwischen weiß ich, dass ich mir damals etwas vorgemacht habe, als ich davon ausging, dass sich alles normalisieren würde, sobald ich wieder zurück wäre. An anderen Männern war ich dennoch nicht interessiert. Treue und Vertrauen waren für mich immer das Wichtigste in Beziehungen, der Kitt, der alles zusammenhält. Ende Februar machte ich die Erfahrung, dass sich dieses Bindemittel schnell in Luft auflösen kann. Denn ein Ereignis brachte nicht nur meinen Köper ins Schwanken, sondern auch meine Moral: die Begegnung mit Superman auf dem Kölsche Karneval …

In Süddeutschland gibt es Karneval nicht in der exzessiven Form, wie ihn die Rheinländer kennen. Ich war noch nie ein Freund dieses Fests und wollte mich in Köln erst recht nicht damit auseinandersetzen. Verkleidete, betrunkene Deppen, die unkontrolliert durch die Gegend schwankten und wie die Tiere übereinander herfielen! Ich sparte mir meinen Urlaub lieber für wichtigere Anlässe auf. Rosenmontag war die Kanzlei jedoch geschlossen. Keiner meiner Kollegen hätte auch nur im Traum daran gedacht, an diesem Tag zu arbeiten. Ich wollte die Gelegenheit nutzen, um endlich mal wieder auszuschlafen. Doch daraus wurde nichts. Ab neun Uhr morgens klingelte mein Handy ohne Unterlass.

Meine Kölner Freundinnen hatten sich seit Ewigkeiten Gedanken über ihre Kostüme gemacht und feierten von Schwerdonnerstag bis Karnevalsdienstag durch. Auf mich wollten sie dabei nicht verzichten. Erst hielt ich ihrem Bitten und Drohen stand. Die Penetranz ihrer Bemühungen, mich verkleidet auf die Straße zu zerren, erstaunte mich. Alle zwei Minuten rief eine andere der drei an. Nachdem ich das Handy ausgestellt hatte, klingelte das Festnetztelefon und eine halbe Stunde, nachdem ich den Stecker herausgezogen hatte, läutete es an der Tür: Tanja, Jasmin und Helena – mit goldgelben Perücken, dunkelbrauner Schminke im Gesicht und rosafarbenem Lippenstift. Sie gingen als die Jacob Sisters. Ich gab mich geschlagen und bat sie in die Wohnung.

Ach, was soll's, vielleicht wird es ja doch ganz witzig, dachte ich. Allerdings hatte ich kein Kostüm. Ohne Verkleidung brauchte ich das Haus gar nicht zu verlassen, befanden die Jacobs. Mein Mitbewohner Cornelius, der nicht feiern konnte, weil er beim Fernsehen arbeitete und eine Sitzung aufzeichnen musste, war noch zu Hause und half mir mit einem alten Plastikbauhelm und einer blauen, viel zu großen Latzhose aus der Patsche. Meine Verkleidung stand: Ich war Bob die Baumeisterin!

Bis wir das Haus verlassen hatten, war es kurz nach elf und wir hatten ordentlich getrunken. Draußen herrschte Ausnahmezustand. Die Straßen waren voll von Jecken in den albernsten Kostümen. Schon die U-Bahnfahrt war ein Erlebnis für sich. Aus allen Ecken tönten die grausamsten Karnevalslieder. Jung und Alt war versammelt, um dem Wort »feiern« eine neue Bedeutung zu verleihen. Inzwischen war ich gut beschwipst und ich muss zugeben, dass mir das Halligalli gar nicht mehr so missfiel. Wenn man keine Wahl hat … Wir sahen uns den Karnevalszug in der Nähe des Appellhofplatzes an und zogen danach durch sämtliche Kneipen.

Ab dem frühen Nachmittag kämpften die Geschlechter darum, wer indiskreter baggern konnte. An sämtlichen Ecken, in Hauseingängen und in Einkaufspassagen übergaben sich Teenies mit Glitzer im Gesicht und unvorteilhaft verrutschten Miniröcken. Schmetterlingsfrauen knutschten in der Gosse mit Matrosen herum, auf deren weißen Hosen sich pissgelbe Flecken unbekannter Herkunft abzeichneten. Beides war unschön anzusehen, daher zogen wir weiter. Ich weiß nicht mehr, die wievielte Pinte das Päff im Friesenviertel war, aber hier war es nicht ganz so voll, das Publikum wirkte eine Nuance nüchterner, wir wichen nicht sehr vom Altersdurchschnitt ab und das Treiben erinnerte eher an die jugendfreie Version von »Sodom und Gomorrha«.

Unzählige Runden Kölsch kamen und ich griff eifrig zu. Ich tanzte mir die Seele aus dem Leib und sang die Refrains falsch, doch voller Inbrunst mit. Aus den Boxen tönte gerade »Mer losse d'r Dom en Kölle, denn do jehööt hä hin. Wat sull dä dann woanders, dat hätt doch keine Senn«, als mir ein Typ in einem Superman-Kostüm auffiel. Während er etwas unbeholfen tanzte, sah er häufig zu mir herüber. Er war vielleicht Mitte zwanzig, hatte dunkelblonde Haare und war etwas größer als ich. An Händen und Hals krochen Tätowierungen unter seinem Umhang hervor, was gar nicht zu seinem Schwiegersohngesicht mit den großen blauen Augen passte. Ein interessanter Gegensatz. Für einen Moment trafen sich unsere Blicke und ich zuckte zusammen. Ich wollte nicht flirten – schließlich hatte ich einen Freund. Doch Supermans Blick hatte irgendetwas in meiner unteren Bauchgegend zum Schwingen gebracht.

Ich wendete mich ab und versuchte vernünftig nachzudenken. Von Arne hatte ich zwar seit Tagen nichts mehr gehört, aber unserer Liebe nahm das nicht ihre Bedeutung. Doch Superman gefiel mir. Und etwas Flirten war ja nicht verboten. Wer weiß, was Arne gerade in Ulm trieb? Superman sah auch schon wieder zu mir rüber ... ich befand mich im Zwiespalt. Also nahm ich einen beherzten Schluck und drehte mich zu Jasmin, um sie um

Rat zu fragen. Na toll, die knusperte gerade an einem Typen im Power-Puffgirl-Kostüm herum. Während ich mich nach den anderen umsah, kam Superman zu mir rüber. Jetzt bloß nicht auf seine enge Hose schauen! Viel mehr auf das, was sich da unter dem blauen Nylonstoff abzeichnete. Diskret war sein Kostüm ja nicht gerade! Ob er das wohl wusste? Wahrscheinlich hatte er keine Ahnung.

»Alles gut?«, fragte er und grinste mich sympathisch an.

»Sicher. Und bei dir? Hast heute bestimmt einiges zu tun, wo so viele Schurken unterwegs sind?« Ach du meine Güte, das hatte ich jetzt nicht ernsthaft gesagt. Was für ein Blödsinn!

Doch er grinste und konterte: »Gar nicht! Heute ist alles erlaubt. Daher habe ich frei. Ich heiße übrigens Markus, du vermutlich Bob, oder?«

Zugegeben, die Konversation ließ anfangs zu wünschen übrig, und doch war ich plötzlich leicht zittrig, kicherte aufgeregt und etwas zu viel. Markus war Sozialarbeiter und arbeitete gerade in einem Gefängnis, womit wir ein Thema hatten, mit dem wir uns mehr oder weniger beide auskannten: Delinquenz. Ich weiß nicht mehr, worüber wir noch sprachen, aber die Unterhaltung schien für beide spannend. Markus redete für einen Kerl sehr viel, hörte mir aber, wenn ich sprach, aufmerksam zu. Er schien nicht auf den Kopf gefallen zu sein und sein Leben im Griff zu haben. Zudem sah er verdammt gut aus und hatte – ganz im Gegensatz zu Arne – offenkundig mehr als nur den Job im Kopf.

Ich merkte, wie sich seine leichten Berührungen an meinem Arm und an meinem Rücken häuften und von Mal zu Mal länger andauerten. Nachdem wir beide im allgemeinen Gerangel mehrmals versehentlich mit unseren Nasen aneinandergestoßen waren, gab er mir einen schnellen Kuss auf den Mund. Bevor ich etwas erwidern konnte, spürte ich seine Lippen wieder auf meinen. Diesmal lange und sehr intensiv. Sein Kuss löste etwas in mir aus, ein Gefühl, das ich seit Ewigkeiten nicht mehr gespürt hatte. Ein angenehmer Schauer lief mir über den Rücken und mein Körper schüttete massenhaft Endorphine aus. Arne konnte ich nicht ganz vergessen, aber ich schrieb unserer Beziehung augenblicklich keine große Bedeutung zu. Eng umschlungen lehnten wir, fast wie die breiten Teenies von vorhin, in einer der Ecken vom Päff und wollten nicht aufhören, uns zu küssen.

»Was hältst du davon, wenn wir zu dir fahren und dort noch etwas trinken?«, fragte er mich, während er mit seinen Zähnen an meinem Ohrläppchen herumspielte. Was passieren würde, wenn wir zu mir fahren würden, war mir klar, und ich wusste nicht, ob ich das wirklich wollte. Fremdknutschen war auch nicht okay, keine Frage, aber Sex mit einem anderen hatte freilich eine ganz andere Qualität.

»Ich habe einen Freund«, brach es aus mir heraus.

»Und dann küsst du mich?« Er versah mich mit einem süffisanten Blick.

»Küssen ist was anderes«, sagte ich und zögerte. Markus sah mich nur an, und doch fühlte ich mich bloßgestellt. Er schien genau zu wissen, dass der Drops noch nicht ganz gelutscht war.

»Wie du meinst«, lachte er dann unbekümmert und gab dem Kellner ein Zeichen, dass er noch zwei Kölsch bringen solle.

Jetzt hatte er aber zu schnell aufgegeben! Ich hörte mich sagen: »Ach komm, noch etwas trinken können wir ruhig bei mir. Ich kriege diese wässrige Plörre sowieso nicht mehr runter. Außerdem habe ich Hunger.« Ich zog ihn am Arm Richtung Ausgang. Markus guckte überrascht, setzte dann wieder sein Lächeln auf und gab mir einen Kuss auf die Wange.

In meinem Zimmer in Deutz angekommen, machte ich uns eine Flasche Sekt auf und wir setzten uns aufs Sofa. Der Alkoholpegel nahm uns beiden die Redseligkeit, vielleicht hemmte uns aber auch das Thema Sex, das mitten im Raum stand und behandelt werden wollte. Markus schien Ähnliches zu denken und begann meinen Nacken zu kraulen, um sich wenig später mit seiner Zunge und seinen Zähnen meinem Hals zu widmen. Ich bekam eine Gänsehaut. Von meinem Hals arbeitete er sich zu meinem Mund vor. Wir küssten uns und die Zeit schien stehen zu bleiben. Vergessen war Arne.

Markus' linke Hand wanderte von meinem Rücken zu meinen Brüsten. Zärtlich, aber mit festem Griff begann er sie zu kneten. Ich zog mein T-Shirt aus und er tat es mir gleich. Immer mehr Tattoos kamen zum Vorschein, und ich überlegte, ein paar Standardfragen zu stellen, um Zeit zu schinden. (»Hat das wehgetan?«, »Warum hast du einen Tiger auf der Brust?«) Doch bevor ich etwas sagen konnte, lag er auf mir. Ich spürte, wie sein Penis hart gegen mich drückte. Es war mir ein Rätsel, woher er das Kondom aus seinem taschenlosen Superman-Kostüm hervorgezaubert hatte, aber es dauerte nicht lange und er hatte es übergezogen. Erst langsam, dann schneller drang er in mich ein. Er war zärtlich, streichelte mich behutsam, doch ich war irgendwann vorher ausgestiegen. Mein schlechtes Gewissen hatte die Kontrolle übernommen, zu spät und im falschen Moment. Merkwürdig distanziert beobachtete ich das Geschehen, als stünde ich neben dem Bett und schaute auf uns herunter. Der Rausch war verflogen, und ich fragte ich mich ernüchtert, was ich hier trieb.

Markus begann zu stöhnen. Seltsamerweise begann ich, ihn zu beneiden. Wenn man schon so etwas tat wie wir hier, sollte man es auch genießen können. Sonst hatte das Ganze doch keinerlei Sinn. Aber ich konnte nicht, konnte nicht aufhören mir Gedanken zu machen, sondern verkrampfte mich mehr und mehr. Auch war ich mir nicht sicher, ob einer von meinen beiden Mitbewohnern uns hören konnte, ob sie überhaupt bereits zurück waren. Ich wollte nicht, dass sie hörten, was ich hier trieb. Sie wussten nun mal, dass ich einen Freund hatte.

Erst machte ich noch mechanisch mit, dann versteifte ich mich mehr und mehr. Markus küsste mich, gab sich noch mehr Mühe, doch ich konnte mich nicht fallen lassen. In immer kürzeren Intervallen erschien Arnes Bild vor meinen Augen. Dazwischen dachte ich an Cornelius und Nikolaus, die uns vielleicht hören konnten. Plötzlich hasste ich mich, warum tat ich das? Wer war dieser Markus überhaupt, der da auf mir herumschubberte? Es konnte doch nicht sein, dass ich Arne gerade mit einer Karnevalsbekanntschaft betrog. Bob die Baumeisterin fickte besoffen mit Superman, nachdem sie sich literweise Sekt hinter die Latzhosenbinsen gekippt hatte. Verdammt noch mal, was tat ich da!

»Hey«, ich hörte ganz auf mich zu bewegen und umklammerte stattdessen Markus' Arm. »Sorry ... ich kann das nicht. Ich kann mich nicht konzentrieren. Du bist toll, aber ich ... ich fühle mich nicht gut dabei, dass ich Arne betrüge.«

Er hielt irritiert inne: »Arne? Wer ist Arne?« Machte er sich jetzt lustig über mich?

»Arne, mein Freund ...«, erwiderte ich vorsichtig.

»Ach, das war gar kein Witz?«, sagte Markus, bedachte mich mit einem halb verständnisvollen Blick und rollte dann von mir runter. »Ich will ja nicht nörgeln ... aber hätte dir das nicht schon vorher einfallen können?«

Ich muss wohl recht verzweifelt ausgesehen haben. Er hatte ja recht! Ich fühlte mich mies und schämte mich auch für meine Blödheit, einfach mittendrin aufzuhören. Also entweder oder ... ich hatte alles falsch gemacht. Er hielt mich jetzt bestimmt für eine neurotische Gans.

»Macht ja nichts«, setzte er nach und streichelte begütigend meinen Arm. »Mach dir keine Gedanken.« Er lächelte sogar, als nähme er mir wirklich gar nichts übel. Verdammt, dieser Mann war toll, das wurde mir immer klarer. Warum nur konnte ich nicht mit ihm schlafen? Ich wollte plötzlich nicht mehr, dass er ging, also sagte ich:

»Du kannst natürlich hier schlafen und ich möchte dich auch gern wiedersehen. Ich hoffe, du mich auch ... Aber vorher habe ich erst mal was zu klären.«

»Ja, mach du nur«, sagte er und suchte auf dem Boden nach seinen Boxershorts. »Hier schlafen wäre cool, denn ich muss ja noch nach Düsseldorf ...«

Nur in Slip und Shorts legten wir uns in mein Bett. Kein guter Plan, denn Markus umarmte mich von hinten und begann meine Brust zu streicheln und sich an mich zu drücken. Ich wollte nur noch schlafen, mich nicht noch mal blamieren, außerdem musste ich in wenigen Stunden aufstehen und ins Büro gehen. Mein Kopf tat weh. Markus zappelte, drückte sich gegen mich, schlief kurz ein, zappelte dann wieder – er hielt mich die ganze Nacht vom Schlafen ab. Hätte ich ihm doch wenigstens einen runtergeholt, dachte ich, bestimmt hätte er dann besser geschlafen. Doch jetzt war es zu spät. Lieber noch mal ganz von vorn anfangen, bald. Ich wünschte mir, allein zu sein und fast sehnte ich mich nach dem Klingeln des Weckers.

Ich hatte die ganze Nacht kein Auge zugemacht, als mich um sieben Uhr der Wecker aufschreckte. Ich war hundemüde und konnte mir nicht vorstellen, jetzt zehn Stunden in der Kanzlei zu verbringen. Aber ich hatte keine Wahl. Sich einen Tag nach Rosenmontag krank zu melden war, wie sich selbst die Kündigung zu schreiben. Markus schlief mittlerweile selig. Der Saukerl! Das Gezappel und Gefummel hatte ihn wohl erschöpft. Ihn so friedlich schlummern zu sehen machte mich ein wenig wütend. Seinetwegen würde ich einen Horrortag hinter Aktenbergen zubringen müssen. Ich überlegte kurz, ihm einen nassen Waschlappen ins Gesicht zu werfen, ließ es aber, denn ich war eh schon zu spät dran. Auch sah es erstaunlich niedlich aus, wie er dalag und das Kopfkissen im Schwitzkasten hielt. Zu schade, dass der Abend nicht anders verlaufen war, wir uns nicht zu einem anderen Zeitpunkt kennengelernt hatten.

Ich ging duschen, zog mein Kostüm an und machte mir ein schnelles Frühstück. Als ich gerade gehen wollte, stand er in der Küchentür. Er musterte mich erschreckt, als hätte er mich noch nie gesehen. Offenbar wirkte ich in meinem Büro-Outfit ganz anders als in der blauen Latzhose. Er dagegen sah in seinem Supermankostüm mit Umhang in dem fahlen Küchenlicht etwas fehl am Platze aus. Natürlich hatte er nichts zum Wechseln dabei. Ich musste lachen. Markus verzog keine Miene, setzte sich an den Tisch und ich goss ihm Kaffee ein. »Vielen Dank für den Kaffee und für den gestrigen Abend. Wenn du magst, kannst du dich ja melden, wenn du die Sache mit deinem Freund geklärt hast.« Damit exte er den heißen Kaffee, gab mir einen Kuss auf die Stirn und verabschiedete sich. Fort war Superman! Ich blickte ihm nach und spürte ein leises Bedauern, das mich nicht mehr verlassen sollte.

Nach der Arbeit rief ich Arne an und sagte ihm, dass wir uns treffen müssten. Er wirkte wie immer gehetzt und hakte nicht weiter nach. Am Freitag fuhr ich nach Ulm und beendete die Beziehung – ohne etwas von meiner Liaison zu sagen. Ihn überraschte meine Entscheidung, sie brachte ihn ziemlich aus der Fassung; damit hatte er nicht gerechnet. Im Gegenteil, er stotterte ein wenig, sogar plötzlich etwas von Heiraten. Wie kam er darauf? Ich fragte ihn nicht, denn es hatte keinen Sinn mehr. Ich weiß, dass ich die richtige Entscheidung getroffen hatte, denn ich habe die Trennung nicht bereut, Arne seither nicht einmal vermisst.

Markus hingegen schon.

Für einen neuen Mann in meinem Leben war es natürlich zu früh. Das wusste ich, trotzdem versuchte ich sofort, Markus anzurufen, als ich wieder in Köln war. Wie ferngesteuert drückte ich die Tasten. Er ging nicht an sein Handy. Vielleicht schlief er? Doch auch am nächsten Tag und den folgenden konnte ich ihn nicht erreichen. War es für ihn von Anfang an nur eine einmalige Sache gewesen? Das hätte ich mir eigentlich denken können. Ich ärgerte mich über meine Naivität. Oder hatte ich mich zu dumm angestellt und ihn vergrault? Beides lief auf dasselbe hinaus, dennoch quälte mich diese Frage.

Noch immer liege ich nachts manchmal wach und ärgere mich über mich selbst. Warum habe ich mich nicht auf ihn eingelassen? Warum habe ich mittendrin einen Rückzieher gemacht? Für Arne ja wohl nicht! Na ja, andererseits, was soll ich denn auch mit einem Typen, der sich Schlaubi Schlumpf auf den Bauch tätowiert hat …

Ein Fehltritt mit Folgen

Leslie (21), Rechtsanwaltsfachangestellte, Köln,
über
Bruno (25), Techniker, Köln

Niemals hätte ich mich mit Bruno einlassen dürfen. Eigentlich hätte ich ahnen müssen, dass das nicht in Ordnung war. Von diesem drahtigen kleinen Macho ging – trotz seines unbestreitbaren Charmes – eine unsichtbare negative Energie aus, etwas Bedrohliches, wie eine schädliche Strahlung. Aber dass es so schlimm enden würde, damit konnte ich nicht rechnen.

Im Nachhinein habe ich versucht, mir einzureden, ich hätte mich aus Mitleid mit ihm abgegeben, aber das war es nicht, jedenfalls nicht nur. Irgendetwas an diesem kettenrauchenden, hütchenspielerhaften Typen machte mich neugierig und zog mich an wie durch dunkle Magie.

Ich war damals einundzwanzig und seit zwei Jahren mit Thorsten befreundet. Der war zwei Jahre älter als ich und das genaue Gegenteil von Bruno, ein gut aussehender, zuverlässiger Jurastudent im sechsten Semester, aber leider manchmal etwas spießig. Am liebsten hockte er abends vor seinem Computer oder mit mir und einer Flasche Rotwein vor dem Fernseher oder er kochte, meistens italienisch, am liebsten Spaghetti Bolognese. Wir liebten uns wirklich – glaube ich jedenfalls. Aber etwa zwei Wochen bevor ich Bruno in dieser Disco begegnete, war es zwischen uns zu einem läppischen und völlig überflüssigen Streit gekommen, bei dem es wieder einmal um unsere unterschiedlichen Auffassungen von einer gelungenen Abendgestaltung ging. Ohne diesen blödsinnigen Streit, der später übrigens wieder vergessen war, wäre das alles sicher nicht passiert. Aber damals herrschte für ein paar Wochen Funkstille zwischen uns.

Bruno Katschmarek war Techniker bei Rank Xerox, und in dieser Funktion wartete er die beiden großen Kopiergeräte in der Kölner Anwaltskanzlei, in der ich seit drei Jahren als Rechtsanwaltsfachangestellte arbeite. Diese Kopierer sind wahre Wunderwerke, schnell und unglaublich leistungsfähig, aber auch anfällig und übelnehmerisch wie Primaballerinen, wenn man sie nicht so behandelt, wie sie es für richtig halten. Und so kam es, dass Bruno ein oder zwei Mal in der Woche in der Kanzlei auftauchte, um die Geräte bei Laune zu halten.

Zwischen dem Kopierraum und dem Büro, in dem ich zusammen mit einer Kollegin sitze, gibt es ein großes Fenster, durch das ich von meinem Arbeitsplatz genau auf die beiden Kopierer schaue. Von dort konnte ich Brunos hageres Ganovengesicht mit der großen gebogenen Nase sehen, wie es immer wieder hinter den Geräten auftauchte und mir ganz unverfroren zuzwinkerte. Kürzlich hatte ich im Fernsehen *Außer Atem* gesehen, diesen alten Schwarz-Weiß-Film von Godard mit Jean-Paul Belmondo und Jean Seberg. Bruno erinnerte mich fatal an den jungen Belmondo mit seinem zweifelhaften Charme und seiner attraktiven Verschlagenheit. Vielleicht auch ein wenig an Robbie Williams – oder irgendetwas dazwischen.

An einem Freitag, ich wollte gerade in die Mittagspause gehen, passte Bruno mich am Eingang des Bürogebäudes ab. Ich hatte etwas länger gearbeitet, und meine Kolleginnen, mit denen ich meistens die Mittagspause verbringe, waren schon fort.

»Lass uns zusammen zu Mittag essen, das wär doch was. Und eigentlich könntest du danach blaumachen, und wir unternehmen etwas zusammen. Lohnt doch sowieso nicht für die drei

Stunden am Freitagnachmittag. Mir fällt schon was ein. Lass dich überraschen.«

Wir hatten bisher noch kein Wort miteinander gesprochen. Ich war überrascht von seiner Unverfrorenheit, aber andererseits gefiel mir seine Art auch. Auf seinen Vorschlag einzugehen kam allerdings nicht in Frage, und so erzählte ich ihm, dass ich schon mit meinen Kollegen zum Essen verabredet sei, beim Italiener, im Bella Napoli, wo wir oft unsere Mittagspause verbringen.

»Na dann eben beim nächsten Mal!«, meinte er grinsend, die Abfuhr schien ihm nichts auszumachen, so als sei er sich meiner ganz sicher.

»Glaub ich eher nicht, Tschüss!«, verabschiedete ich mich – vielleicht nicht entschieden genug.

Am folgenden Tag, also Samstag, rief mich morgens Rita an. Sie ist so eine Art Freundin, aber eben auch nur so eine Art. Ob ich am Abend mit in den Alten Wartesaal komme. Der Alte Wartesaal ist zur Zeit ein angesagter Club in der Stadt, und seit dem Knatsch mit Thorsten war ich so gut wie nicht mehr ausgegangen. Versauern wollte ich seinetwegen auch nicht, und so sagte ich zu.

Als Rita und ich also an der Bar saßen, jede eine Caipirinha vor sich, legte jemand plötzlich seinen Arm um mich. Erschrocken fuhr ich herum und blickte direkt in Brunos grinsendes Vogelgesicht, das mir so nahe kam, dass ich etwas zurückweichen musste, um ihn genau zu sehen. »Schön, dass du gekommen bist«, sagte er, so als ob wir verabredet wären, zog sich einen Barhocker zu uns heran und platzierte sich in die enge Lücke zwischen Rita und mir. Dabei drückte sein Knie gegen meinen Oberschenkel, und ich wunderte mich über mich selbst, doch es war mir nicht unangenehm.

Bruno erwies sich in seiner leicht überheblichen, machohaften Art durchaus als unterhaltsam und schlagfertig. Allerdings brauchte er bei der Lautstärke der Musik nicht allzu viel zu sagen. Mit einer vorstoßenden Geste seines Kinns in Richtung der Tanzfläche forderte er mich wortlos zum Tanzen auf, offenbar keinen Widerspruch erwartend. Er tanzte gut, und seine Bewegungen waren rhythmisch und fließend zugleich. Im Gegensatz zu Thorsten, der eher wie eine Heuschrecke herumstakst, konnte er locker mithalten. Wenn ich mit Thorsten tanze, schließe ich meist die Augen, weil ich das Drama nicht mit ansehen möchte. Bruno dagegen sah ich gerne zu. Meine anfänglichen Vorbehalte gegen ihn schmolzen dahin wie Butter an einem heißen Sonnentag – leider.

Jedenfalls versank ich gegen zwei oder drei Uhr morgens, nach mindestens fünf oder sechs Caipirinhas, in dem völlig durchgesessenen Beifahrersitz von Brunos Auto. »Normalerweise fahre ich nur Motorrad. Autos sind mehr was für alte Leute«, erklärte er, und das sah man seinem Wagen an, einem mindestens zehn Jahre alten, verbeulten, an mehreren Stellen gespachtelten oder nur mit Rostschutzfarbe gestrichenen Golf.

Eigentlich hatte er gesagt, er wolle mich nach Hause bringen, aber dann steuerte Bruno ohne weitere Erklärung eine andere Richtung an, nämlich die seiner Wohnung. Der Alkohol und meine Neugier ließen meinen anfänglichen zaghaften Widerspruch bald verstummen. Im Innenhof eines riesigen, leicht in die Jahre gekommenen Apartmenthauses parkte er. Und bevor wir mit dem Lift in sein Zweizimmerapartment hinauffuhren, zeigte er mir stolz sein auf dem Platz abgestelltes Supermotorrad, eine chromblitzende rote Moto Guzzi California, sein ganzer Stolz, wie ich merkte.

In der Wohnung herrschte ein bemerkenswertes Chaos. Die eigentlich schönen modernen Möbel standen ohne erkennbares System herum, als hätten die Möbelpacker sie gerade irgendwo abgestellt. Überall stapelten sich Motorradzeitschriften und -ersatzteile, unausgepackte Umzugskisten, Bücher, volle und leere Wein- und Bierflaschen. Es sah aus, als sei er gerade eingezogen, aber Bruno versicherte, er wohne seit gut vier Jahren hier.

Er entnahm seinem überdimensionierten, ansonsten aber ziemlich leeren Kühlschrank eine Flasche Veuve Cliquot, die wir bis auf den letzten Tropfen leerten. Und dann versanken wir ohne nennenswertes Vorspiel und mit größter Selbstverständlichkeit in seinem ungemachten, leicht schmuddeligen Bett. Der Sex mit ihm hatte etwas Raues, Tabuloses, aber ich muss zugeben, es war phantastisch, wie ein Rausch.

Ich erwachte im Morgengrauen durch lärmendes Gezänk im Treppenhaus und war sofort hellwach. Ich kann nicht sagen, dass ich diese Nacht schon bereut hätte, aber ein schwer zu beschreibendes, ungutes Gefühl belastete mich mit einem Mal, so etwas wie ein schlechtes Gewissen. Vorsichtig rollte ich mich aus dem Bett, ohne Bruno zu wecken. In dem Chaos des Zimmers fand ich nur mit einiger Mühe meine Kleider. Als ich schon angezogen vor dem Bett stand, wurde Bruno wach. Er rekelte sich ausgiebig, wobei er grunzende Gähnlaute ausstieß. Offenbar hatte er Mühe, sich zu erinnern, was geschehen war, und sich in dieser morgendlichen Situation zurechtzufinden.

»Du willst schon gehen? Im Kühlschrank ist noch eine Flasche Champagner.« Seine Stimme klang heiser. Meinte er das Angebot ernst?

»Ich muss los.« Champagner war tatsächlich das Letzte, worauf ich in diesem Moment Lust verspürte.

»Okay, dann sehen wir uns morgen Nachmittag, ich meine heute, also Sonntag?«, stotterte er leicht verwirrt.

»Nein, bestimmt nicht!«

»Wieso nicht? Wann denn?«

Ich brauchte mich zu meiner Verwunderung gar nicht zu zwingen, hart zu bleiben. »Überhaupt nicht!«

Brunos übernächtigtes Gesicht sah plötzlich aus wie sein unaufgeräumtes Zimmer. »Oh doch! Das kannst du mit mir nicht machen. Wir werden ja sehen!« Ich fühlte mich plötzlich bedroht und floh wortlos aus der Wohnung. Ich war froh, dass er nicht abgeschlossen hatte.

In den nächsten Tagen versöhnte ich mich mit Thorsten und versuchte, nicht mehr an meine Eskapade zu denken, was mir auch einigermaßen gelang. Mein Seitensprung schien sogar wie ein Stimulans für meine Liebe zu Thorsten. Ich wollte mit ihm zusammenbleiben, ein Haus, einen Garten und Kinder mit ihm haben. Und auch der Gedanke an geregelten Sex, ein- oder zweimal die Woche, zumindest immer sonntagvormittags, worauf es bei Thorsten womöglich hinauslaufen würde und was bisher eine Horrorvorstellung für mich gewesen war, schreckte mich nicht mehr. Oder kaum noch.

Ich lebte damals noch im Haus meiner Eltern, wo ich eine kleine Einliegerwohnung bewohnte. Die Wohnung war stadtnahe und billig, meine Eltern ließen mich weitgehend in Ruhe, und so war ich geblieben. Bruno hatte ich übrigens weder die Adresse noch meine Telefonnummer gegeben, und ich kann mich nicht einmal erinnern, ihm meinen Nachnamen, den Allerweltsnamen Schmitt, genannt zu haben. Allerdings traute ich ihm durchaus zu, das alles herauszufinden.

Seit jener Nacht waren vielleicht vier oder fünf Tage vergangen. Ich träumte, ich ginge noch zur Schule und hätte morgens verschlafen, obwohl eine für mich besonders wichtige Mathematikarbeit anstand. Das Scheppern der Schulglocke riss mich jäh aus dem Schlaf, obwohl ich die von meinem Bett aus natürlich nicht hätte hören können. Es war das Läuten des Telefons auf meinem Nachttisch, das sich in meinen Traum hineingedrängt hatte. Mein Radiowecker zeigte drei Uhr zehn. Schlaftrunken griff ich nach dem Hörer. Es war Bruno.

»Hallo, Schätzchen, wann sehen wir uns?«, fragte er mit klebriger Freundlichkeit.

»Weißt du, wie viel Uhr es ist?« Ich war wütend, aber ich beherrschte mich: »Bruno, hör zu, es war eine schöne Nacht, aber es wird keine Wiederholung geben. Bitte sieh das ein. Wir passen doch überhaupt nicht zueinander.« Obwohl ich noch nicht ahnte, zu was er fähig war, verschwieg ich vorsichtshalber, dass ich einen anderen Freund hatte, ich wollte Thorsten da auf keinen Fall hineinziehen.

»Da bin ich anderer Meinung. Ich hole dich heute nach der Arbeit ab. Um fünf?«, insistierte er.

»Nein! Vergiss es!« Ich legte auf.

Sofort klingelte das Telefon wieder. Das Display zeigte wieder dieselbe Nummer.

»Bruno, lass das! Lass mich in Ruhe.«

»Wenn du glaubst, du kannst mich einfach so abservieren, hast du dich getäuscht. Ich bin kein Idiot, und ich lasse mich auch nicht so behandeln. Du wirst sehen, was du davon hast.« Seine hohe, leicht nasale Stimme klang plötzlich drohend. Ich drückte die rote Aus-Taste des Telefons, zog den Stecker aus der Telefonbuchse und schaltete auch mein Handy aus, aber an Schlaf war in dieser Nacht nicht mehr zu denken.

Müde und verwirrt saß ich am nächsten Tag an meinem Schreibtisch und konnte mich nicht auf meine Arbeit konzentrieren. Ich machte blödsinnige Fehler, die ich allerdings nach freundlichen Hinweisen meiner erstaunten Kollegin korrigieren konnte, bevor der Chef sie bemerkte, und die daher keinen Schaden anrichteten. Meine Gedanken kreisten sinnlos um Brunos Drohungen. Was würde er unternehmen? Oder würde er mich vielleicht einfach in Ruhe lassen? Sind solche Typen überhaupt berechenbar? Ich hatte keine Erfahrung mit so etwas. Aber wer hat die schon!

Jedenfalls war ich froh, als ich um fünf Uhr – ungewöhnlich pünktlich – meinen Computer ausschalten und mit dem Aufzug in die Tiefgarage unter dem Büro fahren konnte, wo die Kanzlei mir einen Parkplatz zur Verfügung gestellt hatte. Ich saß schon in meinem fast neuen Mini, als ich in dem diffusen Licht der Garage einen hellen Strich in der nachtblauen Lackierung der Kühlerhaube entdeckte. Ich stieg aus und konnte es zunächst gar nicht fassen: Jemand hatte dort etwas eingeritzt. Es dauerte einige Sekunden, bis ich begriff, was meine Kühlerhaube da zierte. Es war deutlich erkennbar ein überlebensgroßer erigierter Penis – mit Hoden und allem.

Was sollte ich tun? Auf keinen Fall wollte ich mit dieser Zeichnung länger als unumgänglich in der Gegend herumfahren, und meine Eltern wollte ich damit erst recht nicht konfrontieren. Also entschloss ich mich, sofort zu der Werkstatt zu fahren, wo ich den Wagen gekauft hatte, um das Schandmal beseitigen zu lassen.

Auf dem Ring ordnete ich mich auf die Spur für Linksabbieger ein und musste länger vor der roten Ampel halten. Ich überlegte gerade, was ich Thorsten und meinen Eltern erzählen sollte, warum mein Auto in der Werkstatt war, als mich ein dumpfer Schlag, verbunden mit einem blechernen Scheppern und dem Klirren von zerspringendem Glas, aus meinen Gedanken riss. Mein Auto machte einen kleinen Hüpfer vorwärts, und mein Kopf prallte gegen die Nackenstütze. Jemand war auf meinen Wagen aufgefahren. Die Auseinandersetzung mit einem Unfallgegner hatte mir an diesem missratenen Tag gerade noch gefehlt!

Als ich in den Rückspiegel schaute, erkannte ich Brunos mehrfarbig gespritzte und gespachtelte Schrottkarre. Von einer Mischung aus Angst und Hass gelähmt, blieb ich im Auto sitzen, bis Bruno meine Wagentür aufriss und grinsend sagte: »Tut mir leid.«

Ich war außer mir. »Das hast du doch absichtlich gemacht, und die Sauerei auf meiner Kühlerhaube, das warst du auch!«

»Quatsch! Und was für eine Sauerei?« Er ging zur Vorderseite meines Wagens und betrachtete die Ritzzeichnung. »Nett. Sehr realistisch. War wohl 'n richtiger Künstler.« Ich konnte vor Wut kaum sprechen.

»Halt den Mund und ruf die Polizei«, schrie ich.

»Letzteres ist schon passiert«, entgegnete er affektiert mit aufreizend ruhiger, falscher Höflichkeit.

Ich war weder bereit noch fähig, ein weiteres Wort mit ihm zu wechseln und drehte ihm den Rücken zu, während wir auf das Eintreffen der Polizei warteten. Träge schob sich der gestörte Berufsverkehr an der Unfallstelle vorbei. Einige Fahrer hupten wütend, andere glotzten nur teilnahmslos oder neugierig oder machten ihrer Wut über den Stau mit obszönen bis drohenden Gesten Luft.

Als nach rund zehn Minuten zwei Polizisten erschienen, musste ich meine Personalien zu Protokoll geben. Meine Überzeugung, dass Bruno den Unfall absichtlich verursacht hatte, verschwieg ich.

Der stand neben mir und lauschte aufmerksam. Spätestens jetzt kannte er meinen Namen und meine Adresse, aber merkwürdigerweise störte mich das im Moment nicht sonderlich. Meinen eingedrückten Kofferraum würde Brunos Versicherung bezahlen, die Schäden an seiner sowieso verbeulten Rostlaube fielen kaum mehr auf. Ich wollte die ganze Sache mit Bruno so schnell wie möglich vergessen.

Das aber sollte mir nicht gelingen. Als ich am Tag nach dem Unfall abends nach Hause kam – es war Ende Oktober, und es fing schon an, dunkel zu werden –, hatte jemand einen Briefumschlag unter der Tür zu meiner Wohnung durchgeschoben, ohne Anschrift und ohne Absender. Ich machte so viel Licht, wie ich gerade konnte, und riss noch im Stehen, mit zittrigen Fingern den Umschlag auf. Er enthielt ein maschinengedrucktes Schreiben, das mich erstarren ließ: »Böse Mädchen gehören bestraft. Wir können noch mehr als Autos zerkratzen. Es gibt viele dunkle Straßen in dieser Stadt. Pass gut auf! Hahaha!«

Obwohl meine Wohnung gut geheizt war, fror ich plötzlich. Ich versuchte ruhig zu bleiben und nachzudenken, aber ich schaffte es nicht. Was sollte ich unternehmen? Die Polizei verständigen? Das würde nur Sinn machen, wenn ich ihnen von Bruno erzählen würde, aber das wollte ich auf keinen Fall. Dass Bruno hinter der Drohung steckte, war für mich klar. Dieser empfindliche Macho hatte meine Zurückweisung nicht verkraftet, und seine gekränkte männliche Eitelkeit verlangte nach Rache. Das stand für mich fest. Aber warum benutzte er dieses Wir, diesen Plural? Vermutlich wollte er den Verdacht von sich ablenken – merkwürdig war es schon.

Wen sollte ich einweihen, wen um Rat fragen? Thorsten kam selbstverständlich nicht in Betracht. Meine Eltern? Lieber nicht. Meine engste Freundin Leyla? Vielleicht später. Sie ist Türkin und wenn sie auch sonst ganz aufgeschlossen ist, hat sie zu Sex und Erotik durchaus ihre eigenen restriktiven Vorstellungen. Sie würde meinen Ausrutscher mit Bruno wohl nicht verstehen und schon gar nicht gutheißen. Ich behielt die Sache also für mich und kapselte mich in meiner Angst ein.

In den nächsten Tagen fuhr ich mit dem Opel Astra meiner Mutter ins Büro, da mein Wagen noch in der Werkstatt war. Immerhin bildete ich mir ein, Bruno kenne das Auto meiner Mutter nicht, und jedes Mal bevor ich einstieg, sah ich mich ängstlich um, ob er mich vielleicht beobachtete, aber ich bemerkte nichts. Ich ging nicht mehr aus, nicht mit Thorsten und nicht mit meinen Freundinnen, und erklärte allen, ich sei überarbeitet, habe einen Tinnitus oder Migräne oder was mir sonst als Ausrede einfiel. Ich verkroch mich wie eine verängstigte Schnecke in ihrem Gehäuse. In den Nächten schlief ich, die bisher schlafen konnte wie ein satter Igel im Winter, schlecht und unruhig. Angstträume quälten mich, in denen ich durch nächtliche Straßen vor dunklen Gestalten floh, die ich nicht erkennen konnte.

In der vierten Nacht, nachdem ich den Drohbrief gefunden hatte, gellte plötzlich in meinen Albtraum ein Martinshorn, aber ich hatte nicht das Gefühl, dass es mich vor meinen finsteren Verfolgern retten könnte. Ich fuhr aus dem Schlaf hoch und sah durch die Gardinen meines zur Straße gehenden Fensters ein rötlich-gelbes Flackern, in das sich das bedrohliche Blitzen eines Blaulichts mischte. Das Martinshorn hatte man inzwischen abgestellt, und ich hörte erregte Stimmen auf der Straße, obwohl es vier Uhr nachts war. Erschrocken rannte ich zur Wohnungstür und sah im Eingang zu unserem Grundstück meine Eltern stehen, in Bademänteln, Pyjamas und Hausschuhen. Sie unterhielten sich mit zwei Polizisten. Erst als ich mich einige Schritte weiter in Richtung der Straße schlich, sah ich, was da brannte.

Es war der Opel meiner Mutter, Scheiße, ich hatte den Wagen aus Bequemlichkeit auf der Straße stehen lassen, statt ihn in die Garage zu fahren. Zwar konnte ich die Worte der Polizisten nur teilweise verstehen, aber es war klar, dass sie von Brandstiftung ausgingen.

Unbemerkt zog ich mich in meine Wohnung zurück, um nicht auch von den Beamten befragt zu werden. Aber als ich die Wohnungstür zuziehen wollte, trat ich auf einen Briefumschlag. Wieder ohne Anschrift und ohne Absender. Starr vor Schreck las ich den gedruckten Text: »Nicht schön, so ein brennendes Auto, was? Aber stell dir vor, du sitzt drin und die Türen gehen nicht auf. Wir sind ganz in deiner Nähe, böses Mädchen. Hahaha!«

Ich war völlig verängstigt, fühlte mich verlassen und ratlos. Deshalb wählte ich Leylas Nummer, aber aus dem Hörer erklang nur die mitleidlose Maschinenstimme ihres Anrufbeantworters. Mir fiel ein, dass sie für eine Woche zu Verwandten in der Nähe von Istanbul fliegen wollte. Ich war allein mit meinem Problem.

Da an Schlaf nicht mehr zu denken war, schaltete ich den Fernseher an und erwischte einen älteren *Tatort*-Krimi, den ich mir ansah, ohne dass ich in meiner Verwirrung der Handlung wirklich folgen konnte. Was ich aber verstand, war die Tatsache, dass – wie immer in diesen Filmen – das Gute die Oberhand behielt und der sympathische Inspektor, mit vollem Einverständnis des Zuschauers, auf eigene Faust und damit außerhalb jeder Legalität, aber erfolgreich den Täter zur Strecke gebracht hatte. Das wollte ich auch! Ich wollte die Lösung meiner Probleme selbst in die Hand nehmen, zum Gegenangriff übergehen und kämpfen wie der tapfere kleine Mungo gegen die scheinbar übermächtige Schlange.

Mich erfasste eine wütende Entschlossenheit, die meine Angst mehr und mehr verdrängte, und so nutzte ich den Rest dieser schlaflosen Nacht und schmiedete einen Racheplan. Wer mein Auto zerkratzt und das meiner Mutter abgefackelt hatte und wer hinter den Drohbriefen steckte, stand für mich außer Frage.

Am nächsten Tag konnte ich meinen Mini aus der Werkstatt abholen. Er sah aus wie neu. Die Rechnung würde man direkt mit Brunos Versicherung abrechnen. Meine Stimmung stieg zusehends, und fast ergriff mich so etwas wie eine freudige Erwartung bei dem Gedanken an mein Vorhaben.

Am Abend steckte ich das Austernmesser aus der Küchenschublade meiner Eltern in meine Manteltasche, setzte mich in mein Auto und fuhr zu Brunos Wohnung. Das Messer bestand aus einem handlichen schwarzen Plastikgriff und einer kräftigen, nur etwa drei Zentimeter langen Klinge, beides voneinander getrennt durch ein solides Stahlschild.

Es war gegen zehn und es regnete leicht, eine stockfinstere, kühle Nacht. Ich suchte mir einen Parkplatz einige hundert Meter entfernt von dem Apartmenthaus und ging die restliche Strecke zu Fuß. Die Durchfahrt zu dem Hof, in dem Brunos Moto Guzzi stehen musste, stand zwar offen, aber sie war, wie auch das Treppenhaus, hell erleuchtet. Doch während ich noch unentschlossen auf der gegenüberliegenden Straßenseite auf und ab ging, erlosch fast die gesamte Beleuchtung, und die Einfahrt gähnte wie eine dunkle Höhle.

Entschlossen betrat ich den Hof, der nur von wenigen Fenstern spärlich erleuchtet wurde. Die meisten Fenster an der Rückfront des Gebäudes waren durch Rollläden verschlossen. Sofort entdeckte ich Brunos Motorrad, dessen Chrom in der Finsternis matt glänzte.

Ich ging zu der Maschine, fingerte das Austernmesser aus meiner Manteltasche und stach es, so fest ich konnte, in den Vorderreifen. Das Material war härter, als ich es mir vorgestellt hatte, und ich musste mit dem Messer heftig nachbohren und es drehen, um tiefer in das Gewebe einzudringen. Aber dann hörte ich das Herauszischen der Luft, wie wenn ich das Ventil meines Fahrradschlauchs öffnete. Danach schlug ich wütend mit dem Griff des Messers auf das Glas des Tachos, das mit einem gedämpften Knacks zerbarst und ein helles Muster bildete, das

236

aussah wie eine Eisblume. Dann traf mein Werkzeug den Scheinwerfer. Das Klirren des zersplitternden Glases hallte in der Enge des Hofes wider, und ich erwartete, dass sich eines der Fenster öffnen und ich entdeckt würde. Mein Herz hämmerte und hüpfte im Brustkorb wie der Punchingball eines Boxers. Aber nichts geschah, alles blieb ruhig, und ich rannte zu meinem Auto zurück. Obwohl mein Rachefeldzug gegen Brunos Motorrad eigentlich nicht mehr war als eine fantasielose Retourkutsche, war ich stolz auf meinen Mut und meine Entschlossenheit.

In den nächsten drei Wochen hörte und sah ich nichts mehr von Bruno. Er tauchte auch nicht mehr im Büro auf, weil die Kanzlei die Wartungsfirma gewechselt hatte. Dann aber, es war ein Samstag und ich saß zeitungslesend beim Frühstück, fiel mir im Lokalteil des Kölner Stadt-Anzeigers ein Bericht auf mit der Überschrift: *Tödlicher Motorradunfall auf der B 264*

Ein Motorradfahrer war in der Nähe von Düren bei trockenem Wetter und guter Sicht auf einer geraden Strecke tödlich verunglückt. Die Unfallursache war nicht mehr feststellbar, da das Fahrzeug in Flammen aufgegangen war. Nach einer Schrecksekunde verdrängte ich gleich wieder den Gedanken an Bruno, der mir natürlich sofort kam. Es gab Zigtausende von Motorradfahrern, und es gab natürlich auch immer wieder Unfälle. Dennoch verließ mich in den folgenden Tagen ein Gefühl beklemmender Ungewissheit nicht mehr.

Und dann, fünf Tage später, die schreckliche Gewissheit! Wie jeden Morgen vor dem Dienst schlürfte ich im Stehen eine Tasse zu heißen Kaffee hinunter und blätterte in aller Eile den Kölner Stadt-Anzeiger durch, als mich eine Todesanzeige geradezu ansprang:

Durch einen tragischen Verkehrsunfall haben wir
unseren geliebten Sohn und Bruder verloren.
Bruno Katschmarek
23.04.1982 – 27.10.2007

237

Die Hinterbliebenen, die unter der Anzeige aufgeführt waren, waren offenbar seine Mutter und zwei Schwestern.

Eine Gänsehaut überzog meine Arme und meinen Rücken. Wirre Gedankenfetzen durchzuckten wie Blitze mein Gehirn. Ich war unfähig, einen klaren Gedanken zu fassen, und rief im Büro an, um mich für diesen Tag krank zu melden.

Ich war mir zwar sicher, dass ich nichts mit dem Unfall zu tun haben konnte, weil er mit dem zerstochenen Reifen gar nicht hätte losfahren können, dennoch fühlte ich mich hundeelend.

Zwei Jahre sind nun seit Brunos Tod vergangen. Zwei Jahre, in denen ich versucht habe, die Erinnerung an ihn und seinen Tod zu verdrängen, aber ein schlechtes Gefühl habe ich immer noch. Das lässt sich auch nicht so einfach abstreifen wie Dreck von den Schuhen.

Der Outsider

Ariane (34), Zahnärztin, Dortmund,
über
Tim (37), Manager, Hannover

Ich war fünfzehn und kannte Tim von der Schule. Er war älter und in einer der oberen Klassen. Er fiel auf, aber natürlich sah er mich nie. Doch als ich eines Tages mit dem Bus von der Schule nach Hause fuhr, stieg er auch ein und setzte sich mir gegenüber.

»Busfahren ist scheiße«, sagte er wie zur Begrüßung und dann, dass sein Fahrrad geklaut worden sei. Ich nickte und überlegte, ob es sein könnte, dass er mich doch vom Sehen kannte, fragte aber nicht. Wir unterhielten uns, als würden wir das schon immer tun. Beim Aussteigen fragte er nach meinem Namen.

Er gehörte zu den Coolen der Schule, die im Grunde nichts in ihrem Leben auf die Reihe bekommen, aber das interessiert zu diesem Zeitpunkt noch kaum jemanden. Außer vielleicht die Lehrer. Die Unangepasstheit verleiht einen Rebellenstatus, macht extrem anziehend und unnahbar. Wer mit ihnen befreundet ist, ist ebenfalls cool, mit anderen würden sie sich nicht umgeben … Ich hoffte, Tim würde mich grüßen, wenn wir uns in der Schule über den Weg liefen.

Am nächsten Tag stieg Tim wieder ein, unterhielt sich mit mir und fragte, ob wir uns mal treffen wollten.

»Ich hab nichts vor«, antwortete ich, als hätte ich noch nie in meinem Leben jemals etwas anderes vorgehabt, als ihn zu treffen, und genau so meinte ich es auch. Er grinste und sagte: »Dann komm doch mit.«

Er nahm mich mit in einen Supermarkt, wo wir Zigaretten und Rotwein klauten, dann gingen wir zu ihm nach Hause. Ich hatte noch nie etwas gestohlen und fühlte mich wild, frei und gesetzlos. Tims Eltern waren nicht da. Vielleicht waren sie auch da, mieden aber die Kellerräume, in denen ihr Sohn wohnte und zu denen er einen separaten Eingang hatte. Wer weiß, ich habe sie so gut wie nie gesehen.

Wir setzten uns auf sein Bett, hörten Musik, redeten und schliefen dann ziemlich schnell miteinander. »Ist aber nicht dein erstes Mal?«, fragte er mich, »dann hab ich nämlich keinen Bock!«, und ich war heilfroh, verneinen zu können, da ich mich in den Sommerferien auf einer Sprachreise von einem Franzosen hatte entjungfern lassen.

»Quatsch«, antwortete ich also entschieden.

»Aber nur, wenn du auch Bock hast?«, hakte er nach, und ich nickte enthusiastisch. Danach war ich bemüht, nicht nur lässig und erfahren zu wirken, sondern auch so, als hätte ich »ganz viel Bock« und viel Spaß, sodass ich gar nicht mitkriegte, dass er kam und noch einen Moment lang wild auf seinem erschlafften Glied hoch und runter glitt. Er musste mich festhalten, damit ich ihn nicht verletzte. Erschreckt hielt ich inne. Hatte er gemerkt, dass ich keine Ahnung vom Sex hatte? Nein, er grinste etwas zerknirscht und entschuldigte sich. Beim nächsten Mal würde es länger dauern, versprach er ... Beim nächsten Mal! Glücklich sank ich neben ihm aufs Bett und zog an seiner Zigarette.

Wir unterhielten uns noch eine Weile. Tim konnte nicht verstehen, wie man eine feste Freundin haben konnte. Das sei spießig und uncool. Ich stimmte zu, völlig uncool so was! Dabei dachte ich immer nur daran, was er gesagt hatte: beim nächsten Mal. Tim erläuterte mir, dass er auf keinen Fall eine Beziehung wollte, aber wir könnten doch Freunde sein, rein platonisch und doch mit viel Sex, versteht sich. Ich nickte, das war viel mehr, als ich erwartet hatte. Solange wir uns wiedersahen, hätte er alles sagen können.

Nach diesem Tag trafen wir uns regelmäßig. Tim verachtete die meisten Menschen und ich war stolz, dass wir nun Freunde waren. Er musste sich immer mit irgendjemandem anlegen und stand stets aufs Neue knapp davor, von der Schule zu fliegen. Tim erinnerte mich an Dallas Winston, Ponyboys großen Bruder in meinem damaligen Lieblingsfilm, *The Outsiders*. Sein Leben war sehr anstrengend, oft unnötig anstrengend, wie ich fand, und das sagte ich ihm auch. Je öfter wir uns sahen, desto besser konnte ich ihn beruhigen und es gab nichts Schöneres für mich, als zu sehen, dass er manchmal auf mich hörte. Ich wollte gut für ihn sein und auf ihn aufpassen.

Wir trafen uns mit seinen Freunden, standen in der Schule zusammen im Rauchereck und nachmittags hatten wir Sex. Beim ersten Mal dachte er, er hätte meine Erwartungen nicht erfüllt, so gab er sich beim zweiten Mal so viel Mühe, dass ich mich unerwartet gut entspannen konnte. Ich überließ alles ihm, bis ich einen Orgasmus hatte. Nachdem, was man so hört, geht das bei Frauen recht selten so schnell, vor allem in dem Alter. Ich hatte Glück mit Tim. Er gab mir das Gefühl, etwas Besonderes zu sein, das genügte mir, machte mich glücklich. Alles lief gut, bis ich siebzehn war. Da bemerkte ich ein Gefühl in mir, das mich ängstigte, ich aber nicht mehr ignorieren konnte. Ich versuchte, mir einzureden, alles wäre in Ordnung, denn es durfte keine Liebe sein, damit würde ich alles kaputt machen.

Ich hatte ein paar Freunde, doch Tim spielte die Hauptrolle in meinem Leben, andere Männer interessierten mich nicht. Tim dagegen traf sich immer mal wieder mit anderen Mädchen. Wenn er keine Zeit für mich hatte, wusste ich, dass er sich mit einer anderen traf. Ich wollte es nicht, doch wenn er ohne mich unterwegs war, ging es mir schlecht, mir war übel und ich hatte

Bauchschmerzen. Er traf sich nie öfter mit derselben. Hinterher erzählte er mir, wie schlecht seine Bekanntschaften im Bett seien. Er fand das jedes Mal erstaunlich. Sie würden stocksteif daliegen, wie Bretter, so als genüge es völlig, sich ihm hinzugeben. Und danach taten die Hühner so, als wären sie jetzt verheiratet oder hätten irgendwelche Rechte an ihm erworben. Viele wollten gar nicht mehr nach Hause gehen und fingen an zu schimpfen, wenn er sie wieder loswerden wollte. Oder sie belästigten ihn mit Liebesbekundungen, die in Hass umschlugen, wenn er sie ignorierte. Ich stimmte zu, wie konnten die Mädchen nur so dumm sein! Insgeheim hatte ich schreckliche Angst, dass eines Tages eine nicht so dumm wäre, Tim sich verlieben könnte, sie ihn mir wegnähme. Ich wusste, das hätte ich nicht ertragen, und versuchte, den Gedanken zu verdrängen. Doch ich wurde immer dünner und stiller.

Irgendwann sprachen meine Eltern, meine Freunde mich darauf an. Offensichtlich war es nicht mehr zu leugnen, ich hatte mich verliebt. Verliebt in einen Menschen, der mir regelmäßig sagte, dass er keine Beziehung mit mir wolle. Aber dass er gern Sex mit mir hatte, ich einer der wenigen Menschen sei, die ihn verstehen, mit denen er reden konnte. Die wohlgemeinten Ratschläge meiner Mitmenschen halfen mir nicht. Weder heilte die Zeit irgendwelche Wunden, noch kam Rat, noch hatten auch andere Mütter hübsche Söhne.

Alles, was ich wusste, war, dass ich Tim auf gar keinen Fall verlieren wollte. Ich könnte alles ertragen, nur nicht, ihn zu verlieren. Und ich war doch gut für ihn, ich war die Einzige, die ihn verstand, und mit mir hatte er doch am meisten Spaß. Vielleicht sah er das ja bald ein, vielleicht würde er seine Meinung über Beziehungen doch eines Tages ändern?

Das Schlimmste war, dass er meinen Zustand auf keinen Fall mitkriegen durfte. Also waren wir weiterhin beste Freunde, gingen miteinander aus, hatten Sex. Als er zum ersten Mal vor meinen Augen mit einem anderen Mädchen nach Hause ging, biss ich die Zähne fest zusammen, erwiderte seinen schnellen Abschiedskuss, lächelte sogar zurück. Danach betrank ich mich in kürzester Zeit und ging mit irgendeinem anderen Kerl mit. Sascha hieß er. Erst knutschten wir wild an der Bar, damit es auch alle mitbekamen. Ich fühlte mich schon währenddessen hundeelend, und es wurde nur schlimmer. Sobald Sascha eingeschlafen war, schlich ich nach Hause, während mir die Tränen übers Gesicht liefen. Auf Tims Nachfrage erzählte ich, dass es ganz toll gewesen sei. Nicht besser als mit ihm, aber anders. Sascha und ich würden uns jetzt vielleicht öfter treffen. Ich wollte Tim zeigen, dass ich ihn auch nicht wollte, zumindest nicht als festen Partner, doch er lachte nur und fragte nicht weiter.

»Mach das bitte nicht mehr, wenn du mit mir unterwegs bist!«, brach es plötzlich ungewollt aus mir hervor.

»Was denn?«, fragte Tim, ganz unbedarft. Mein Hals war wie zugeschnürt, ich krallte meine Fingernägel in die Handflächen und versuchte, nicht zu weinen.

»Wenn du mit mir ausgehst, hau nicht einfach ab, okay?«, brachte ich dann hervor.

»Okay … du bist eh die Beste im Bett«, sagte Tim einfach, dann ging er raus, um zu telefonieren. Die Situation war ihm offenbar unangenehm. Einerseits bereute ich, etwas gesagt zu haben, doch war ich froh, so etwas nicht noch einmal erleben zu müssen. Er konnte ja tun, was er wollte, aber es musste doch nicht vor meinen Augen geschehen.

Irgendwann tat mir das Herz so weh, dass ich versuchte, ihn weniger zu sehen, doch es gelang mir nicht. Immer öfter wurde ich patzig und mir rutschten bissige Bemerkungen heraus, wenn Tim mir von seinen Frauen erzählte. Das tat er bevorzugt im Bett, wenn wir miteinander geschlafen hatten und rauchten. Er lachte und sagte, ich solle aufpassen, dass aus mir nicht doch noch eine Zicke würde.

Meine Freunde wussten also Bescheid, vor allem meiner besten Freundin erzählte ich mehr und mehr von meinem Kummer.

Ich kannte sie seit dem Kindergarten, früher hatten wir jeden Tag miteinander verbracht. Wegen meiner Freundschaft zu Tim hatte ich sie eine lange Zeit vernachlässigt, doch im letzten Jahr sahen wir uns wieder häufiger.

Ab und an nahm ich sie mit, wenn ich etwas mit Tim unternahm, doch meist wollten wir irgendwann nach Hause, um Sex zu haben, und dann war es immer etwas unangenehm, sie wieder zu verabschieden. Ich wollte sie ja nicht kränken.

Obwohl Tim und ich schon seit über zwei Jahren miteinander schliefen, nutzte es sich nicht ab, und wenn wir unterwegs waren, wollten wir immer irgendwann allein sein.

Eines Tages war meine Freundin bei mir zum Kochen. Tim kam, um sich etwas auszuleihen, und ich lud ihn ein, mitzuessen. Die beiden blieben im Wohnzimmer, redeten und tranken, während ich in die Küche ging, um das Essen zuzubereiten. Es dauerte, da ich mit meinen Gedanken woanders war, überlegte, wie ich Tim dazu bringen könnte, mich zu lieben. Immerhin war ich die einzige Frau, die ihn verstand. Als ich das Wohnzimmer betrat, lagen die beiden übereinander auf dem Sofa. Küssen wäre die falsche Beschreibung und Wut das falsche Gefühl. Ich stand da und mein Herz brach. Ich war auf diese Situation so wenig vorbereitet, dass ich nichts tat, nur zurück in die Küche ging und dann meine Wohnung verließ, um tränenblind durch die Straßen zu irren.

Unsere Freundschaft war vorbei. Meine Freundin reagierte ein wenig zerknirscht. Andererseits waren Tim und ich doch nie ein Paar gewesen, sie fand meine Reaktion also übertrieben. Tim wirkte sogar ein wenig enttäuscht von mir, ich war also doch wie all die anderen. Ich habe den beiden nicht hinterhergeweint. Nur meiner Liebe.

Die Sache mit Albert

Roswita (41), Kassiererin, Frankfurt am Main,
über
Albert (44), Bauarbeiter, Frankfurt am Main

Das war schon ein krasses Ding, damals, die Sache mit dem Albert. Ich hatte mir ja geschworen, nichts mehr mit anderen Männern anzufangen, als ich den Benno geheiratet habe, der ist nämlich wirklich lieb und hat das nicht verdient. Und eigentlich hab ich auch durchgehalten, na ja fast, also außer bei der einen Sache mit dem Stellvertreter unseres Geschäftsführers, oder was der war. Aber das zählt nicht so richtig, war nach unserer Betriebsfeier, alle waren ziemlich voll, und der Typ war richtig lieb. Ich arbeite nämlich beim Aldi, also Aldi-Süd, an der Kasse. Manchmal muss man auch was anderes machen, Regale einräumen, sauber machen und so. Aber davon wollte ich eigentlich nichts erzählen, sondern von der Sache mit dem Albert, obwohl das ein bisschen schräg ist.

Also den Albert und seine Frau Britta haben wir im Goldenen Fass kennengelernt, was unsere Stammkneipe ist. Der Albert sah wirklich gut aus mit seinen dunklen Haaren, so halblang bis über die Ohren, und seinen braunen Augen. Er und der Benno, also mein Mann, die haben sich gleich gut verstanden – die Britta und ich eher nicht so. Immerhin haben wir an dem Abend ziemlich was weggeschluckt und »du« zueinander gesagt.

Ein paar Tage später komme ich gegen sechs von der Arbeit, da sitzen der Benno und der Albert bei uns in dem kleinen Garten hinterm Haus und trinken Bier aus Flaschen. Wir wohnen nämlich in einem schnuckeligen Reihenhaus, das der Benno von seinen Eltern geerbt hat. Ich brate ein paar Bratwürste, so kleine Thüringer Rostbratwürste, die noch im Kühlschrank waren, und setze mich zu den beiden Männern, und dann trinken wir zusammen Bier und essen die Bratwürste, mit Senf und Brötchen. Dabei guckt der Albert immer so zu mir rüber, wenn Sie wissen, was ich meine. Also ich denke, er ist richtig scharf auf mich. Und ich finde, ich sehe ja auch ganz gut aus, jetzt mit der neuen Lockenfrisur, ganz hellblond. Ich will mich ja nicht mit Pamela Anderson vergleichen, die sieht in der alten *Baywatch*-Serie natürlich spitze aus, aber vielleicht ein bisschen so in die Richtung, wenn Sie sich darunter was vorstellen können.

Außerdem habe ich mir vor Kurzem die Vorderzähne neu machen lassen. Hat die Kasse nicht alles übernommen und wir mussten ganz schön was zuzahlen. Aber es hat sich gelohnt, finde ich, und das sagt auch der Benno. Also gucke ich zurück zum Albert und schenke ihm ein Lächeln, mit meinen neuen Zähnen.

Es ist spät geworden an dem Abend, und als wir uns verabschieden, umarme ich den Albert, eigentlich so wie einen alten Freund, doch dann drücke ich ihn einmal ganz kurz und fest an mich. Er küsst mich auf den Mund, auch scheinbar nur ganz flüchtig, aber dabei schiebt er mir seine Zunge blitzschnell zwischen die Lippen, wie eine Schlange. Der Benno ist schon so abgefüllt, dass er nichts mitbekommt.

Drei Tage später steht der Albert dann vor Aldi und passt mich ab, wie ich grade Feierabend habe. Eigentlich freue ich mich ja, dass ich ihn sehe, weil ich ihn schon ziemlich mag, aber ein bisschen peinlich ist es mir auch, wegen den Kolleginnen, die könnten nämlich dumm quatschen. Also gehe ich mit dem Albert schnell um die Ecke, wo sein alter Škoda steht, und halte auf dem Bürgersteig mindestens einen Meter Abstand zu ihm. Wir steigen also in den Škoda, und der Alfred fährt schnurstracks Richtung Stadtwald. Ich brauch gar nicht zu fragen, wo er hin will. Ist schon klar, was er vorhat, und eigentlich bin ich ja damit einverstanden. Im Wald biegt er in einen kleinen Weg ein, aber da kommt er nicht weit, weil die Waldwege alle mit so einer Schranke abgesperrt sind. Wahrscheinlich will die Stadt nicht, dass im Wald gevögelt wird, ich frag mich nur warum. Immerhin kann man uns von der Straße aus nicht sehen.

Wir bumsen also auf der Rückbank von dem Škoda, aber da ist es fürchterlich eng. Ich muss immer aus dem Fenster gucken, ob keiner kommt, und kann mich gar nicht gut konzentrieren. Überhaupt konnte ich im Auto noch nie kommen, aber das scheint den Albert nicht wirklich zu stören, er ist so richtig bei der Sache. Wie er fertig ist, fragt er, ob wir uns wiedertreffen. Ich sage ihm, dass ich ihn schon gerne treffen möchte, aber nicht mehr im Auto vögeln will, weil ich nichts davon habe. Und er sagt, er will sich was einfallen lassen.

Der Albert ist Vorarbeiter in einer Baufirma, wo auch der Benno manchmal Installateurarbeiten macht und die Heizung wartet. Der Benno arbeitet nämlich in einer Installateurfirma, wo er fast drei Mal so viel verdient wie ich, was ich ungerecht finde. Aber das hat ja eigentlich nichts mit meiner Geschichte zu tun.

In der Woche drauf steht der Albert bei Feierabend wieder vor dem Supermarkt und strahlt mich an wie mein Chef seinen Porsche Cayenne damals, als er den neu bekommen hat. Der Albert hat den Schlüssel zu einem ausrangierten Bauwagen seiner Firma organisiert, der auf einem früheren Fabrikgelände steht, ganz einsam, erzählt er mir.

Also fahren wir zu dem Bauwagen, und der Albert schließt das rostige Vorhängeschloss auf. Der Schlaumeier hat drinnen schon eine breite, dünne Matratze ausgerollt. Weil da keine Leiter oder Treppe ist, hilft er mir auf den Wagen, und schon wälzen wir uns auf der fleckigen Matratze. Diesmal komme auch ich auf meine Kosten, und wie!

Weil es so schön war, fahren wir in der nächsten Zeit immer wieder zu dem Bauwagen, so ein- bis zweimal die Woche. Ich habe inzwischen zwei Decken und ein Betttuch mitgebracht. Es ist so ein richtig gemütliches Nest geworden.

Dann passiert aber was Unangenehmes. Wir sind also gerade wieder so richtig zugange. Durch die beiden winzigen vergitterten Fenster gelangen nur wenige Strahlen der Spätnachmittagssonne. Den Wagen haben wir von innen verriegelt und fühlen uns wohl und ganz sicher.

Plötzlich hören wir einen Dieselmotor wie von einem Traktor. Das Geräusch kommt näher, ist wohl wirklich ein Traktor, und der hält direkt bei unserem Bauwagen. Der Motor blubbert im Leerlauf weiter. Dann hören wir zwei Männerstimmen. »Scheiße!«, flüstert der Albert, »dat sin der Karl und der Mustafa von der Firma. Wat wolln die hier?«

Jemand macht sich an der Tür des Wagens zu schaffen. »Komisch, dat Schloss is weg, aber die Tür geht nit uff«, sagt jemand. Dann erscheint an jedem der zwei Fenster ein Gesicht, ein rötliches und ein dunkles. »Kann man nix sehe. Zu dunkel alles. Nix wie Dreck auf Scheibe«, sagt das dunkle Gesicht.

»Hass recht. Isch kann uch nix sehn«, stimmt der andere zu. Ich danke Gott für die dreckigen Scheiben, und wir drängeln uns in die finsterste Ecke des Wagens. Dem Albert sein Gesicht ist plötzlich so weiß, dass es im Dunkeln leuchtet.

Man hört die beiden draußen beraten, wir verstehen aber nichts mehr. Nur der Gestank von dem Dieselmotor, der immer noch läuft, kommt durch die Ritzen, und ich muss mich furchtbar zusammennehmen, damit ich nicht huste.

Plötzlich gibt es ein Gerumpel, wie wenn Eisenteile aufeinander stoßen. Der ganze Wagen zittert, und auf einmal setzt er sich mit einem Ruck in Bewegung. Wir werden abgeschleppt! Der Albert und ich sind starr vor Schreck. Nach einiger Zeit traut er sich ans Fenster und sagt, dass wir zum Gelände von seiner Firma fahren. So ein Mist!

Und dann stehen wir tatsächlich auf dem Hof von der Firma, wo der Albert arbeitet. Wir können hören, wie die beiden Männer den Bauwagen vom Traktor losmachen. Danach bleiben sie erst mal vor dem Wagen stehen und rauchen. Ich kann den Rauch von ihren Zigaretten drinnen riechen. Wir sind immer noch ganz still, und ich habe schwitzige Hände vor Angst.

Endlich gehen die zwei Männer, und nichts rührt sich mehr. Ganz vorsichtig öffnet der Albert die Riegel an der Tür, und wir springen aus dem Wagen und sind ganz geblendet von dem hellen Licht. Es ist nämlich Juni und richtig lange hell.

Plötzlich steht da der Benno, also mein Mann, wissen Sie ja noch, neben uns. Ich kriege natürlich einen Mordsschreck und denke: Scheiße, jetzt ist alles zu spät, alles aus, ich meine mit dem schönen Reihenhaus und dem Garten und so.

»Ich hab' grad bei euch zu tun gehabt, die Heizung mal wieder, ich hab's hingekriegt, aber der Kessel müsste irgendwann ausgetauscht werden, kannste deinem Chef ausrichten«, sagt er zum Karl, und seine Stimme klingt dabei ganz ruhig und richtig freundlich. Er hat also wenigstens nicht gesehen, wie wir aus dem Wagen gehüpft sind. Der Albert macht schnell die Tür von dem Bauwagen zu, damit der Benno nicht reingucken kann und unsere Decken und die Matratze sieht.

Da dreht der sich zu mir um und fragt: »Aber was machst du eigentlich hier?«

»Ach, äh, ich hab grad den Albert gefragt, ob er ein bisschen Sand für mich hat, so für den Garten, weißt du?«

Da hab ich mal wieder schnell geschaltet, bin ich auch ganz stolz drauf. Meine Mutter hat ja schließlich keine dumme Tochter. Aber knapp war es schon, und die Sache mit dem Albert ist damit auch gelaufen. Fällt mir eigentlich gar nicht so schwer, gerade jetzt, wo das mit dem Bauwagen sowieso nicht mehr klappt.

Den Sand hat er am nächsten Tag noch vorbeigebracht, aber wir haben kein Wort miteinander gewechselt.

Die Hoffnung stirbt zuletzt

Angelika (33), Versicherungskauffrau, Augsburg,
über
Max (25), Monteur, Augsburg

Mit dreißig, so hatte ich mir seit meiner Pubertät ausgemalt, mit dreißig bin ich in festen Händen eines gut aussehenden, liebevollen Mannes mit gesichertem Einkommen, Eigenheim, Altersvorsorge, habe zwei gesunde, hübsche und intelligente Kinder, ein Junge, ein Mädchen. Ein solides Leben, glücklich und konform, genau das Leben, wonach die Nachbarinnen neidisch ihre kurzen Hälse recken würden.

An meinem zweiunddreißigsten Geburtstag musste ich mir eingestehen: Kein Mann, keine Kinder, keine Idylle und mein halbwegs gesichertes Einkommen als Versicherungskauffrau wurde für unsinnigen Konsum noch vor Ablauf jedes Monats regelmäßig und konsequent verpulvert.

Eigentlich fühlte ich mich sogar noch unzufriedener, deplatzierter und frustrierter, als ich mich als Teenager hatte fühlen müssen. Wenn ich noch schärfer mit mir ins Gericht ging, gehörte ich nun sogar zu dieser Art Frauen, die ich früher als Negativbeispiel vor Augen gehabt hatte.

An einem Samstagabend betrat ich allein, da meine Arbeitskolleginnen nach einigen Weißweinschorlen kichernd und jauchzend im Taxi zurück zu ihren Lebensabschnittsgefährten kutschiert waren, eine schäbige Diskothek. Etwas fehl am Platz und wie bestellt und nicht abgeholt, stakste ich Richtung Theke. Ich bestellte ein Mixgetränk, dessen Namen ich nie zuvor gehört hatte. Ich hoffte, den Namen richtig auszusprechen. Fragen nach dem Inhalt des Getränks unterließ ich, um vom Personal nicht als uncool entlarvt zu werden. Nervös am Strohhalm nuckelnd sah ich mich um: Eins hatte ich mit den viel zu jungen Mädchen sicher gemeinsam – viel zu viel Schminke. Die Mädels, um sich einige Jahre älter zu machen, und ich, um erste Altersspuren – von Lachfältchen konnte da keine Rede mehr sein – zu vertuschen.

Meine leise Hoffnung, vielleicht doch ein wenig umgarnt zu werden oder gar den Mann meiner Träume kennenzulernen, schwand. Dennoch gab ich mir einen Ruck und bemühte mich, möglichst lässig in den Raucherbereich zu stöckeln. Dort qualmte ich eine Dunhill nach der anderen, schaute immer wieder auf das Display meines veralteten Handys, um vorzutäuschen, dass ich mit einer Vielzahl von Leuten in Kontakt stand, die sicher jeden Moment um die Ecke schlendern würden.

Als mir von dem muffig-süßen Mixgetränk und dem übermäßigen Zigarettenkonsum allmählich übel wurde, stakste ich auf den unbequemen Pumps, die meine Beine länger und schmaler aussehen lassen sollten, Richtung Tanzfläche. Sowohl die Stöckelschuhe als auch mein offenbar veralteter Tanzstil ließen mich bald einsehen, dass es besser war, unauffällig von der Tanzfläche zu verschwinden, bevor etwas Schlimmes passierte. Ich beschloss, noch eine Weile das muntere Treiben zu beobachten, eventuell den einen oder anderen angesagten Tanzstil zu speichern und für das nächste Mal zu Hause vorm Spiegel einzustudieren.

Da fiel mein Blick auf einen durchtrainierten, viel jüngeren Mann, der unbeschwert tanzte, vergnügt lachte und feierte. Er schien nicht nur mich magisch anzuziehen, um ihn herum bewegten sich lauter attraktive Menschen. Dieser Mann war beliebt, begehrt und jeder schien um seine Gunst zu werben. Bestimmt ist er der Drogendealer hier, vermutete ich missgünstig, musste aber feststellen, dass seine Begehrtheit einzig an seiner Attraktivität lag. Auch ich ertappte mich, wie ich unaufhörlich in seine Richtung starrte und hoffte, dass niemand meine gierigen Blicke bemerkte. Eine absurde Vorstellung, von einem solchen Mann auch nur eines Blickes gewürdigt zu werden. Ich beschloss, mich nicht weiter selbst zu quälen und diesen Ort zu verlassen. Steif und etwas plump rutschte ich von meinem Barhocker und wollte zum Ausgang eilen.

Da geschah etwas, womit ich niemals gerechnet hatte und das mich für einen Moment geradezu paralysierte. Der Mann meiner Begierde fasste mich mit bestimmtem, festem Griff an der Schulter. Als ich mich umdrehte, lächelte er. Ich war erschüttert, ausgerechnet dieser Mann schien Interesse für mich zu haben, er, der doch offensichtlich jede hier haben konnte. Äußerst charmant und selbstsicher stellte er sich vor – Max hieß der Schöne – und bat um meine Handynummer.

Ich hatte aus vielen, immer im Sande oder Schlimmerem verlaufenden Affären, gelernt, zunächst die kalte Schulter zu zeigen. Bloß niemals offenbaren, wie sehr ich mich nach Nähe und Zuneigung sehnte. Mit mühsam gespielter Lässigkeit rückte ich gemächlich meine Nummer heraus, routiniert, als sei er nur einer von vielen Interessenten am heutigen Abend. Vor Gier und Anspannung aufgewühlt, doch äußerlich ruhig, verließ ich konsequent die Diskothek: Machst du dich rar, bist du der Star!

Ich hätte trotz Puddingbeinen und Pumps Luftsprünge vor Freude machen können. Ich hatte es doch gewusst: Irgendwann würde das Glück auch mal an meine Tür klopfen!

Am nächsten Tag klopfte das Glück bereits morgens an mein Handy – es war wie ein Wunder. Max lachte am Telefon über meine Witze und je mehr er lachte, desto lustiger wurde ich. So schnell kann es mit dem Selbstbewusstsein gehen. Und am nächsten Tag folgten Nachrichten, wie toll, einzigartig und beinahe schicksalhaft wir zueinander gefunden hätten.

»Er ist viel zu jung für mich, ich werde mich in Nichts ver-
rennen«, erklärte ich meiner Freundin und war verletzt, als sie
mir zustimmte.

»Es ist so sexy, dass du etwas älter bist«, sagte er zu mir, » du
bist viel schlauer und interessanter als die Mädchen, die ich so
kenne.« Er versteht mich, freute ich mich und wiederholte mir
den Satz tagelang stumm wie ein Mantra.

Max sagte Dinge zu mir, die ich bezaubernd und hinreißend
fand, sodass ein Treffen mit Übernachtung folgen musste. Die Gespräche, die ersten körperlichen Annäherungen und der Sex, ein
Traum – besser hätte es nicht sein können. Ein langes Wochenende
folgte, an dem wir meine Wohnung nicht verließen. Der Mann
meiner Träume wich nicht mehr von meiner Seite, begehrte und
verehrte mich, die ich, obwohl bereits bis über beide Ohren verliebt, noch immer die Distanzierte, Unnahbare mimte. So schwer
es mir fiel, hielt ich ihn auf Abstand, log ihm von Zeit zu Zeit
sogar ins Ohr, er solle sich nicht in mich verlieben, denn eigentlich
genösse ich das Singleleben und wäre nur auf eine lockere Geschichte aus. Ich hoffte, das würde ihn in meinen Bann ziehen.

Eine Zeit lang strotzte ich nur so vor Selbstbewusstsein … der
Hochmut vor dem Fall. Denn das Glück ist fragil. Einige Wochen
vergingen und ich legte zunehmend meine gespielte Unnahbarkeit
ab. Doch je mehr ich wieder zu mir selbst fand, mit der Gewissheit seiner Liebe, desto mehr entfernte er sich. Hatte er anfangs
jede Minute mit mir verbringen wollen, so wurden es mittlerweile
Tage, die ich mit mir allein und dem Warten verbrachte – auf-
wendig herausgeputzt wollte ich, wenn er plötzlich vor der Tür
stand, doch wie zufällig zurechtgemacht wirken – überrascht ihn
zu sehen. Wie sehr ich auf ihn wartete und mich nach seiner Nähe
sehnte, wollte ich vor dem Schönen nicht zugeben.

Ich versuchte ihn zum Lachen zu bringen, ihm zu gefallen,
ihn durch Kenntnisreichtum zu beeindrucken, ihm zu zeigen, wie
schön das Leben mit mir ist. Und bemühte mich, dabei niemals
bemüht zu wirken. Er bemerkte davon nichts, doch das lag nicht

an meiner Strategie, sondern an ihm. Und ich wollte es nicht wahrhaben. Immer seltener verirrte er sich zu mir, und wenn dann eher auf einen Sprung, und war er lieb und zärtlich, dann wollte er etwas von mir – Essen, ein Obdach für ihn und seine Kumpels, die er immer öfter mitbrachte. Sie saßen dann auf meinem Sofa, rauchten, tranken und verschmutzten das Badezimmer. Ich war in einem derart labilen Zustand, dass ich ihnen lieber Schnittchen machte, als mich zu beschweren.

Noch immer schätzte er meinen Rat und fragte mich bei allen bürokratischen Angelegenheiten. Er befolgte, was immer ich riet, derart undifferenziert, dass ich mich fragte, wie er bisher durchs Leben gekommen war. Es war verblüffend, wie schwer es ihm fiel, selbst die kleinsten Anforderungen zu meistern, Dinge, über deren Erledigung ich zuvor nie einen Gedanken verloren hatte. Ich korrespondierte für ihn mit dem Arbeitsamt, schrieb seine Bewerbungen, kümmerte mich um seine Meldebescheinigung, sortierte Berge von Mahnungen, setzte Schreiben an diverse Ämter auf und schrieb an Anwälte und Unternehmen, um eine drohende Zwangsvollstreckung abzuwenden. Er fand das nett, lachte über meine Gewissenhaftigkeit und war sicherlich dankbar, doch er fragte niemals nach, was ich da eigentlich tat. So weit ging sein Interesse einfach nicht.

Diese Tätigkeiten beruhigten mich, lenkten mich ab. Max schien es jedoch bald als selbstverständlich anzusehen, dass ich mich um sein Wohlergehen kümmerte. Immer öfter wollte er mein Auto, meine Dienste als Fahrer, Hilfe bei Erledigungen oder sich Geld leihen. Er legte dann eine Art zu sprechen an den Tag, wie ich sie von mir kannte, als ich sechzehnjährig eine Taschengelderhöhung von meinem Vater ergattern wollte. Danach hatte ich das allerdings abgelegt. Das ist deiner nicht würdig, dachte ich immer öfter, doch es blieben leere Worte, denn ich änderte nichts. Meine Wünsche und Sehnsüchte gingen stetig unter – blieb er über Nacht, schlief er mit gefülltem Magen ein und wendete mir den Rücken und die kalte Schulter zu. Ich lag neben ihm, lauschte seinem leisen Schnarchen und fühlte mich unerträglich unattraktiv.

Dort lag ich also, nach edlem Parfum duftend in meinem beinahe durchsichtigen Negligé, und erkannte mich selbst nicht wieder. Und war doch nicht im Stande, etwas an diesem Zustand zu ändern. Wenn er sich im Schlaf wälzte und mich dabei berührte, schöpfte ich manchmal Hoffnung, er suche meine Nähe, und hielt für einen kurzen Augenblick den Atem an. Doch nein. So lag ich wieder still und verwünschte mein Leben.

Nichts ist schlimmer als unerwiderte Liebe, sie zerstört deine Persönlichkeit, unaufhaltsam, Gegenwehr ist sinnlos. Für Außenstehende, die das Ganze hilflos betrachten müssen, kann es schnell ermüdend oder gar abstoßend wirken, deshalb zog ich mich zurück. Mich interessierte ohnehin nichts mehr, nur der Versuch, seine Liebe wieder zu entfachen. Noch vor wenigen Wochen hatte er mich doch geliebt, begehrt. Was war passiert? Am meisten litt ich darunter, dass Max mich nicht mehr als sexuelles Wesen wahrnahm. Er ließ sich gern von mir massieren, andere Körperlichkeiten kamen ihm nicht in den Sinn. Das muss eine Phase sein, das ändert sich wieder, redete ich mir ein, um sein Desinteresse irgendwie ertragen zu können. Nicht dass er eine Abneigung gegen mich entwickelt hätte, nein, er dachte einfach nicht mehr daran, mit mir zu schlafen. Ich besaß die sexuelle Anziehungskraft eines Aktenordners, wie sehr ich mich auch bemühte, das zu ändern.

Wie die meisten Männer war er trotzdem zu Sex zu motivieren, doch es ging dabei nicht um mich. Wenn ich es darauf anlegte, schlief er mit mir, doch ohne sonderliche Begeisterung, ohne Leidenschaft. Schmerzhaft belanglos. So stelle ich es mir vor, wenn Männer sonntagmorgens verkatert im Bett liegen und sich aus lauter Langeweile zum dritten Mal in Folge einen runterholen, unmotiviert und etwas angestrengt, in Ermangelung einer anderen Aktivität, für die man nicht aufstehen muss.

Also fügte ich mich notgedrungen in die Mutterrolle, die er mir zugedachte. Die Hoffnung auf bessere Zeiten war alles, was mir blieb. Und die Hoffnung stirbt zuletzt. Wochen vergingen, bis sich dann alles vollends in nichts auflöste. Ich hatte ihm einen Schlüssel zu meiner Wohnung gegeben. Er war oft allein unterwegs, wollte mich nur noch selten mitnehmen. Auch sonst verhielt er sich merkwürdig. Hatte er sein Handy früher auf den Tisch gelegt, beobachtete ich jetzt, dass er es bei sich behielt, sogar mit ins Badezimmer nahm. Es war quälend offensichtlich, dass er etwas verheimlichte. Nur warum? Warum log er? Weil er mich nicht verlieren wollte? Lag ihm doch noch etwas an mir? Sonst würde er mich doch verlassen. Ich fragte ihn, doch er reagierte abwehrend. Alles sei in Ordnung. Das sah ich anders, nichts war in Ordnung, doch die Liebe lähmte mich.

»Du bist mir nicht verpflichtet«, bohrte ich nach, »es gibt keinen Grund mich zu belügen. Sei bitte ehrlich zu mir.«

»Klar, warum sollte ich dich anlügen?« Ja, warum, ich wusste es auch nicht.

Eines Sonntagmorgens wachte ich auf. Max saß vor meinem Bett. Wir waren nicht verabredet und es war schon lange nicht mehr vorgekommen, dass er mich überraschte. Ich würde den Sonntag also doch nicht allein verbringen müssen! Erfreut richtete ich mich auf, blinzelte ihn schlaftrunken an und sagte fröhlich: »Wie toll, dass du da bist! Kommst du ins Bett, oder gehen wir frühstücken?«

»Ach nein«, sagte er, starrte auf den Boden und schwieg.

»Was möchtest du denn dann machen?«, fragte ich.

»Schluss«, sagte er einfach. Und schwieg.

»Ach«, erwiderte ich reflexhaft. Ich glaube, ich stand unter Schock. Es gibt unzählige Arten, mit jemandem Schluss zu machen, der einen liebt: gelungene und weniger geschickte, ersprießlich ist es sicherlich nie, doch seine gehört auf jeden Fall zu den erbärmlichsten, die ich mir vorstellen kann. So mies, dass ich gern gelacht hätte, doch ich bekam nicht genug Luft.

»Ja. Tut mir leid. Ich muss jetzt auch los, wir können uns aber die Tage noch mal unterhalten, wenn du willst.« Damit stand er auf und ging, während ich ganz langsam realisierte, was gerade geschehen war. Benommen saß ich im Bett und fragte mich, warum er dafür persönlich vorbeigekommen war. Das wäre doch nicht nötig gewesen. Ein Zettel hätte es doch auch getan: »Ich mach Schluss. Sorry! Tschüss.«

Wenn man verlassen wird, braucht man Gründe, Erklärungen, so schmerzlich sie auch sind, sonst ist es wie ein endloses Fallen, ohne aufzuschlagen. Ich fiel eine Woche lang. Dann kam eine SMS.

»Alles okay?«

Ratlos starrte ich auf mein Handy. Hoffte er, ich würde einfach sagen, ja klar, alles bombig, nett dass du fragst – und damit wäre seine Pflicht getan?

»Nein. Komm und erklär es mir«, antwortete ich stattdessen. Das war er mir verdammt noch mal schuldig. Am nächsten Tag stand er vor meiner Tür. Er trug einen mir unbekannten Pullover von derart ausgeprägter Hässlichkeit, dass es geradezu surreal anmutete. Rot, blau, grün mit vier Reißverschlüssen, die sinn- und zwecklos quer über die Brust aufgenäht waren. Die Hässlichkeit des Kleidungsstückes irritierte mich dermaßen, dass ich mich fragte, ob ich langsam wahnsinnig würde. Ich trat zur Seite, er herein. Max setzte sich auf mein Sofa, ohne seine Jacke auszuziehen. Ich habe es immer unhöflich gefunden, wenn Besucher ihre Jacken anlassen, um zu demonstrieren, dass sie gleich wieder gehen werden … früher, als meine Welt noch einigermaßen intakt war. Jetzt hatte ich andere Sorgen.

Max räusperte sich: »Ich hab mich verlobt.«

Verlobt? Das überraschte mich dann doch. Kein Mensch, den ich kannte, verlobte sich.

»Aha?«, bemühte ich mich, die Konversation anzufachen.

»Mit Mara, meiner Exfreundin, also jetzt ja meine Verlobte. Sie ist schwanger.«

»Ah«, sagte ich wieder. »Von dir? Dumme Frage, die nehme ich zurück. Während du mit mir zusammen warst?«

»Ja«, sagte er. »Mara und ich waren eigentlich nie richtig auseinander.«

»Ah«, sagte ich kraftlos und starrte auf den Pullover.

Was redete er da? Das ist meiner nicht würdig, dachte ich,
doch es waren nur Gedanken, noch immer, sie änderten nichts.
Ich hatte in der letzten Woche so viel geweint, dass ich zum
Glück keine Tränen mehr produzieren konnte, für die ich mich
jetzt hätte schämen müssen.

Ich fragte nicht warum, nicht, wie er das hatte tun können,
ich fragte besser gar nichts mehr. Dann war er verschwunden, so
plötzlich, wie er damals erschienen war, zu einem Mädchen und
seiner leiblichen Mutter, die nun mal am besten die Wünsche
und Bedürfnisse ihres Jungen kannte. Ich blieb zurück, tauschte
Negligé gegen Baumwollnachthemd und in Diskotheken wird
man mich nie wieder sehen … Zumindest nicht in dieser.

Das hast du extra gemacht!

Christina (29), Fotografin, Wiesbaden,
über
Nico (33), Fotograf, Wiesbaden

Im Sommer 2000 absolvierte ich ein Praktikum bei einem Fotografen in Wiesbaden. Anschließend wurde mir ein Ausbildungsplatz angeboten, den ich überglücklich annahm. Auch privat lief alles gut, ich war bereits seit fast einem Jahr mit meinem Freund zusammen und eigentlich ganz glücklich. Er war fünf Jahre älter als ich, fuhr BMX und ich fand ihn immer supercool. Mit ihm stellte ich mir damals wirklich eine Zukunft vor. Okay, ich komme vom Land und hatte bis dato noch nicht viel gesehen.

Wir Fotografen haben auf der Berufsschule Blockunterricht, also alle sechs Wochen zwei Wochen am Stück Berufsschule und nicht wie die restlichen handwerklichen Berufe einmal die Woche. An unserem ersten Berufsschultag wurden in der Aula die Klasseneinteilung und die Stundenpläne bekanntgegeben. Wir saßen an Einzeltischen, wurden aufgerufen und eingeteilt, da sah ich Nico. Zu diesem Zeitpunkt kannte ich seinen Namen nicht, doch bei seinem Anblick setzte mein Herz kurz aus. Ich konnte mein Glück kaum fassen! Dieser Typ war mir letzten Samstag in einem Club in Wiesbaden aufgefallen, wo wir eigentlich jedes Wochenende mit unserer Clique hinfahren. Vorher hatte ich ihn noch nie dort gesehen.

Wie üblich stand ich neben meinem Freund an der Tanzfläche, mit dem Gesicht Richtung Eingang, so konnten wir den ganzen Laden überblicken. Nico kam lässig mit ein paar Freunden rein und platzierte sich genau diagonal von uns auf der anderen Seite der Tanzfläche. Einige dieser Truppe kannte ich bereits vom Sehen, das waren die ganz coolen und bösen Jungs. Nico war groß, hatte schwarzes Haar, zu einer Tolle zurückgekämmt, trug ein enges Shirt und einen Jeansanzug, der mindestens seit zwei Jahren nicht mehr in der Wäsche war. Die Ärmel waren hochgekrempelt und ein paar Tattoos schauten auf den Unterarmen hervor. Nicht nur die Ober-, sondern auch die Unterarme! Das wäre jetzt in New York vielleicht nichts Besonderes gewesen, in Wiesbaden rannten aber vor fast zehn Jahren, das sieht heute natürlich anders aus, höchstens Ex-Sträflinge oder angehende Rockstars so rum und von denen gab es dort vielleicht drei. Wow!

Ich konnte nicht anders, als ihn anzustarren, und – konnte das wirklich sein? – bildete mir ein, dass Nico mich auch ansah. Ich sah immer wieder weg oder flüsterte meinem Freund was ins Ohr, nur um festzustellen, dass Nico mich immer noch ansah. Nicht unangenehm oder aufdringlich, sondern selbstsicher und cool mit einem kaum zu erahnenden Lächeln um die Mundwinkel. Und genau dieser Nico sollte jetzt bei mir auf der Berufsschule sein? Wenn das nicht Schicksal war.

Eigentlich war ich mit meinem Freund glücklich, aber die Berufsschule war ein neutrales Feld, kaum Freunde und Bekannte in der Nähe, keine Beobachtung und sonst nur Trottel in der Klasse. Es konnte nicht schaden, sich kennenzulernen. Meine Träume drohten zu zerplatzen, als sein Name fiel und er nach vorn ging – er sollte in eine andere Klasse kommen. Ich fasste in Sekundenschnelle einen Entschluss, stand auf, mein Herz klopfte wie verrückt, ging zu Nico, der sich lässig in seinem Stuhl fläzte und sprach ihn direkt an.

»Hi, ich bin Christina, na, bist du nicht öfters im Schlachthof?«

Nicht der coolste Spruch, aber es galt, keine Zeit zu verlieren.

»Oh, hallo! Ich bin Nico. Ja, wir haben uns doch vorgestern gesehen. Stimmts? Du warst mit deinem Freund da, oder?« Unfassbar, es stimmte also, wir hatten uns angesehen.

»Äh, ja, sag mal, ich hab mitbekommen, dass du in eine andere Klasse kommst. Hier scheinen nur Idioten zu sein. Sag, sollen wir fragen gehen, ob du in meine Klasse kommen kannst, weil wir zusammen im Auto zur Schule fahren?«

Er setzte ein breites Grinsen auf, sagte »Klar« und wir waren auf dem Weg zum Pult. Von da an holte ich ihn, immer wenn wir wieder Blockunterricht hatten, jeden Morgen von zu Hause ab, obwohl er quasi mitten in Wiesbaden wohnte. Das war einfach so. In der Schule saßen wir in jedem Fach nebeneinander und auch die Pausen verbrachten wir zusammen. Wenn es Projekte gab oder am Rechner gearbeitet wurde, taten wir auch das zusammen. Sehr schnell erfuhr ich, dass er auch eine Freundin hatte, die ich auch vom Sehen kannte – sehr gut aussehend und ein extremes Miststück. Die schien nur Verachtung für jede Frau übrig zu haben, mit der sich Nico mal unterhielt, und das ließ sie einen gerne spüren. Aber dazu später mehr.

Dem Umstand, dass wir beide in einer Beziehung waren, war es auch zu verdanken, dass keiner von uns beiden je einmal einen ernsthaften Annäherungsversuch gestartet hat, außer ein paar Neckereien vielleicht. Ein Foto von Nico war zum Beispiel auch immer ein Lesezeichen in einem meiner Schulbücher. Oft saßen wir nach der Schule, die ja üblicherweise früher als die Arbeit zu Ende war, noch bei Nico und unterhielten uns und hörten Musik, anstatt in den Betrieb zurückzufahren, wie es eigentlich vorgesehen war. Kurz, wir lernten uns während der Ausbildung sehr gut kennen, wobei unsere Partner das Ganze mit Argwohn beobachteten.

Mein Freund sah in Nico eindeutig auch einen Konkurrenten, obwohl er das nie formuliert hätte. Ich sollte vielleicht erwähnen, dass das mit dem »unbeobachtet in der Berufsschule« eigentlich nur für Nico zutraf, ich hatte in der Berufsschule so einige aus dem Taunus-Kreis sitzen, die sowohl mich als auch meinen Freund kannten. Manchmal musste ich sie im Auto mitnehmen, wenn Not am Mann war oder ein Auto in Reparatur. Insofern wusste mein Freund eigentlich immer so ungefähr, was sich in der Berufsschule abspielte. Aber was sollte er sagen, wir waren eben Klassenkameraden, die zusammen lernten.

Die Zeit verstrich und wir kannten uns irgendwann so gut, dass das Ganze mal mehr, mal weniger sexuell aufgeladen war. Nico konnte auch ein richtiger Arsch sein, mehr gereizt als reizend. Wenn ich ihn mal zu spät abholte, machte er mich an, oder wenn wir zusammen an einem Projekt saßen, machte ich es eigentlich allein. Diese Dinge nervten, im Prinzip führten wir schon so eine Art Parallelbeziehung. Kleine Streitereien, Schrullen, aber ohne Sex. An anderen Tagen war es wieder ganz toll und wir hatten viel Spaß zusammen, manchmal sahen wir uns auch in der Stadt, wenn wir aus waren, und redeten und tranken miteinander, darauf achtend, dass unsere Partner das nicht mitbekamen.

Es war wie in einem dieser Blake-Edwards-Filme, in denen man einen Hotelflur mit all den Zimmertüren sieht, alle Hauptcharaktere hintereinander her sind und ständig aus der einen Tür rausrennen und in die nächste rein, nur um wieder aus ganz verschiedenen Türen anderer Zimmer herauszukommen, sich jedes Mal um Haaresbreite verpassend.

Einmal bekam mich Nicos Freundin in die Finger, na ja, nicht direkt, die dumme Schlampe schmiss mir einen Kaugummi in die Haare. Die wusste vor uns, was los war. Nach zwei Jahren Ausbildung gab es eine Phase, in der es bei Nico nicht so gut in seiner Beziehung lief, die beiden hatten eine Weile Abstand voneinander genommen. Ich hatte das schon mitbekommen und wie aus heiterem Himmel fing er im Unterricht auf einmal an, von Sex zu sprechen. Ich erinnere mich nicht an die genauen Worte, aber ich erinnere mich, dass ich glaubte, mich verhört zu haben. Wie eine

Grundschülerin fing ich an zu kichern. Es ging im Wesentlichen darum, dass er gerne Mal wieder ficken würde.

»Wir zwei sollten eigentlich auch mal Sex haben«, hörte ich mich sagen. Diesmal glaubte er sich verhört zu haben. Noch heute kommt mir die Unterhaltung surreal vor, vom Unterricht bekamen wir nichts mehr mit. Und das nach zwei Jahren, aus dem Nichts! Nie war vorher ein konkretes Wort in dieser Richtung gefallen! Ich war sofort wahnsinnig erregt und vibrierte. Von jetzt an war kein normaler Unterricht mehr möglich, die ganze Klasse schien hormongeschwängert, alle bekamen die Anspannung zwischen uns mit. Teilweise wurde das von meinen Bekannten aus dem Taunus mit kleinen Spitzen kommentiert, aber mir war alles egal. Auf einmal war ich wahnsinnig verliebt in Nico. Auch meine Beziehung lief nicht mehr so gut wie vor drei Jahren und vielleicht war es ja von Anfang an so bestimmt gewesen.

Irgendwann stand Nico auf und wollte zur Toilette, ich glaube, das wollte er wirklich. Wie ferngesteuert ging ich hinterher. Alle wussten, was los war, nur der Lehrer interessierte sich nicht dafür. Vor der Tür wartete ich, bis Nico rauskam. Der sah erst etwas verdutzt drein, dann lächelte er. Wir umarmten und küssten uns zum ersten Mal. Keiner musste etwas sagen, es geschah einfach. Ich zitterte am ganzen Körper. Wir flüsterten und küssten uns noch eine Weile und dann gingen wir nacheinander wieder in die Klasse. Mein Gesicht war rot wie ein Feuermelder. Ich verabredete mit Nico, dass wir uns nächsten Dienstag nach der Schule bei ihm treffen würden, dann sollte es passieren.

Problematisch war, dass ich genau in dieser Zeit gerade das Auto voll mit Leuten aus dem Taunus hatte. Es musste also ein Plan her. Ich erzählte den Landeiern, dass ich nach der Schule noch etwas in der Stadt erledigen müsste, was circa anderthalb Stunden dauern würde, danach könnten wir uns treffen und gemeinsam nach Hause fahren. An besagtem Dienstag wollte ich extra schön für unser kurzes verbotenes Date sein. Ich trug ein

Kleid, ähnlich dem kleinen Schwarzen von Audrey Hepburn in *Breakfast at Tiffany's*, bloß, dass es weiß war. Die Haare hatte ich hochgesteckt. Eigentlich bescheuert, wenn man bedenkt, dass ich so im Unterricht auf einer Berufsschule für Handwerker rumlief, auf der den Maurerklassen die bunte Kreide gestrichen wurde, damit jeder von uns einen Computer hatte.

Was für ein Date! Ich bin mir immer noch sicher, dass auch da jeder aus unserer Klasse wusste, heute war ein besonderer Tag. Nach der Schule setzte ich alle in der Stadt ab, Nico rannte nach Hause, ich fuhr zu ihm und suchte einen Parkplatz. Na toll, wenn ich die Zeit abzog und die, die ich danach wieder in die Stadt brauchen würde, um die anderen abzuholen, blieben uns netto vielleicht 45 Minuten vom Türklingeln bis zur Verabschiedung. Als Nico betont lässig die Tür öffnete, bekam ich auf einmal Skrupel. Was taten wir hier eigentlich? Wir waren beide mehr (ich) oder weniger (er) in einer Beziehung. Was, wenn das rauskam? War es das wert? Wollte ich vielleicht lieber mit Nico zusammen sein? In diesem Moment küsste er mich auf den Mund und meine Zweifel waren fürs Erste verflogen. Dann nahm er mich an der Hand und wir gingen in sein Wohnzimmer. Dort setzten wir uns auf ein Sofa und sahen uns tief in die Augen. Wir küssten uns und unterhielten uns leise, als ob uns jemand hören könnte, was natürlich Quatsch war, denn seine Mitbewohner waren nicht einmal zu Hause.

Irgendwann zog mich Nico auf seinen Schoß, wir küssten uns heftiger und ich spürte seine Erektion gegen meinen Oberschenkel drücken. Dann zog er mich hoch und führte mich an der Hand in sein Schlafzimmer. Na ja, Schlafzimmer, es lag eine Matratze auf dem Boden. Doch das war mir egal. Nico zog sich mit zwei Handgriffen aus und ich sah ihm dabei zu, während ich blieb, wie ich war. Dann kam er wieder näher und küsste mich. Ich trug keinen Slip, und als er zwischen meine Beine fasste, war ich sehr feucht. Er schob meinen Rock hoch, wir hatten schließlich ein enges Zeitfenster, und ich führte seinen Schwanz zwischen meine

Beine. Ich war ungeheuer erregt. Zwei Jahre schien ich darauf gewartet zu haben, jeden Tag und jede Nacht. Auf einmal war mir das glasklar und ich bebte am ganzen Körper.

Dass alles nach drei Stößen vorüber sein sollte, wollte ich erst nicht glauben. *So eng* war das Zeitfenster nun auch wieder nicht. Ich war gerade bereit, mich zu entspannen, konnte förmlich spüren, wie meine Wangen glühten, und jetzt so was? Wie in einer amerikanischen Highschool-Komödie. Nico brach über mir zusammen und zitterte, während ich fassungslos dalag, mit hochgeschobenem Kleid, und Nicos Sperma langsam aus mir rauszulaufen begann. Da verwandelte sich plötzlich die Anspannung, die ich den ganzen Tag, die ganze Woche gespürt hatte, in Wut. Ich fauchte: »Bist du schon fertig?«

»Äh, ja?«

»Das gibt's doch nicht, das hast du extra gemacht!«

Extra? Keine Ahnung, wieso ich ihm *das* jetzt unterstellte, na ja, dem Kerl war halt einiges zuzutrauen.

»Extra? Nein, wirklich, tut mir leid, ich hatte keine Zeit, mir vorher einen zu schleudern, und ich war den ganzen Tag schon so heiß auf dich, verzeih, Süße ...«

»Das ist doch nicht normal!«

»Es tut mir leid!«

So ging es eine Weile, doch war's ja nun eh nicht mehr zu ändern, das musste ich einsehen, also verzieh ich ihm. Wir fingen sogar an zu lachen. Ich fand ihn fast schon wieder niedlich, als Mann hat man's aber auch nicht leicht. Das wirklich Schlimme daran war, dass wir wirklich keine Zeit mehr für einen zweiten Anlauf hatten, ich musste los. Ich strich mein Kleid glatt und er brachte mich zur Tür. Dort küssten wir uns noch einmal. »Ich glaube, da muss ich wohl noch mal vorbeikommen ...«, sagte ich zum Abschied.

Doch daraus wurde nichts. Irgendwie war die Begeisterung füreinander, die wir zwei Jahre lang genährt hatten und die dann schlagartig und gewaltig ausgebrochen war, genauso schnell wieder verebbt. Wir waren immer noch zusammen in der Schule unterwegs, doch nun verhielten wir uns durchweg kumpelhaft.

Mit meinem damaligen Freund bin ich nicht mehr zusammen und Nico auch nicht mehr mit seiner damaligen Freundin. Die hatte irgendwann kurz nach der Aktion eine anonyme Nachricht auf ihrer Mailbox, dass sie besser auf ihren Freund aufpassen solle. Doch es gab keine konkreten Hinweise, warum, und er verriet natürlich nichts, als sie ihn zur Rede stellte. Unser Abenteuer blieb ansonsten in jeder Hinsicht folgenlos. Ich denke, meine Beziehung hat es weder gestärkt noch belastet, ein halbes Jahr später war ohnehin die Luft raus.

Nico und ich haben immer noch Kontakt zueinander, obwohl wir mittlerweile in verschiedenen Städten wohnen, mal mehr, mal weniger, ich mag ihn immer noch sehr. Aber wir haben nie wieder miteinander geschlafen.

Totalschaden

Lena (19), Kosmetikschülerin, Berlin,
über
Mika (25), Verkäufer, Berlin

Es fing doch alles so gut an! Ich habe Mika gesehen und war sofort verliebt. Ich wusste, das ist etwas ganz Besonderes, die große Liebe, die einem nur einmal, höchstens zweimal im Leben begegnet. So muss es sein, habe ich gedacht, als er auf mich zukam, mich ansprach. Wir haben uns vielleicht zehn Minuten unterhalten, er hat mich auf eine Party eingeladen, die einen Tag später in derselben Bar stattfinden sollte, dann hab ich ihn mit zu mir genommen. Wir haben nicht mal ausgetrunken, alles war ganz selbstverständlich.

Wir haben miteinander geschlafen und weil ich so verliebt und davon ganz berauscht war, fand ich es magisch und wunderschön und hab mich auf alles gefreut, was nun kommen würde, herrliche Zeiten mit Mika. Nur eins musste ich vorher klären, darauf freute ich mich überhaupt nicht, aber es war unumgänglich, es musste sein.

»Ich habe einen Freund«, sagte ich also zu Mika, als wir einander erschöpft und verschwitzt in den Armen lagen.

»Ach?«, sagte er nur. Es klang nicht sonderlich entsetzt, und damals dachte ich, gut, er ist sich seiner Sache ebenso sicher wie ich.

Zum Glück hab ich das nicht gesagt, sondern nur: »Aber ich mach das schon, ich regele das.«

»Okay«, sagte Mika gedehnt und ist dann bald eingeschlafen. Ich lag noch eine Weile wach und überlegte mir, was ich am nächsten Tag zu Tobi sagen würde, wie ich ihn am wenigsten verletzen würde. Wir waren seit fast einem Jahr ein Paar und verstanden uns gut, auch wenn wir uns in letzter Zeit weniger gesehen hatten. Das lag an Tobis neuem Job in einer Eventagentur, wo er ziemlich ausgebeutet wurde. Ich würde sachlich bleiben und doch konsequent, ihm vermitteln, wie leid es mir tat, aber auch, wie ernst mir meine Entscheidung war.

Mika ließ ich weiterschlafen, als ich mich um neun Uhr auf den Weg ins Bateau Ivre machte, wo ich mit Tobi zum Frühstück verabredet war.

»Es tut mir sehr leid, aber ich muss dir etwas sagen«, begann ich, nach einem schnellen Begrüßungskuss. »Ich habe mich in einen anderen verliebt. Ich bin jetzt mit ihm zusammen.«

»Waaas?«, Tobi schrie fast. »Wie lange kennst du den schon? Wie lange geht das schon?«

»Seit gestern Abend«, antwortete ich ehrlich.

»Waaas?«, schrie Tobi noch einmal. »Spinnst du? Du willst mit mir Schluss machen, weil du gestern Abend irgendeinen dahergelaufenen Hirsel kennengelernt hast? Das ist ja wohl nicht dein Ernst!?«

Schluss machen ist immer furchtbar, und Tobi tat auch nichts, um es mir leichter zu machen. Im Gegenteil. Er schrie, schimpfte und tobte, bis ich in Tränen ausbrach, und dann regte er sich fast noch mehr auf, weil ich doch diejenige war, die Schluss machen wollte, da müsste ich ja wohl nicht heulen. Ich wollte während des ganzen Gesprächs einfach nur weg, möglichst schnell wieder nach Hause, aber das sagte ich nicht, denn ich war es Tobi schuldig, wenigstens zu warten, bis er mich entließ.

»Okay, das war's dann wohl«, sagte er endlich und ich wollte schon innerlich erleichtert aufseufzen, als er fortfuhr: »Ich hab noch mein FiloFax bei dir liegen, das brauch ich. Ich komm schnell mit dir und hol es. Dann nehme ich auch meinen anderen Kram mit.«

Oh nein. Damit hatte ich nicht gerechnet! Wer weiß, wie lange Mika schlief? Bisher hatte ich noch nicht erwähnt, dass ich meine neue Liebe sofort mit in mein Bett genommen hatte.

»Ähem, das geht nicht … ich hab Besuch …«

»Waaaas?« Tobi verstand sofort. War er bisher zwar wütend und enttäuscht, so hätten wir bestimmt dennoch irgendwann wieder Freunde sein können. Meine letzte, ach so unnötige Offenbarung änderte das mit einem Schlag. Wutentbrannt verließ Tobi die Lokalität, nicht ohne vorher seinen Milchkaffee über den Tisch zu kippen. Ich blieb allein zurück, wischte die hellbraune Flüssigkeit mit ein paar Taschentüchern weg und weinte leise noch ein bisschen vor mich hin, während ich auf die Rechnung wartete. Verflucht, das hatte ich nicht gewollt. Das hätte auch nicht sein müssen! Ich machte mir Vorwürfe. Doch bereits auf dem Nachhauseweg wurde mein Herz mit jedem Schritt leichter. Es war vorbei, Tobi würde sich bestimmt schnell wieder fangen. Ich hoffte, Mika würde mich trösten.

Normalerweise bin ich nicht doof. Wenn ich das jetzt so erzähle, wundere ich mich selbst, wie naiv alles klingt! Aber Liebe macht nicht nur blind, sondern auch blöd, und ich war ihr mit Haut und Haaren zum Opfer gefallen. Ich dachte wirklich, Mika würde alles genauso sehen wie ich. Also wurde ich auch nicht stutzig, als er bei meiner Rückkehr nicht mehr in meinem Bett lag, sondern weg war und das, ohne mir auch nur einen Zettel zu hinterlassen. Er hätte schon daran denken können, mir seine Telefonnummer aufzuschreiben, der Schussel, dachte ich und freute mich auf den Abend, denn da würde ich ihn ja wiedersehen, in der Bar, in der wir uns gestern kennengelernt hatten … unserer Bar.

Als ich ein paar Stunden später schön gemacht und mit klopfendem Herzen diesem romantischen Ort unseres Kennenlernens entgegenfuhr, war ich so ungeduldig, dass ich mein Auto nach zehnminütiger Parkplatzsuche im Halteverbot abstellte. Ich würde es später irgendwann umparken, wenn es wieder Parkmöglichkeiten gab, doch erst mal wollte ich so schnell wie möglich zu Mika. Die Party war bereits in vollem Gange. In freudiger Erregung drängelte ich mich durch die Gäste und suchte meine große Liebe. Mika stand mit einer Gruppe Jungs am Rand der winzigen Tanzfläche, sie zappelten ein bisschen zur Musik und brüllten einander Satzfetzen zu, denn ohrenbetäubender Minimal erstickte jeglichen ernsthaften Konversationsversuch im Keim.

»Lena!«, rief Mika und sah mich überrascht an. »Was machst du denn hier?«

Ich dachte erst, ich hätte mich verhört, brüllte ein »Was?« zurück und Mika wiederholte es noch einmal: »Was machst du denn hier?«

Er schwankte ziemlich, offenbar war er recht angetrunken, aber hatte er tatsächlich nicht mit mir gerechnet? Hatte er vergessen, dass er mich eingeladen hatte? Das konnte doch nicht sein. Ich nahm seinen Arm und zog ihn durch das Geschubse in den Toilettengang, wo es ein wenig ruhiger war.

»Bist du allein hier?«, fragte er als Erstes. Allein? Nein, mit ihm! Hatte ich zumindest gedacht. Auf einmal fühlte ich mich sehr elend.

»Ja, ich bin allein hier …«, antwortete ich kläglich.

»Freut mich, dich zu sehen! Hab ich dir von der Party hier erzählt? Ganz vergessen, aber egal, cool, dass du gekommen bist! Hab leider nicht viel Zeit, ich muss mich um meine Jungs kümmern …«

»Ah«, hauchte ich noch kläglicher. Als sich Mika an mir vorbei schob, um zurück zu seinen Freunden zu gehen, tätschelte er kurz meinen Kopf, als wäre ich ein Hündchen. Dann drehte er sich noch mal zu mir um und fragte: »Alles okay mit deinem Freund?«

»Was?«, fragte ich.

»Hat nix gemerkt, oder?«

»Na, ich hab Schluss gemacht …«, entfuhr es mir und ich bereute es gleich.

»Was? Wieso?«, fragte Mika. Und fuhr dann fort: »Ach das tut mir ja leid. Am besten du trinkst ordentlich einen heute … wir sehen uns bestimmt.« Er tätschelte nochmals meinen Kopf und war dann im Gedrängel verschwunden.

Das konnte doch alles nicht wahr sein. Was war ich für ein Idiot. Jetzt hätte ich einfach verschwinden sollen, das war mir klar, irgendwohin, egal, nur sofort weg von dieser Bar, weg von diesem gemeinen ignoranten Dreckskerl. Doch blöd vor lauter Liebe konnte ich nicht. Stattdessen schrieb ich meiner Freundin eine SMS, sie solle sofort kommen, und setzte mich an die Bar und trank. Was immer ich mir davon erhofft hab, bestimmt nicht, dass sich alles als ein großer Irrtum herausstellt, wahrscheinlich gar nicht viel, ich konnte einfach nur nicht gehen, sondern wollte noch immer in Mikas Nähe sein. Ich fühlte mich willenlos und gebrochen.

Während ich an der Theke saß und trank, sich meine Freundin irgendwann zu mir gesellte, mittrank, nur um nach einer halben Stunde mit irgendeinem räudigen Kerl anzubändeln, tauchte Mika immer mal wieder irgendwo auf, nur um schnell wieder zu verschwinden. Offenbar war ihm mein Anblick unangenehm, er hatte ein schlechtes Gewissen und wollte die Sache nicht noch schlimmer machen. Doch wie das so ist, je betrunkener er wurde, desto weniger scherte es ihn. Vielleicht gab es auch einfach keine anderen willigen Mädchen. Irgendwann wurde er wieder zutraulich. Er lallte in mein Ohr, wollte tanzen, stellte mir seine Freunde vor. Ich blieb am Tresen und wartete, was geschehen würde.

»Kommst du mit zu mir?«, fragte mich Mika gegen vier Uhr.

»Okay«, antwortete ich, denn ich hatte ja nichts zu verlieren. Als wir aus der Bar traten, fiel mir auf einmal siedendheiß ein, dass mein Auto ja noch immer im absoluten Halteverbot stand. Auf keinen Fall wollte ich abgeschleppt werden.

»Muss schnell noch umparken«, erklärte ich Mika.

Eigentlich wollte ich in meinem Zustand höchstens ein paar Meter fahren, doch noch immer gab es keine freien Parkplätze. »Ich wohne direkt um die Ecke, fahr mal da entlang.« Mika wies in eine diffuse Richtung und ich folgte innerlich seufzend. Am Ende der Straße war eine Baustelle. Ich war angetrunken, es war dunkel und die Straße schlecht beleuchtet, außerdem hatte ich aus Eitelkeit meine Autobrille nicht aufgesetzt – doch das waren nicht die Gründe. Alles wäre gut gegangen, wenn Mika nicht kurz vor der Ecke nach meiner Hand gegrapscht und sie zwischen seine Beine gezogen hätte! Es war einzig seine Schuld, dass ich im Schritttempo durch die Plastikabsperrung fuhr und im Baustellengraben landete. Es knallte, klirrte, wir wurden in den Gurten nach vorn geschleudert, dann war es wieder ruhig. Nach einem Schockmoment sprang ich panisch aus dem Auto.

»Wir müssen hier weg«, rief ich hysterisch, »los hilf mir!«

Mika und ich sprangen in den Graben und schafften es tatsächlich, die Räder meines kleinen Autos wieder so weit zurückzuschieben, dass ich den Rückwärtsgang einlegen und aus dem Graben fahren konnte. Die Straße war noch immer dunkel, kein Licht war in den Häusern angegangen, und so fuhr ich so schnell wie möglich davon, weg vom Unfallort. Mein Herz raste. Wenn mich jetzt meine Eltern sehen könnten – betrunken am Steuer und auf Fahrerflucht!

Ich lenkte den Wagen auf Mikas Hinterhof, er war nur eine Straße entfernt, stieg aus und sah mir die Bescherung kurz an. Es war sehr dunkel im Hof, doch die Vorderlichter waren kaputt, und der Wagen sah so böse aus, dass mir die Tränen in die Augen schossen. Ich konnte gar nicht hinsehen!

»Ich hab doch gar kein Geld, um das reparieren zu lassen«, schluchzte ich und Mika nahm mich beruhigend in die Arme.

»Das willst du jetzt vielleicht nicht hören, aber wir haben echt Glück gehabt«, sagte er. »Wenn das jemand mitbekommen hätte! Deinen Führerschein könntest du vergessen!«

Ich schluchzte nur noch lauter.

»Mein Mitbewohner kennt sich mit Autos aus, der kann sich das morgen früh mal ansehen. Lass uns erst mal hochgehen, das wird schon alles wieder«, versuchte er mich zu trösten. »Der muss so um sieben Uhr aufstehen, dann frag ich ihn, okay?«

Das waren noch zwei Stunden und da ich zu nervös und aufgeregt war, um zu schlafen, Konversation aber auch nicht mehr funktionierte, haben wir ein bisschen geknutscht und dann miteinander geschlafen. Hier muss erwähnt werden, dass ich die Pille gerade zwei Monate nicht nahm, da ich wegen eines Zeckenbisses ein Antibiotikum hatte einnehmen müssen, das die Wirkung der Pille beeinträchtigt. Wir benutzten also ein Kondom – das sollte man ja ohnehin tun. Es war doch schon alles so bemerkenswert schlimm, es konnte doch gar nicht schlimmer kommen – eine Regel, auf die man sich nie verlassen sollte. Denn als Mika nach ungefähr zweieinhalb Minuten neben mir zusammenbrach und entschuldigend sagte: »Sorry! Das ging aber schnell, haha! Das wiederholen wir gleich noch mal ...«, erstarb sein Grinsen in dem Moment, in dem er sich aus mir zurückzog. »Das Kondom ist kaputtgegangen.«

Fluchend sprang ich auf, lief ins Bad, das durfte doch alles nicht wahr sein! Das hatte ich nicht verdient.

»Ist doch nicht so schlimm«, sagte Mika, als ich zurückkam. »Ist bestimmt eh nichts passiert!« Ich sah ihn nur an, während er sich das Gesagte wohl noch mal durch den Kopf gehen ließ. »Du hast doch zwei Tage Zeit, um die Pille danach zu nehmen! Das ist heutzutage gar kein Problem mehr. Merkt man gar nicht.« Schön, dass Mika sich so gut damit auskannte!

»Ich kenn Mädchen, die machen das ständig ...«, fuhr er fort, doch ich unterbrach ihn:

»Sei bitte still.« Das wollte ich jetzt einfach nicht mehr hören.

Irgendwann wurde unser angespanntes Schweigen durch das Geräusch einer Türklinke unterbrochen. Mikas Mitbewohner. Mika sprang auf, lief in den Flur und schilderte schnell den Vorfall. Der Mitbewohner kicherte humorig und lief dann nach unten, um sich mein Auto anzusehen.

»Tut mir echt leid, aber ich hab zwei schlechte Nachrichten«, kündigte er kurz danach an. »Die erste ist: Totalschaden! Die zweite ist, wenn du Pech hast, noch schlimmer: Wo ist das Nummernschild?«

Sofort richtete ich mich kerzengerade auf. »Wie bitte?«

»Na ja, das vordere Nummernschild ist weg. Du solltest besser schnell gucken gehen, vielleicht liegt es noch da?«

Wir hatten Glück, wenn man das so nennen möchte. Mein Nummernschild lag unbehelligt am Unfallort, ich nahm es schnell an mich und ließ es in einer Aldi-Tüte verschwinden.

»Du hast Glück, dass heute Sonntag ist und hier nicht gearbeitet wird«, sagte Mika.

»Ja, einfach toll«, nickte ich. »Alles einfach toll.«

»Ich geh dann jetzt mal schlafen«, verabschiedete sich Mika, offenkundig froh, wegzukommen. Er gab mir einen schnellen Kuss und war verschwunden. Ich fuhr mein Schrottauto nach Hause und legte mich ebenfalls ins Bett. Morgen würde ich mich um die Reparatur und die Pille danach kümmern müssen.

Als ich aufwachte, hatte ich eine zornige Nachricht von Tobi auf meiner Mailbox: »Und? Alles toll mit deinem Prinzen?«, erkundigte er sich.

Mika dagegen hat sich gar nicht mehr erkundigt. Die Pille danach ist ja heutzutage auch gar kein Problem mehr ...

Bitte beachten Sie auch die Hinweise auf den folgenden Seiten.

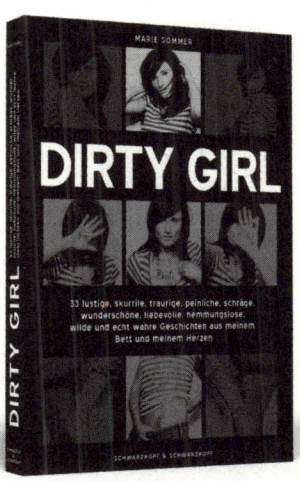

DIE AUTORIN

Mia Mings Eltern wünschten sich eine erfolgreiche Anwältin und aufopfernde Ehefrau mit zwei Kindern und Reihenhaus in Wanne-Eickel. Sie bekamen eine Nachtschwärmerin von zweifelhafter Moral mit zwielichtigen Freunden und wechselnden Liebschaften mit Wohnsitz in Berlin-Kreuzberg. Ob Lesung, Vernissage oder Club – Mia Ming ist stets ganz Ohr, wenn der Smalltalk in ein Flüstern übergeht. Nach der Bestseller-Trilogie *Schlechter Sex* ist *Seitensprünge* nun ihr viertes Buch.

Mia Ming
SEITENSPRÜNGE
33 Frauen erzählen von aufregenden Affären,
gefährlichen Liebschaften und haarsträubenden Eskapaden

ISBN 978-3-89602-953-9
© bei Schwarzkopf & Schwarzkopf Verlag GmbH, 2010

Lektorat: Sylvia Gelinek

KATALOG
Wir senden Ihnen gern kostenlos unseren Katalog
Schwarzkopf & Schwarzkopf Verlag GmbH / Abt. Service
Kastanienallee 32 | 10435 Berlin
Telefon: 030 – 44 33 63 00 | Fax: 030 – 44 33 63 044

INTERNET | E-MAIL
www.schwarzkopf-schwarzkopf.de
info@schwarzkopf-schwarzkopf.de